Matthias Lauterbach
Engagiert und gesund bleiben

BALANCE **Beruf**

Matthias Lauterbach

Engagiert und gesund bleiben

Kluge Selbstsorge in der psychosozialen Arbeit

BALANCE **Beruf**

Matthias Lauterbach:

Engagiert und gesund bleiben
Kluge Selbstsorge in der psychosozialen Arbeit

1. Auflage 2015
ISBN-Print: 978-3-86739-145-0
ISBN-PDF: 978-3-86739-864-0

Bibliografische Information der Deutschen Nationalbibliothek
Die Deutsche Nationalbibliothek verzeichnet diese Publikation
in der Deutschen Nationalbibliografie;
detaillierte bibliografische Daten sind im Internet über
http://dnb.ddb.de abrufbar.

Die Downloadmaterialien zu diesem Buch finden Sie unter
www.balance-verlag.de/buecher/detail/book-detail/engagiert-und-gesund-bleiben.html
Das Passwort lautet Entschleunigung.

BALANCE buch + medien verlag im Internet:
www.balance-verlag.de

Lektorat: Karin Koch
Umschlagbild und Umschlaggestaltung: GRAFIKSCHMITZ, Köln , unter Verwendung
eines Fotos von sirirak kaewgorn /shutterstock.com
Typografiekonzeption und Satz: Iga Bielejec, Nierstein
Druck und Bindung: Himmer AG, Augsburg

FSC
www.fsc.org

MIX
Papier aus verantwor-
tungsvollen Quellen
FSC® C095359

Downloadmaterialien

Übungen

Eine Minute für mich

Dem eigenen Verständnis von Gesundheit auf der Spur

Einleitung einer Achtsamkeitsmeditation

»Prototyp« für einen Dialog über Stimmigkeit

Argumente für eine gesunde Selbstsorge

Landkarte sinnvoller Aktivitäten

Morgenmeditation

Verbundenheitsmeditation I

Lebensfelder ausbalancieren

Achtsamer Übergang

Atemmeditation

Verbundenheitsmeditation II

Achtsame Begegnung

Schwierige Situationen aus der Vogelperspektive

Schweinehundflüstern

Hunger und Sättigung unterscheiden

Türhüterfunktion

Achtsam essen

Glaubensätze überprüfen

Morgenrituale ausprobieren

Tipps für die persönliche Selbstsorge

Tipps für Teams

Gemeinsame Arbeit an situativen Stressfaktoren

Kollegiale Fallberatung

Hinweise für gesundheitsförderliche Teamprozesse

Storytelling

Das wertschätzende Interview

Von der Zukunft her denken

Kreative und gesunde Räume schaffen

» Nichtstun ist besser,
als mit viel Mühe nichts zu schaffen. «
Laotse

» Wir grünen für und für
und haben tausenderlei Gesundheiten. «
Paracelsus

Einführendes und Grundlegendes

Herzlich willkommen auf dem Weg der klugen Selbstsorge zu mehr Gesundheit, Freude und Erfüllung in Ihrem Leben. Alles, was Menschen sich zum Geburtstag gegenseitig wünschen, sollten Sie sich erfüllen. Ab jetzt. Wären wir in einem Flugzeug, würde ich Sie vor dem Abflug darauf hinweisen, dass Sie im Falle eines Druckverlustes die herausfallenden Sauerstoffmasken zunächst über Ihr Gesicht ziehen und dann anderen helfen sollten. So ist das auch bei Ihrer Arbeit: Sie werden nur dann wirksam sein in Pflege, Betreuung, Beratung oder Behandlung, wenn Sie die Selbstsorge nicht vergessen. Sauerstoffmangel führt zu raschem Hirntod. Letztlich gilt das natürlich für Ihr ganzes Leben – privat und beruflich gleichermaßen. Ihre kluge Selbstsorge ist lebenswichtig – für Sie und für alle Menschen um Sie herum.

Von *kluger* Selbstsorge spreche ich, weil damit eine Haltung angesprochen wird, mit der Sie Ihre Bedürfnisse und die Ihrer Familie, Ihrer Kolleginnen und Kollegen wie die Ihrer Klientinnen und Klienten abwägen; nicht egoistisch, sondern einfallsreich, kreativ, umsichtig und klar sich selbst behüten, Ihre Lebenskraft und Lebensfreude bewahren und in die Welt bringen.

Zu einer klugen Selbstsorge gehört wesentlich die Pflege und Förderung der eigenen Gesundheit. Für Menschen, die in psychosozialen Arbeitsfeldern tätig sind, ist das nicht nur Selbstzweck, sondern ermöglicht erst die Wahrnehmung ihrer helfenden und therapeutischen Aufgaben. Die Wirksamkeit Ihrer alltäglichen beruflichen Arbeit wird entscheidend durch Ihre Beziehung zu den Klienten, Patienten und Pflegebedürftigen getragen. Dazu braucht es jedoch Ihre gut balancierte Gesundheit, in der sowohl Ihr Engagement als auch Ihre Regeneration einen festen Platz haben. Nur so bewahren Sie sich Ihre Kontaktfreude und Ihre persönliche Leistungsfähigkeit.

Da Gesundheit, Energieerhalt und Lebensbalance eine zentrale Bedeutung für Ihre Arbeit haben, spielt ihre Erhaltung für alle Aktivitäten in und um Ihre Arbeit eine zentrale Rolle – ob es die konkreten Tätigkeiten sind, die Zusammenarbeit in den Teams und mit anderen Personen, die Lösung von Konflikten, Organisation von Arbeitsabläufen, Gestaltung der räumlichen Rahmenbedingungen, Umgang mit sozialrechtlichen Rahmenbedingungen und vieles andere mehr. Für die Gesunderhaltung aller Beteiligten sind also viele Ebenen zu berücksichtigen. Auf einige davon haben Sie Einfluss, auf andere weniger, ein Teil entzieht sich ganz Ihrem Zugriff. Das ist sehr unterschiedlich und muss jeweils konkret betrachtet und bei der Entscheidung, was Sie für Ihre Selbstsorge tun wollen, berücksichtigt werden. Die Grundregel ist, solche Themen herauszufiltern und anzupacken, bei denen Sie selbst Möglichkeiten haben, etwas zu Ihrer Gesunderhaltung und der Ihrer Mitmenschen beizutragen – das ist meist mehr, als zunächst angenommen wird. Daraus leitet sich Ihre kluge Selbstsorge ab.

Im Mittelpunkt jedes Arbeitskontextes stehen die Menschen mit ihrer individuellen und ihrer gemeinsamen, kollektiven Sorge um Genesung und Gesunderhaltung. Das gilt für Mitarbeitende und Klientinnen und Klienten in psychosozialen Arbeitsfeldern gleichermaßen. Man spricht von »gesunden Organisationen«, wenn es gelingt, die Achtsamkeit für die Gesundheit in den Werten, den Strukturen und Arbeitsprozessen einer Organisation zu verankern und ihre weiteren Entwicklungen daran auszurichten. Voraussetzung ist, dass die individuellen Lebensentwürfe und die Lebenspraxis der Mitarbeitenden einer Organisation auch auf diesen Ansatz ausgerichtet sind. Da dies nicht alle Beteiligten gleichermaßen umsetzen und Selbstausbeutung in der psychosozialen Arbeit eher die Regel als die Ausnahme ist, braucht es zumindest eine »kritische Masse«, die diesen Prozess in Gang halten kann.

Die Gesundheit des Einzelnen und die dafür notwendige Selbstsorge stehen in enger Wechselwirkung mit den bestimmenden Rahmenbedingungen. Gleichzeitig bleibt es die Verantwortung jedes Einzelnen, seine persönlichen Spielräume der Gesunderhaltung innerhalb dieser Rahmenbedingungen zu nutzen. Die individuelle Gesunderhaltung ist nicht an andere delegierbar.

Die Art und Weise, wie Sie sich selbst in den helfenden und heilenden Berufen gesund erhalten, hat allerdings einen besonderen Einfluss auf die Gesundheit und die Heilungsprozesse Ihrer Klienten: durch Ihre Ausstrahlung, Ihr Vorbild, durch Ihre Sensibilität für die Gesundheitsaspekte der alltäglichen Lebenspraxis Ihrer Klientinnen und Klienten. Sie wirken also durch Ihre kluge Selbstsorge und durch Ihre gesunde Lebenspraxis auf Ihre Klienten und deren Heilungsprozesse. Sie sollten in Sachen Selbstsorge Ihren Klienten immer ein Stück voraus sein.

Der thematische Bogen, den wir hier anpacken, reicht also von vielfältigen Aspekten der individuellen Lebenspraxis über die gesunde professionelle Beziehungsgestaltung bis zu den Aspekten der Arbeitsgestaltung und der organisationalen Kontexte.

Bitte verstehen Sie meine Ausführungen und Anregungen als Beispiele für mögliche Zugänge zu einer gesunden Lebenspraxis. Sie wählen aus, was zu Ihnen persönlich und zu Ihrer Arbeitssituation passt. Ich stelle Ihnen die Hintergründe der hier ausgewählten Zugänge komprimiert dar und lade Sie zu individuellen und kollektiven Reflexionen, Übungen, Arbeitsschritten und Entscheidungen ein. Alles, was Sie für sich und Ihre Gesunderhaltung tun, kommt Ihrem einmaligen und einzigartigen Leben zugute – und es hat immer Auswirkungen auf das Ganze.

Die erste Einladung in diesem Buch geht an Sie mit Ihrer individuellen Selbstsorge, es entspricht der Bitte, zunächst Ihre Sauerstoffmaske anzulegen. Dazu werden wir uns vielen unterschiedlichen Aspekten Ihrer Selbstsorge zuwenden – von Fragen der Sinnhaftigkeit und Achtsamkeit bis hin zu Angeboten körperlicher Bewegung. Viele dieser Themen verbergen sich hinter Konzepten wie beispielsweise der Salutogenese, der Resilienz, der Lebensbalance, der Regenerationsroutine. Sie werden später verstehen, wozu diese Konzepte für Sie gut sein können. Ein gesondertes Augenmerk werden wir auf Stress und Stressschutz, aber auch auf Glück und Zufriedenheit richten.

Die zweite Einladung geht an Sie in Ihren gemeinschaftlichen Bezügen. Wir schauen auf die Gestaltung gesunder psychosozialer Arbeitsfelder, ausgehend von den Besonderheiten dieser Tätigkeiten. Sie bergen Risiken und sind zugleich Quelle von Sinnerleben und Zufriedenheit. Dabei sind individuelle Wege, aber auch gemeinschaftliche, kollektive Wege als Team oder als Organisation bzw. Einrichtung möglich.

Einführend werde ich Ihnen jedoch zunächst mein Verständnis von Gesundheit vorstellen, das die Grundlage meiner Arbeit geworden ist und die Grundlage der hier vorgeschlagenen Gesunderhaltungswege.

Vorab jedoch noch einige grundlegende Bemerkungen: Betrachtet man das sozialpolitische Umfeld, in dem psychosoziale und medizinische Arbeit stattfindet, so sind zahlreiche Fehlentwicklungen unübersehbar. Auch wenn wir diese Themen hier nicht vertiefen werden, eines ist charakteristisch: Die Fehlentwicklungen haben in vielen Feldern zu einem dysfunktionalen und letztlich auch zu einem nicht mehr bezahlbaren Versorgungssystem geführt. Sie haben auch dazu geführt, dass gerade Sie unter den Folgen leiden: z. B. Personalmangel, Qualifizierungsmängel, zu enge Stellenpläne, hinderliche Vorschriften, ein teilweise gigantischer bürokratischer Aufwand.

Wie oft in solchen Situationen wird die Bewältigung der gesellschaftlich entstandenen Probleme individualisiert. Die Probleme der »oben« verursachten Schieflage werden nach »unten« auf die Ebene des einzelnen Menschen und der Teams weitergereicht. Es wird einfach erwartet, dass sie Lösungen finden: »Geht nicht, gibt's nicht.« Das führt auch zu Appellen unter der Überschrift »Halte dich gesund!«, was eigentlich meint: »Halte dich leistungsfähig!«. Gesundheit wird also auf Leistungsfähigkeit, meist körperliche Leistungsfähigkeit, reduziert und damit instrumentalisiert. Es gibt viele Kampagnen zu Bewegung, Ernährung, Stressbewältigung etc. In letzter Zeit rückt die psychische Gesundheit mehr in den Vordergrund, ausgelöst durch die Krankheitsstatistiken der Kostenträger, in denen psychiatrische Diagnosen samt Burn-out massiv auf dem Vormarsch sind.

Für unser Anliegen der klugen Selbstsorge entsteht dadurch ein Dilemma. Die Grundlage einer gesunden Lebenspraxis ist immer die Übernahme von Selbstverantwortung. Das ist ohne Frage so. Das allgemeine, in unserer Gesellschaft vorherrschende Verständnis sieht Gesundheit eher als Versicherungsfall: Gegen den Verlust der Gesundheit bin ich ja versichert – wie beim Reisegepäck – und kann mich darauf verlassen, dass mir jemand das Verlorene im Fall aller Fälle wieder zurückbringt. Diese Einstellung erzeugt zahlreiche sozialpolitische Schieflagen, weil die Folgen fehlender eigenverantwortlicher Prävention letztlich nicht finanzierbar sind. Die Selbstsorge durch eine gesunde Lebenspraxis ist in der Fläche leider in den Hintergrund getreten.

Ich werde Sie in diesem Buch immer wieder mit Ihrer Selbstverantwortung konfrontieren, mit dem, was *Sie* tun können und sollten – wohl wissend, dass genau dieser Appell an Ihre Selbstverantwortung im sozialpolitischen Diskurs missbraucht wird: Es wird an Ihre Selbstverantwortung appelliert, damit Sie sich auch unter Extremsituationen und verengten Rahmenbedingungen leistungsfähig halten und möglichst keine weiteren Kosten entstehen. Sie sollten aber wissen, dass es hier nicht um Ihre Leistungsfähigkeit, sondern um *Ihre* Gesundheit geht, für die nur Sie sorgen können.

Dazu gehört auch, dass Sie Ihre persönliche Beziehung zu Ihrem psycho-sozialen Arbeitskontext klären, indem Sie Identifikation und Engagement für Ihre Arbeit mit Regeneration und Lebensfreude für Ihre Person in eine gute Balance bringen. Das ist oft nicht leicht, weil der Ärger, die Enttäu-schung und die fehlende Wertschätzung für psychosoziale Tätigkeiten, die auch hinter den Arbeitsbedingungen stehen, sich in den Vordergrund drängen. Ich ermutige Sie, trotzdem auf sich und Ihre Gesundheit zu schauen. Das soll nicht darin münden, dass Sie sich den Menschen an-schließen, für die Gesundheits- und Wellnessaktivitäten inzwischen eine Art Ersatzreligion darstellen und für die Fitness und Faltenfreiheit der neue Lebensmittelpunkt sind. Die Dosierung macht den Unterschied.

Eine weitere Zumutung hält das Buch bereit: Es gibt in allen Berufsfeldern Eigendynamiken, die eine bestimmte Kultur der Kommunikation prägen. Die Komplexität und Enge der Rahmenbedingungen in psychosozialen Arbeitsfeldern laden dazu ein, sich als Opfer bestimmter Setzungen und Umstände zu erleben – der Sozialpolitik, der Trägerpolitik, gesellschaft-licher Trends, behördlicher Entscheidungen, aber auch als Opfer der in der eigenen Wahrnehmung immer schwieriger werdenden Klientinnen und Klienten mit sehr herausforderndem Erleben und Verhalten, der ner-venden Angehörigen, der ungerechten Dienstplangestaltung und vielem anderen mehr. Ihnen fallen jetzt sicher zahlreiche Beispiele ein. Das Op-fererleben kann letztlich zu einem tiefen Motivationsverlust führen.

Entlastend wirkt dann oft, sich in Gesprächen mit Freunden und Kol-legen darüber zu beklagen. Das ist menschlich und erzeugt ein Gefühl von Gemeinschaft und Zugehörigkeit: »Wir sind die, die unter diesen Bedingungen leiden.« Allerdings: Es etabliert sich auf diesem Weg eine »Klagekultur«, die einen hohen Preis hat. Es entsteht eine nachhal-tig schlechte Stimmung, Sie nehmen im Laufe der Zeit immer weniger Handlungsmöglichkeiten wahr, Sie erleben Sinnlosigkeit, Ohnmacht, Hilflosigkeit, verweilen auf einem hohen Erregungs- und damit Stress-niveau und sind schließlich erschöpft, resigniert und ausgebrannt – eine gesundheitlich brisante Mischung.

Natürlich ist das alles verständlich und oft nicht unberechtigt. Trotzdem gehe ich hier völlig einseitig nur von Ihren Handlungsmöglichkeiten aus, Sie werden konsequent zu »Tätern« gemacht und erkunden Ihre Situation aus dieser Perspektive. Sie sind zu dieser Haltung eingela-den, weil sie gesünder ist, als vor der Klagemauer stehen zu bleiben. Sie haben auf diesem Weg einen besseren Zugang zu Ihren konkreten

Handlungsoptionen, empfinden mehr eigene Wirksamkeit im Umgang mit den Herausforderungen und damit auch mehr Sinnhaftigkeit durch den Zugang zu Ihrem Gestaltungswillen, zu Ihrer Berufung und Ihrer Lebensaufgabe. Das sind wesentliche Aspekte von Gesundheit.

Manchmal wird auf diesem Weg allerdings auch deutlich, dass Sie persönlich einen zu hohen Preis zahlen, wenn Sie in Ihrem Arbeitsfeld bleiben oder zumindest, wenn Sie in der bisherigen Art und Weise in Ihrem Arbeitsfeld bleiben. Mit einer Haltung der Selbstverantwortung können Sie aber auch herausfinden, welche Richtung Sie einschlagen können. Denken Sie immer daran: Menschen leiden – von Extremsituationen abgesehen – nicht an den Verhältnissen, sondern an den Beziehungen, die sie zu den Verhältnissen haben. Und an diesen Beziehungen können Sie etwas ändern. Auf dem Weg der Selbstverantwortung lernen Sie viel über sich, Ihre Reaktionsmuster und Ihre Handlungsmöglichkeiten. Darum geht es letztlich bei Ihrer klugen Selbstsorge: sich selbst neu zu erleben, sich Räume zu erschließen, die Sie bislang noch nicht betreten haben, und Ihr Leben als einen Veränderungsprozess zu verstehen, der Sie immer wieder neu herausfordert und dadurch flexibel und lebendig erhält. Picasso hat das in einem kleinen Gedicht beschrieben:

» Ich suche nicht – ich finde

Suchen, das ist Ausgehen
von alten Beständen
und ein Finden-Wollen
von bereits Bekanntem im Neuen.
Finden, das ist das völlig Neue!

Das Neue auch in der Bewegung.
Alle Wege sind offen
und was gefunden wird, ist unbekannt.
Es ist ein Wagnis – ein heiliges Abenteuer! «

Sie werden später in dem Buch die Fortsetzung dieses Gedichts lesen, in dem Picasso die Voraussetzungen für dieses heilige Abenteuer beschreibt.

Die buddhistische Nonne Pema Chödrön beschrieb dies wie folgt: »Indem wir leugnen, dass alles sich ständig ändert, verlieren wir den Sinn für den heiligen Charakter des Lebens. Wir neigen dazu, zu vergessen, dass wir ein Teil der natürlichen Ordnung der Dinge sind.«

Um ein Bild zu nutzen: Sie können dieses Buch als Routenplaner verstehen und einsetzen, sodass es Sie bei den Vorbereitungen, der Auswahl der Ausrüstungen und bei den konkreten Planungen für Ihre täglichen Expeditionen in das Unbekannte Ihres Lebens unterstützt, einem nicht vorhersagbaren Leben mit all seinen Veränderungen und in all seiner komplexen Verbundenheit mit dem Ganzen. Es ist die abenteuerliche Expedition, genannt »Lebensweg«. Sich auf einen solchen Weg gut ausgerüstet und vorbereitet einlassen zu können, ist letztlich gesunde Lebenspraxis. Sie hat viele Stationen und viele Plätze, bietet Herausforderungen und Muße, ist vielfach verschlungen. Erste Schritte bestehen im Innehalten, im Zu-sich-Kommen und im konsequenten Wechsel der Blickrichtungen. Der Text wird deshalb immer wieder unterbrochen von Fragen zum Innehalten (**II** ... **II**), Übungen (**ÜBUNG** ... ▰▰▰), Tipps für die persönliche Selbstsorge (➡ ... ⬅) und von Tipps für Teamklausuren (➡ ➡ ... ⬅). Legen Sie dann das Buch beiseite und spüren Sie den Anregungen nach – wenn Sie sich davon angesprochen fühlen. Mit den kleinen eigenen Erfahrungen, die Sie dabei machen, verankern Sie die Themen so wirksam, dass Sie Ihnen für Ihren Weg der klugen Selbstsorge besser zur Verfügung stehen. Sie werden sehen, dass die Selbstsorge auf dem Boden von Achtsamkeit wächst, was manchmal zunächst auch »Entschleunigung« meint, und die Einladungen zum Innehalten sind hier schon eine kleine Übung dafür. Damit Sie auch nach der Lektüre des Buches gut auf alle Übungen und Tipps zurückgreifen können, finden Sie diese auf der Webseite des Buches, www.balance-verlag.de/buecher/detail/book-detail/engagiert-und-gesund-bleiben.html; das Stichwort für die Downloadmaterialen lautet: Entschleunigung.

Die für Ihre kluge Selbstsorge bedeutsamen Themen hängen alle eng miteinander zusammen. Sie sind hier zum besseren Verständnis separiert worden. Sie werden hoffentlich immer wieder bestimmte Grundprinzipien wiedererkennen: Sinnhaftigkeit, Achtsamkeit und Präsenz, Dankbarkeit und Demut als Haltungen, Wahrnehmung von Gestaltungsmöglichkeiten im alltäglichen Leben, Verbundenheit, Wertschätzung in Beziehungen, Humor. Das und anderes sind Eckpunkte für das »heilige Abenteuer«, wie Picasso es nennt. Sie können dieses Buch als Routenplaner verstehen und einsetzen, sodass es Sie bei den Vorbereitungen, der Auswahl der Ausrüstungen und bei den konkreten Planungen für das heilige Abenteuer, genannt »Lebensweg«, unterstützt. Sich auf einen solchen Weg gut ausgerüstet und vorbereitet einlassen zu können, das ist letztlich gesunde Lebenspraxis.

Zugänge zu einer gesunden Lebenspraxis

Den Einstieg in die gesunde Lebenspraxis starten wir gleich mit einer Übung.

Die folgende Anleitung aus dem Büchlein »Eine Minute für mich« von Spencer JOHNSON (2013) zeigt in drei Phasen einen Weg auf, wie Sie Ihre verschiedenen Lebensbereiche in ein dynamisches Gleichgewicht bringen können, indem Sie für sich ebenso gut sorgen wie für Ihre Familie, Freunde, Arbeitskollegen und Klienten. Der Grundgedanke dieser Übung ist, dass nur derjenige in der Lage ist, andere Menschen zu fördern, der mit sich selbst liebevoll umgeht – was vielen Menschen gar nicht so leichtfällt (denken Sie an die Sauerstoffmaske!).

ÜBUNG **Eine Minute für mich** ⤓

Phase eins: Selbsterkundung und Selbstfürsorge

Halten Sie mehrmals am Tag eine Minute inne. Horchen Sie in sich hinein und schauen Sie sich genau an, was Sie gerade machen oder denken. Gönnen Sie sich diese Minute, um sich zu fragen: »Wie kann ich jetzt, in diesem Moment, besser für mich sorgen?« Die Antwort auf diese Frage finden Sie in sich selbst. Lauschen Sie aufmerksam auf die Antwort, die in Ihrem Inneren entsteht. Erkennen Sie, was für Sie gut ist, und handeln Sie danach. Tun Sie etwas, das Ihnen das Gefühl gibt, gut für Sie zu sein. Dabei sind der Fantasie keine Grenzen gesetzt. Verwöhnen Sie sich mit einer kurzen Achtsamkeitsübung oder planen Sie kleine Entdeckungsreisen, indem Sie etwas Ungewohntes tun. Gehen Sie in der Mittagspause spazieren. Gehen Sie in Straßen oder Parks, die Ihnen unbekannt sind. Schauen Sie sich in Geschäften um, in die Sie noch nie gegangen sind. Entdecken Sie Ihre Stadt, Ihr Umfeld neu. Diese kleinen Abenteuer holen Sie aus dem Alltag heraus.

Je aufmerksamer Sie für sich sorgen, desto weniger Grund haben Sie, sich über sich selbst und über andere zu ärgern. Sie haben es in der Hand, je nachdem, wie Sie die Dinge betrachten oder wie Sie sich verhalten: Sie sind Ihr bester Freund oder Ihr ärgster Widersacher.

Phase zwei: Fürsorge für mich und andere

Erst wenn Sie für sich selbst gut sorgen, können Sie auch anderen helfen. Es geht darum, eine Balance zu finden zwischen der Achtsamkeit, die Sie sich schenken, und der Aufmerksamkeit und Fürsorge für andere Menschen. Fragen Sie sich in dem kleinen Moment des Innehaltens, wie Sie sich und gleichzeitig einem konkreten anderen Menschen (Freundin, Klient, Kind), der Ihnen nahesteht, etwas Gutes tun können, damit dieser besser für sich selbst sorgt. Denn: »Wenn die anderen gut für sich selbst sorgen, sind sie zufriedener mit sich – und mit mir« (JOHNSON 2013, S. 72).

Phase drei: Fürsorge für uns

»Wenn jeder Mensch auf Erden erst besser für sich sorgt, fühlt jeder Mensch auf Erden sich viel besser versorgt. Und dann sind wir schließlich so weit, dass wir uns umeinander sorgen« (S. 106). Das Wir steht im Zentrum der Aufmerksamkeit im Moment des Innehaltens. Es wird zu einem wichtigen Bestandteil der Kultur, die wir gemeinsam gestalten. Damit werden nicht alle Probleme auf der Welt verschwinden, aber jeder Einzelne hat etwas davon, wenn die Menschen seiner Umgebung besser mit sich umgehen und wenn er in einer Kultur lebt, die diesen fürsorglichen Blick für den anderen pflegt. ▬

Was ist Gesundheit?

Was Krankheit ist, lässt sich noch recht leicht beschreiben. Es sind mehr oder weniger leidvolle Symptome zu beobachten, gewohnte Funktionen des Körpers arbeiten nicht so, wie sie sollten, unser Organismus ist von Wesen besiedelt, die zumindest in dieser Menge und Zusammensetzung nicht dorthin gehören, Unfälle haben den Körper und die Seele beschädigt, es wächst etwas, das so an diesem Ort nicht wachsen sollte, etc. Während der Brockhaus noch das Fehlen von der Norm abweichender Befunde für Gesundheit hält, ist diese Sicht heute überholt. Statt von Normwerten spricht man heute eher von einem Kontinuum zwischen den Polen gesund und krank, weil offenbar die individuellen Gesundheitsvarianten sehr groß sind. Ärzte sagen, dass es keine Gesunden, sondern nur schlecht Durchdiagnostizierte gibt – was insoweit stimmt, als mit der Anzahl der untersuchten Parameter der Anteil der Gesunden sinkt.

»Gesundheit ist ein Zustand vollständigen körperlichen, geistigen und sozialen Wohlbefindens und nicht nur die Abwesenheit von Krankheit und Gebrechen«, definierte die Weltgesundheitsorganisation 1949. Darauf gründen sich die politischen Programme der WHO. Wohl kaum ein Mensch erfüllt dauerhaft diese Kriterien. Trotzdem sind sie ein Manifest für die Kultur, die in der vorhergehenden Übung als »Selbstfürsorge« beschrieben wurde.

Für die 1:1-Begleitung von Menschen, die sich ihre berufliche Alltagsgestaltung unter dem Blickwinkel der Gesunderhaltung anschauen wollen, habe ich mich der Frage unter folgendem Gesichtspunkt genähert: Welche Beschreibung von Gesundheit hilft Menschen im Alltag am besten, einen Weg für ihre Gesunderhaltung zu finden und diesen zuverlässig zu beschreiten? Das klingt zunächst merkwürdig, aber Sie werden sehen, dass allein das Bild, das Sie sich von Gesundheit machen, bestimmt, was Sie tun oder nicht tun.

ǁ Was verstehen Sie unter Gesundheit? Nehmen Sie sich einige Minuten Zeit und schreiben Sie auf, was Ihnen zu den folgenden beiden Punkten einfällt:
Beschreiben Sie nicht die Abwesenheit von etwas (Schmerzen, Symptome, Sorgen u. a.), sondern wie sich Ihnen Gesundheit konkret zeigt, woran Sie merken, dass Sie gesund sind.
Wie entsteht Ihre Gesundheit?
Bewahren Sie Ihre Antworten auf, sie sind für spätere Arbeitsschritte hilfreich. **ǁ**

Die Frage »Was ist Gesundheit?« erscheint vielleicht trivial, Sie haben aber bemerkt, dass Sie zu Umschreibungen greifen, wie Wohlbefinden, Glückserleben, Leistungsfähigkeit, liebe Menschen um sich haben, wichtige Aufgaben bekommen u. a. Dabei hat sich die Bedeutung des Begriffs »Gesundheit« automatisch erweitert.

Es wundert Sie nach dieser kleinen Übung bestimmt nicht, dass wir hier davon ausgehen werden, dass Gesundheit nicht das Gegenteil von Krankheit ist. Auch Menschen mit chronischen und schweren Erkrankungen können nach diesen Überlegungen gesund sein. Das Gegensatzpaar ist dann nicht mehr Gesundheit versus Krankheit im medizinischen Sinn, sondern Achtsamkeit versus Unachtsamkeit im eigenverantwortlichen Umgang mit der Gabe Gesundheit. Dieses Verständnis von Gesundheit als Basis für eine kluge Selbstsorge soll hier abgeleitet und erläutert werden.

Gesundheit ist kein Zustand, es ist auch kein Kapital, das wir aufzehren können. Gesundheit ist nur dort vorhanden, wo sie in jedem Augenblick des Lebens erzeugt wird, sonst ist der Mensch bereits krank – so formulierte es bereits Viktor von Weizsäcker 1930. Er hat an den Grundlagen der Psychosomatik gearbeitet, die sich ja mit der Verbindung von Körper und Seele beschäftigt. Fritz HARTMANN, ein einflussreicher Medizinprofessor und Rheumatologe, formulierte es 1993 (S. 39) noch prägnanter: »Gesund ist ein Mensch, der mit oder ohne (...) Mängel seiner Leiblichkeit, allein oder mit Hilfe anderer, Gleichgewichte findet, entwickelt und aufrechterhält, die ihm ein sinnvolles, auf die Entfaltung persönlicher Anlagen und Lebensentwürfe eingerichtetes Dasein und die Erreichung von Lebenszielen in Grenzen ermöglichen, so, dass er sagen kann: mein Leben; dazu gehört auch meine Krankheit, mein Sterben.« Krankheit und Sterben sind also ein Teil von Gesundheit im Rahmen eines sinnerfüllten und stimmigen Lebens.

Verkürzt wird Gesundheit für unseren Zusammenhang wie folgt definiert: Gesundheit ist kein Zustand, sondern ein Prozess, der lebenslang in einer achtsamen Haltung gestaltet wird. In diesem Verständnis wirken alle Dimensionen von Gesundheit untrennbar zusammen:

- die körperliche Gesundheit (Bewegung, Ernährung, Regeneration u. a.),
- die psychische Gesundheit (Denken, Fühlen, Haltungen u. a.),
- die soziale Gesundheit (Beziehungen, Wertschätzung, Verbundenheit u. a.) und
- die spirituelle Gesundheit (Sinnfragen, Lebensziele, über mich als Einzelwesen hinausreichende Dimensionen, Transpersonalität u. a.).

ÜBUNG Dem eigenen Verständnis von Gesundheit auf der Spur ⤓

Schauen Sie in Ihre Aufzeichnungen zu den Fragen »Was verstehen Sie unter Gesundheit?« und »Wie entsteht Ihre Gesundheit?« (vgl. S. 20). Ihre Antworten sind die »Blaupause«, nach der Sie in Ihrem Leben Ihre Gesunderhaltung, Ihre Selbstsorge, gestalten können. Beispiele:

Wenn Sie Gesundheit als Batterie beschrieben haben, die Sie gelegentlich aufladen müssen, werden Sie sich in Ihrem Leben genauso verhalten: lange verausgaben, von äußerer Stromzufuhr abhängig bleiben und irgendwann erschreckt feststellen, dass der Akku nicht mehr aufzuladen ist. Wenn Sie Gesundheit als Geschenk verstehen, werden Sie vielleicht Dankbarkeit dem Geber gegenüber empfinden (wer immer das für Sie sein mag) und möglicherweise achtsam mit dem Geschenk umgehen. ▬

Noch ein wichtiger Aspekt zu der Gesundheit-Krankheit-Thematik: Menschen, die eine lebensbedrohliche Erkrankung, einen schweren Unfall oder eine Nahtoderfahrung überlebt haben, verändern oft ihre Einstellung zum Leben. Sie sprechen von der »wichtigsten Zeit in meinem Leben«, beschreiben die Krankheits- und Behandlungszeit als »glücklichste Zeit im Leben«, das Leben danach als »zweites Leben« und eben als »Geschenk«. Durch die Erfahrung der existenziellen Bedrohung bekommt das eigene Leben oft einen anderen und die Selbstsorge eine völlig andere Triebkraft, eine gänzlich veränderte Grundlage. Auch einschneidende Lebenskrisen können solche Effekte haben. Wer den Krieg nicht kennt, der weiß den Frieden vielleicht nicht schätzen.

Schauen Sie noch einmal in Ihre Aufzeichnungen, ob sich hinter den Antworten innere Glaubenssätze zu Ihrer Gesundheit verbergen, an denen Sie Ihr Verhalten ausrichten. Sie entdecken möglicherweise auch Spuren existenzieller Krisen, die Sie erlebt haben und die Ihre Selbstsorge beeinflussen. Schauen Sie auch nach, wie Ihre psychosoziale Arbeit, Ihre Begegnungen mit Ihren Klienten und Klientinnen, Ihr Verständnis von Gesundheit geprägt hat.

ǀǀ Was in Ihrem Leben hat Ihr Verständnis von Gesundheit geprägt?
Wie genau sieht diese Prägung aus?
Welche Kraft steckt darin für Ihre kluge Selbstsorge? **ǀǀ**

Kluge Selbstsorge:
Der Gesundheit Raum geben

Wenn wir uns nun ein komplexes Bild von Gesundheit machen wollen, könnte man sagen, dass Gesundheitspflege auch die Kunst ist, sich angemessener Landkarten oder Wetterkarten zu bedienen, um in zuweilen unzugänglichem Gelände seinen Gesundheitsweg zu finden. Im Folgenden werde ich vier Zugänge beschreiben, die wie Wegweiser für Ihre gesunde Lebenspraxis und Selbstsorge betrachtet werden können: die Salutogenese, die Sinnhaftigkeit als »Survival Value«, die Resilienz und das Modell der Lebensbalancen. All diese Zugänge stärken die Eigenverantwortung und eröffnen wirksame und nachhaltige Handlungsmöglichkeiten.

Doch zunächst sind Sie eingeladen, sich noch einmal auf sich selbst einzustimmen (es geht ja hier um *Ihre* Selbstsorge).

ÜBUNG **Einleitung einer Achtsamkeitsmeditation** ⬇

In dieser meditativen Übung erkunden und erspüren Sie, was für Sie in der Lebenssituation, in der Sie sich aktuell befinden, gesund ist, was für Sie gesunde Selbstsorge wäre.

Sie leiten diese Erkundung mit der folgenden kleinen Meditation ein. Nehmen Sie sich ca. 15 Minuten Zeit, in der Sie ungestört sind. Legen Sie sich Stifte zum Schreiben, Buntstifte und Papier bereit. Ein Wecker erleichtert Ihnen die Meditation, damit Sie nicht zwischendurch an die Zeit denken müssen.

Sie brauchen eine bequeme Sitzmöglichkeit. Sie können sich auf einen Stuhl setzen oder Sie nutzen ein Kissen, auf dem Sie knien und sich auf die Fersen setzen oder im Schneidersitz die Beine kreuzen.

Ihre Hände ruhen im Schoß oder auf den Oberschenkeln, die Handflächen zeigen nach oben oder nach unten.

Setzen Sie sich aufrecht hin, sodass Sie in sich ruhen – nicht müde zusammengesunken und nicht verspannt aufgerichtet. Man könnte auch sagen: Setzen Sie sich in Würde zu sich selbst.

Die Augen können Sie schließen oder leicht geöffnet halten, ohne etwas zu fixieren.

Die Füße stellen Sie parallel auf den Boden, Sie spüren die Fußsohlen (oder Füße und Unterschenkel) auf dem Boden, Sie spüren Ihre Sitzhöcker auf der Sitzfläche, Sie richten die Wirbelsäule auf, lösen die Schultern und halten den Kopf locker auf den Schultern.

Sie »scannen« dann Ihren Körper, nehmen alles wahr – von Wärme über Verspannungen bis zu Schmerzen, Sie nehmen nur wahr, ohne etwas zu erklären oder zu bewerten und ohne etwas zu verändern. Wenn Sie nichts wahrnehmen, nehmen Sie nichts wahr, das ist genauso gut.

Richten Sie dann Ihre Aufmerksamkeit auf Ihre Atmung, ohne dass Sie die Atmung beeinflussen. Sie spüren die Luft durch die Nasenlöcher oder den Mund ein- und ausstreichen, spüren, wie sich Brust und Bauch bewegen. Ihre Aufmerksamkeit bleibt bei der Atmung, nur bei dem einen Atemzug im gegenwärtigen Augenblick. Der Atem kommt, der Atem geht.

Kommen Sie zur Ruhe, lassen Sie es still werden in sich – so gut es geht.

Lenken Sie immer wieder bewusst Ihre Aufmerksamkeit auf die Atmung. Sie werden merken, dass Ihre Gedanken Sie schnell wieder wegtragen, Sie sich teilweise in ihnen verlieren. Kehren Sie dann wieder zurück zu dem Atemzug in dem gegenwärtigen Augenblick. Lassen Sie sich nicht entmutigen, es ist die Übung selbst, die das Wesentliche ist. Bleiben Sie dran.

Lassen Sie nach einigen Minuten die folgende Frage in sich kreisen: Was liegt im Herzen meiner Gesundheit?

Nach 15 Minuten atmen Sie kräftig ein und aus, reiben Ihre Hände und das Gesicht, klopfen Arme und Beine von oben nach unten auf der Außenseite ab und wieder zurück auf der Innenseite.

Schreiben Sie dann alles auf, was Ihnen in den Sinn gekommen ist, bewerten Sie nichts, lassen Sie nichts weg. Was nicht in Worte fließen will, zeichnen Sie, nutzen Sie dazu auch Farben.

Sie haben jetzt eine wertvolle Materialsammlung für Ihre ersten Schritte auf dem Weg zu einer besseren Selbstsorge.

Wiederholen Sie diese kleine Meditation, sooft Sie mögen. ▬

Mit dieser Übung haben Sie gleichzeitig die Einleitung einer Achtsamkeitsmeditation kennengelernt. Sie werden diese im Laufe unseres gemeinsamen Weges durch dieses Buch oft einsetzen können.

Diese Übung mit der vielleicht etwas merkwürdig anmutenden Frage nach dem Herzen Ihrer Gesundheit bringt Sie weg von den bisherigen Suchprozessen nach dem, was Sie für Ihre Gesundheit und Selbstsorge tun »sollten«: weniger essen, sich mehr bewegen, öfter Nein sagen – was jeder weiß und doch nicht macht. Stattdessen geht es um das Wecken von Bedürfnissen und um das Erkennen von Anreizen für Ihre Selbstsorge, um das Bewusstwerden von dem, was Ihnen am Herzen liegt.

Die Erfahrung zeigt, dass Menschen dauerhaft nur etwas tun, was ihnen sinnvoll erscheint. Deswegen werden wir im nächsten Abschnitt der Frage der Sinnhaftigkeit nachgehen. Für Ihre Selbstsorge, den Umgang mit sich selbst und mit Ihren Ressourcen, für den Erhalt Ihrer Gesundheit ergibt sich oft die Notwendigkeit, einige Maßnahmen kraftvoll umzusetzen und auch durchzuhalten, z. B. sich regelmäßig zu bewegen oder Grenzen klar zu ziehen. Sie brauchen also Willenskraft, Disziplin und Durchhaltevermögen.

Das klingt erst einmal sehr anstrengend. Das ist es aber nur dann, wenn Ihre Selbstsorge nur auf vernünftigen Überlegungen beruht und nicht verbunden ist mit Ihren tiefen Überzeugungen, Ihren inneren Quellen, Ihren Bedürfnissen und Ihren körperlichen Wahrnehmungen. Deshalb sollten Sie vor allem wissen, wozu Sie das machen. Sie werden sich mit Ihrer Selbstsorge durchsetzen müssen gegen eine Tendenz, die in evolutionsbiologisch sehr alten Gehirnteilen verankert ist, nämlich unseren energiesparenden Impulsen zu folgen, uns zu »schonen«, faul und träge zu sein. Sie kennen diese Neigung als »inneren Schweinehund«, der sich in einer Dauerfehde mit Ihren rational geprägten Absichten aus dem präfrontalen Cortex befindet. Damit werden wir uns später noch einmal ausführlicher beschäftigen (siehe S. 87 f.).

Sie haben es mit gut eingespielten Gewohnheiten zu tun: Sie haben vieles schon immer so gemacht (oder nicht gemacht). Der überlegte Einsatz Ihrer Ressourcen und die gezielte Regeneration brauchen deshalb eine wirklich gute Motivation, um zu veränderten Verhaltensweisen zu finden, die Ihnen später genauso lieb werden wie Ihre alten Gewohnheiten.

Natürlich haben Sie auch jetzt schon Gewohnheiten, die Ihnen guttun. Vergleichen Sie dazu die Ihnen achtsamer und gesünder erscheinenden Teile Ihres Lebens mit den weniger achtsamen und gesunden:

|| Was von dem, was Sie im Alltag tun, ist gesünder als ...?
In welchen Situationen sind Sie in einer achtsameren Haltung, als ...? **||**

Anker für die Selbstsorge

Die beste Verankerung von Selbstsorgemaßnahmen bieten tragfähige Antworten auf die Frage nach dem Sinn. Wozu machen Sie das alles? (Sie werden sich später mit der wichtigen Frage »Wozu will ich gesund bleiben?« noch beschäftigen, siehe S. 37). Wenn dann noch die Bewegungsart Spaß macht, die veränderte Ernährung schmackhaft ist, die Entspannungsmethode zu innerem Frieden und Ausgeglichenheit führt, die bessere Grenzziehung zu mehr Muße – wenn die neuen Gewohnheiten also durch emotionale Belohnungen verstärkt werden –, ist ein entscheidender Schritt in Richtung einer nachhaltig gesunden Lebenspraxis getan. Dann haben Sie einen starken und sicheren Anker. Die lebensgeschichtlich entstandenen Gewohnheiten wurden auf den Prüfstand gestellt und verändert – und Sie leben noch – auch ohne sich aufzuopfern (oder deswegen). Das ist beispielsweise ein gutes erstes Ergebnis Ihrer klugen Selbstsorge.

Letztlich weiß jeder viel darüber, wie er sich gesund verhalten, in einer für ihn angemessenen Lebensbalance bleiben kann und welches Lebensglück der Orientierungsrahmen für sein Handeln ist. Dieses Wissen setzt sich zusammen aus Fachwissen und intuitivem Wissen, das wir hier als

Kompetenz der Selbstregulation und der Selbstheilung verstehen. Das Fachwissen hat heute allgemein durch Fachpresse, Buchpublikationen und Internet einen sehr hohen Stand und ist überall verfügbar. Das intuitive Wissen ist aber oft verschüttet und nicht mehr jederzeit zugänglich. Die »innere Stimme«, die Ihnen sagen kann, was Ihnen guttut beim Essen, bei der Bewegung, der Entspannung, was Ihnen Freude macht und Erfüllung schenkt, findet weniger Gehör. Meist braucht es Mut, dieses intuitive Wissen überhaupt wahrzunehmen, zuzulassen oder sich gar dieses Wissens zu bedienen und entsprechende Entscheidungen zu treffen. Ohne dieses intuitive, selbstheilende Wissen ist es schwer, irgendwelchen Sachinformationen zu folgen – diese bleiben dann blutleer und Sie lustlos. So kann es passieren, dass Sie wichtige Gesundheitsinformationen nicht in Ihre alltägliche Selbstsorge einfließen lassen. Wir versuchen hier, Brücken zu schlagen.

Genau diese Lücke zwischen Gesundheitswissen und gesundem Verhalten scheint auch der Grund dafür zu sein, dass eine zunehmende Suche nach individuell tragfähigen Werten und Sinnzuschreibungen zu beobachten ist. Besonders Menschen in Krisensituationen erleben schmerzhaft, dass ihnen die grundsätzliche Orientierung fehlt. Deswegen werden Lösungen angestrebt, die die größeren Lebenszusammenhänge, die Verbundenheit mit Familie, Freunden, mit der Natur, mit den eigenen Lebensaufgaben und anderem mehr wieder spürbar werden lassen – Zusammenhänge also, die über den Einzelnen hinausweisen, die, wie man sagt, die Ichgrenzen transzendieren.

Damit sind spirituelle Themen angesprochen. Spiritualität soll hier als eine existenzielle Sinnsuche, als Bewusstseinsentwicklung und Lebensorientierung verstanden werden. Das Erleben existenzieller Sinnhaftigkeit des eigenen Lebens ist eine Basisressource von Gesundheit – und eine große Motivation, mit der Ressource Gesundheit gut umzugehen.

Diese vierte Dimension der Gesundheit – nach der körperlichen, der psychischen und der sozialen – wird zunehmend als eine Basisressource für Gesundheit überhaupt verstanden. Die »spirituelle Intelligenz« ermöglicht es Menschen, Sinn- und Wertefragen anzugehen, das Leben in einen größeren Zusammenhang zu stellen und Verbundenheit und Einheit zu erfahren.

Dieser Basisressource von Gesundheit werden zahlreiche Effekte zugeschrieben, zum Beispiel als

- Schutzfaktor vor dem Verlust von Sinnhaftigkeit, Lebensbalance und Stimmigkeit;
- Basis für den Umgang mit allen Wechselfällen des Lebens einschließlich der Krankheitsbewältigung (Coping);
- Weg, um (gesundheitliche) Krisensituationen in einen größeren Zusammenhang zu stellen, handlungsfähig zu bleiben und sich dabei Sinn- und Wertefragen angemessen widmen zu können;
- therapeutisch unterstützende Kraft in Heilungsprozessen.

Gesundheit wurde früher immer auf diese ganzheitliche Weise verstanden. Etymologisch hat das »Heilsein« im Englischen die gleichen Wurzeln wie das »Ganzsein« und das »Heiligsein«: heal, hale, whole, holy. Im Deutschen ist in der Gesundheit die mittelhochdeutsche »Ganzida« nicht mehr gut zu erkennen. Bei »heil« und »heilig« ist die Verbindung klar. In der modernen Medizin ist dieses Verständnis wenig spürbar, weil jedes Organ seinen Spezialisten hat. Wenn Gesundheit aber mit Vollständigsein zu tun hat, ist Heilung ohne die Überwindung des Gefühls, aus mehreren Teilen zu bestehen, nicht möglich. Erst durch das intensive Erleben von Verbundenheit mit der eigenen Person und mit der Welt, den Menschen und einer höheren Ordnung entwickelt sich ein transpersonales Vertrauen. Dieses Vertrauen ist für die persönliche Balance genauso wichtig wie ein gesundes Selbstvertrauen. Sie kennen diese Zusammenhänge natürlich aus Ihrer psychosozialen Arbeit, die ohne ein solches Verständnis nicht funktionieren kann. Deshalb wird Ihre kluge Selbstsorge auch dieses Erfahrungswissen nutzen.

Dies ist schon ein kleiner Vorgriff auf Themen, die noch vertieft werden sollen und die Sie auch in den nun folgenden Modellen zur Gesundheit wiederfinden. Da Sie persönlich jetzt gut vorbereitet sind, können Sie die Wege zu einer ganzheitlich und dynamisch verstandenen Gesundheit gut nutzen – nämlich für den andauernden, bewussten Erhalt von Gesundheit, Selbstregulation und Lebensbalance.

Salutogenese

Aaron Antonovsky begann in den 1970er-Jahren, die Frage der Entstehung und des Erhalts von Gesundheit zu erkunden. Den daraus resultierenden Ansatz nannte er Salutogenese und verstand ihn als

Komplementärkonzept zur Pathogenese (der Entstehung von Krankheit). Ihm war aufgefallen, dass es Menschen gab, die trotz extremer Erfahrungen (z.B. Internierung in einem Konzentrationslager) als körperlich und psychisch gesund beurteilt werden konnten. Was unterschied diese Gruppe von Menschen von der Mehrzahl derer, die unter den zu erwartenden Folgeerkrankungen litt?

Individuelle Stimmigkeit

ANTONOVSKY (1997) fand heraus, dass Menschen, die ihr Leben als stimmig, als passend und in sich zusammenhängend (kohärent) wahrnehmen, eher Möglichkeiten finden, ihre Ressourcen zur Erhaltung ihrer Gesundheit einzusetzen. Wenn Menschen ihr Leben als »stimmig«, als »rund« wahrnehmen, als »mein Leben«, wie HARTMANN (1993) das formulierte, dann ist das verbunden mit folgenden Faktoren:

Verstehbarkeit Menschen verstehen und durchschauen ihr Leben, es gibt eine gewisse Vorhersagbarkeit, es gibt Orientierungsmöglichkeiten.

Machbarkeit Menschen nehmen Ressourcen wahr (bei sich selbst oder sie finden Unterstützung bei anderen), die ihnen die Bewältigung der Herausforderungen des Lebens möglich machen, sie erleben sich als »selbstwirksam«.

Sinnhaftigkeit, Bedeutsamkeit Menschen empfinden es als sinnvoll und wichtig, die jeweiligen Herausforderungen des Lebens zu bewältigen, sie denken, dass es sich lohnt, die Herausforderungen zu meistern. Stimmigkeit kann nach PETZOLD (2010, S.40ff.) in allen Dimensionen des Daseins erlebt werden:

- physische, physikalische Stimmigkeit (Licht, Temperatur, Sonne u.a.);
- körperliche, vegetative Stimmigkeit (Ernährung, Bewegung, Schlaf, Entspannung u.a.);
- soziale Stimmigkeit (Partnerschaft, Freunde, Arbeit u.a.);
- kulturelle Stimmigkeit (Werte, Politik, Kunst u.a.);
- globale Stimmigkeit (Biosphäre, Weltfrieden u.a.);
- universelle, spirituelle Stimmigkeit (Glauben, Göttliches u.a.).

Wir werden uns jetzt vorwiegend mit der Sinnhaftigkeit als wesentlichem Teil der Stimmigkeit (Kohärenz) beschäftigen. Verstehbarkeit und Machbarkeit werden implizit an vielen Stellen behandelt, wenn es um die selbstverantwortliche Gestaltung Ihrer klugen Selbstsorge geht.

Wenn Menschen in der Bewältigung von Herausforderungen einen Sinn sehen können, wenn sich ihr Leben insgesamt stimmig anfühlt, dann haben sie bessere Chancen, ihre Erfahrungen so zu verarbeiten, dass sie gesund bleiben, und zu Experten für die eigene Gesundheit, für das eigene Heilsein zu werden. Die täglichen Aufgaben, berufliche und private Herausforderungen sind dann eingebunden in eine gut verankerte (Selbst-)Regulation. Die eigenen Ressourcen werden im Gewahrsein des Sinns klüger eingesetzt. Sogar körperliche Prozesse wie beispielsweise das Immunsystem und die Wundheilung funktionieren dann besser.

Man darf annehmen, dass Kohärenz ein wichtiges psychisches Regulationsprinzip ist. Menschen streben nach dieser Stimmigkeit, nach dem Grundgefühl für etwas, das sie »mein Leben« nennen können (vgl. HARTMANN 1993). Die berühmte »Hilfe zur Selbsthilfe«, das Credo in vielen psychosozialen Hilfekontexten, beruht letztlich auf der großartigen Fähigkeit lebender Systeme (Menschen, Familien, Teams u. a.) zu dieser Selbstregulation, letztlich zur Selbstheilung. Denn jede Heilung ist grundsätzlich nur möglich als Selbstheilung – selbst invasive medizinische Interventionen gelingen nur, wenn die Selbstheilungskräfte »mitspielen«.

Hier sei schon auf ein Risiko dieses Regulationsprinzips der Stimmigkeit hingewiesen. Wir erzählen uns unsere Lebensgeschichte (Biografie) nicht zuletzt, um diese Stimmigkeit herzustellen und um Vorhersagen für die Zukunft zu treffen. Wir hängen an diesen Geschichten. Der Dichter Max FRISCH nannte das »unsere Gier nach Geschichten« und machte sie in seinem berühmten Roman »Mein Name sei Gantenbein« (1964) zum Thema. Schon 1960 schrieb er: »Alle Geschichten sind erfunden, Spiele der Einbildung, Entwürfe der Erfahrung, Bilder wahr nur als Bilder. Jeder Mensch, nicht nur der Dichter, erfindet seine Geschichten – nur dass er sie, im Gegensatz zum Dichter, für sein Leben hält – anders bekommen wir unser Erlebnismuster, unsere Ich-Erfahrung nicht zu Gesicht« (FRISCH 1998, vierter Band, S. 263). In den Erzählungen der eigenen Geschichte sind also Erinnerungen und Erfindungen »versponnen«, um das Selbst und das Leben in Einklang zu bringen. »Das Medium der Selbstgestaltung ist die Geschichte«, in der Zusammenhänge erzählt werden, »in denen der Sinn des Selbst zu finden ist: ›Das bin ich, das ist meine Geschichte‹« (SCHMID 2004, S. 107).

Unsere biografischen Geschichten sind – ein vielleicht merkwürdiger Vergleich – die Software, die unser Lebensnavigationsgerät steuert. Sie laden uns ein, ihnen zu folgen, wir hinterfragen sie selten und bleiben auch unter großen Entbehrungen in den so erzeugten Wirklichkeiten. Auch das als leidvoll Erfahrene wird wiederholt und lässt uns auf diese Weise eine Art von Stimmigkeit erfahren. Unser »Navi« benutzt also oft eine sehr alte Software.

Dieser Zusammenhang wird hier deshalb betont, weil gerade die Geschichten, die sich engagierte Menschen in helfenden Berufen als ihre Biografie erzählen, eine Besonderheit enthalten: Berichte über Grenzen von Engagement und Belastung kommen darin selten vor: Der Satz »Ich habe nicht Neinsagen gelernt« ist stattdessen elementarer Teil der Geschichte und entwickelt leicht die Kraft einer Vorhersage: »Das prägt mich und wird auch so bleiben.« Diese Geschichten werden auch entgegen anderslautenden Einsichten und Argumenten aufrechterhalten (jeder ist in der Lage, Nein zu sagen und auch zu meinen). Wenn Menschen in Erschöpfungskrisen oder nach anderen dramatischen Einbrüchen den Spuren der von ihnen erzählten Lebensgeschichten nachgehen, verändern sie diese oft grundlegend, ergänzen sie um wichtige, bislang übersehene Anteile und verändern so die bisherigen Annahmen über ihre Lebensaufgaben. Damit wird das Navigationssystem neu eingestellt (vgl. auch S. 103 ff.).

Wenn die Geschichten, die Sie über sich erzählen, wichtige Formen der Selbstgestaltung sind, dann sollten Sie dafür sorgen, dass Ihre Selbstsorge Teil Ihrer erzählten Geschichte wird: »Ich bin jemand, der auf diese und jene Weise gut für sich sorgt, der aus diesen und jenen Quellen Kraft und Energie erhält.« Dann entwickeln Lebensgeschichten die große, heilsame Kraft der Stimmigkeit.

‖ Welche Geschichten aus Ihrem Leben und aus der Familiengeschichte erzählen Sie sich und anderen über die Aufmerksamkeit, die man sich selbst schenkt (schenken darf, schenken sollte)?
Welche Geschichten gibt es über Selbstsorge, über Selbstliebe?
Welche Risiken zur Verausgabung und Vernachlässigung Ihrer Selbstsorge können Sie in Ihren biografischen Erzählungen entdecken? Was lässt Sie daran festhalten? **‖**

Die psychosoziale Arbeit passt meist sehr gut zu den biografischen Geschichten der dort tätigen Menschen. Sie hat deshalb ein Potenzial für Sinnhaftigkeit, sie lädt zum Erleben von Stimmigkeit geradezu ein. Sie haben es dort direkt mit Menschen zu tun, die Ihre Hilfe benötigen und die oft für diese Hilfe auch dankbar sind. Und Sie haben diesen Beruf gewählt, weil Sie genau das tun wollen – helfen.

Die Risiken liegen oft in den Rahmenbedingungen, den knappen Ressourcen und nicht selten auch in der Verstehbarkeit der formalen Prozesse, die mit der konkreten Arbeit verbunden sind. Dahinter verschwindet oft das grundlegende Sinnerleben. Das, was als eigene Lebensaufgabe verstanden wird, ist in dem Arbeitsfeld nicht mehr ausreichend spürbar. Die Frage der Sinnhaftigkeit bezieht sich nicht mehr auf die konkrete Arbeit mit den Menschen, sondern auf den Umgang mit den Rahmenbedingungen. Das alltägliche Ausfüllen von Formularen wird von wenigen Menschen als sinnhaft erlebt.

▐ Woraus speist sich Ihr Erleben von Stimmigkeit derzeit in Ihrem privaten Umfeld?

Was ist derzeit von besonderer Bedeutung? Wobei fühlen Sie sich besonders stimmig und »rund«?

Mit welchen Situationen, mit welchen Menschen ist das Erleben von Stimmigkeit besonders verbunden? Wie spüren Sie das, wie zeigt sich das?

Woraus speist sich Ihr Erleben von Stimmigkeit derzeit in Ihrem Arbeitskontext?

Was ist derzeit von besonderer Bedeutung? Wobei fühlen Sie sich besonders stimmig und »rund«?

Mit welchen Situationen, mit welchen Menschen ist das Erleben von Stimmigkeit besonders verbunden? Wie spüren Sie das, wie zeigt sich das?

Welche Faktoren sind derzeit besonders herausfordernd in Ihrem beruflichen Kontext? Welchen Einfluss geben Sie ihnen in Bezug auf Ihr Erleben von Stimmigkeit? Wie wirkt sich das konkret aus?

In welchen Beziehungen (privat, beruflich) können Sie derzeit am ehesten ein Erleben von Stimmigkeit aufbauen? Wie reagieren Sie innerlich darauf – körperlich, geistig, emotional? ▐

Soziale Stimmigkeit

Für das Erleben individueller Stimmigkeit ist die Stimmigkeit der sozialen Umgebung entscheidend. Es ist schwerer, Kohärenz zu erleben, wenn im weiteren Lebensumfeld Unklarheiten und Widersprüche gespürt werden, die eine existenzielle Ebene berühren. Klassische Beispiele sind Familien mit verschwiegenen Adoptionen oder mit verstorbenen und verheimlichten Kindern oder Organisationen mit verdeckt und unrechtmäßig »freigesetzten« Mitarbeitern. In solchen Situationen bleibt das Empfinden: »Irgendetwas stimmt hier nicht.« Eine Ebene der Wahrnehmung passt nicht zu einer anderen. Die Intuition, das Bauchgefühl, steht im Widerspruch zu dem, was erzählt wird. Verstehbarkeit und Transparenz fehlen, vieles liegt im Nebel. So bleiben viel Energie und Aufmerksamkeit in einer (oft unbewussten) Suche gebunden und die individuelle Stimmigkeit leidet. Nicht nur für Ihren familiären Hintergrund, auch bezogen auf Ihre Arbeitskontexte lohnt es sich, der Entwicklung von Transparenz und Stimmigkeit Aufmerksamkeit zu widmen.

Soziale Stimmigkeit ist ein dialogischer Prozess: Ein stimmiger, das heißt salutogen wirkender Arbeitskontext entsteht und erhält sich durch Beziehungen und durch direkte Kommunikation. Nur so lässt sich Transparenz und Stimmigkeit erzeugen. Stimmigkeit ist der zentrale Zugang zu gesunden Lebensprozessen und zu gesunden Organisationen. Keine Anordnungen, keine Strukturen, keine E-Mail-Fluten können diese herstellen. Es sind unmittelbare Begegnungen und Gespräche, in denen Vertrauen und Verbundenheit erlebt werden kann, in denen wir uns gegenseitig wahrnehmen können. Dass dies mit Arbeitskollegen, Mitarbeitern und Vorgesetzten in ganz unterschiedlicher Intensität geschieht, spielt dabei keine Rolle. Es geht um die Haltung, in der wir uns einander nähern.

Hier wird deshalb gleich eine Übung angeschlossen, die Sie für einen bilateralen Austausch, für ein salutogen wirkendes Gespräch nutzen können. Es ist ein Gespräch, das Sie als »Prototyp« für einen Dialog über Stimmigkeit verstehen können und das Sie in den späteren Abschnitten über die Gestaltung gesunder psychosozialer Arbeitskontexte als Grundlage nehmen können.

ÜBUNG »Prototyp« für einen Dialog über Stimmigkeit ⬇

Nehmen Sie sich mit einem Gesprächspartner 30 bis 40 Minuten Zeit, in der Sie ungestört sind. Wenn Sie einen Gesprächspartner in Ihrem Arbeitsfeld finden, ist das gut, wenn nicht, nehmen Sie sich einen Ihnen vertrauten Menschen. Gönnen Sie sich zunächst beide einige Minuten der Stille, bereiten Sie nichts vor, überlegen Sie nichts, lassen Sie geschehen, was geschieht, und lassen Sie es zunächst still werden in Ihnen – so gut es geht. Am ehesten gelingt das wieder durch die Ausrichtung Ihrer Aufmerksamkeit auf die Atmung (vgl. S. 23 und S. 70).

Lesen Sie sich die letzten Fragen zum Innehalten (S. 31) gegenseitig laut vor. Einer beginnt zu diesen Fragen zu erzählen, in einen Fluss zu kommen, der andere hört aufmerksam zu, fragt nach, ohne zu kommentieren oder zu bewerten: Wertschätzung, Achtsamkeit, Neugier sind die Haltungen des Zuhörens.

Nach einer angemessenen Zeit bedanken sich beide beim jeweils anderen und wechseln die Rollen.

Gönnen Sie sich abschließend wieder einige Minuten der Stille, spüren Sie nach, was die beiden Gespräche in Ihnen ausgelöst haben, wie sie in Ihnen nachgeklungen haben. Schreiben Sie sich Ihre Erfahrungen anschließend auf. ▬

Solche Dialoge zur Entwicklung von Stimmigkeit sind intensive und Vertrauen schaffende Möglichkeiten des salutogenen Zugangs zu individueller und organisationaler Gesundheit. Sie ermöglichen Begegnungen auf einer Ebene, die die gemeinsame Grundlage für die vielfältigen Austausch- und Kooperationsprozesse des Alltags verbreitert und vertieft. Wichtig ist die Erfahrung der Stille vor Beginn und am Ende solcher Gespräche. Sie fördert die Kunst des Lauschens – nach innen und nach außen. Es hat sich übrigens bewährt, wichtige Gespräche wie Konferenzen, Meetings, Sitzungen mit einigen Minuten der Stille zu beginnen – Sie werden rasch merken, dass dieser kleine Schritt einen riesigen Unterschied macht.

Wir verweilen zunächst noch bei der Sinnhaftigkeit als dem zentralen Faktor der Stimmigkeit, der für den Erhalt von Gesundheit und Lebenskraft in Antonovskys Modell so entscheidend ist.

Sinnhaftigkeit als »Survival Value«

Das Erleben von Sinnhaftigkeit (Meaningfulness) ist in den letzten Jahren bei Diskussionen über Gesunderhaltung und Selbstsorge immer häufiger thematisiert worden. Menschen streben nach Sinn. Keiner steht morgens auf und überlegt sich, was er heute Sinnloses tun könnte. Mitarbeitenden gezielt sinnlose Arbeit zu geben, ist ein Weg, sie über Verzweiflung und Krankheit aus dem Unternehmen zu treiben. Sinnhaftigkeit ist natürlich auch ein Überlebensfaktor für alt werdende Menschen. Wenn Menschen einen Sinn in dem erkennen, was ihnen als Herausforderung begegnet, dann engagieren sie sich, sind motiviert und mit dem Herzen dabei und können auch in schwierigsten Situationen überleben.

Viktor Frankl, der Begründer der Logotherapie, sprach von Sinnhaftigkeit als einem »Survival Value«, einem Überlebenswert. Er ging davon aus, dass der Wille zum Sinn etwas für den Menschen Grundlegendes sei, das sich nicht aus anderen Bedürfnissen herleiten lässt. Sinn weist dabei immer über den Einzelnen hinaus, auf eine Aufgabe, die es zu erfüllen gilt, oder auf Menschen, die wir lieben. Er war selbst Überlebender von Konzentrationslagern und formulierte seine Erfahrungen wie folgt: »Es war nicht zuletzt die Lektion, die ich aus Auschwitz und Dachau mit nach Hause nehmen konnte: dass diejenigen noch am ehesten fähig waren, sogar solche Grenzsituationen zu überleben, die ausgerichtet waren auf die Zukunft, auf eine Aufgabe, die auf sie wartete, auf einen Sinn, den sie erfüllen wollten« (FRANKL 1979/1999, S. 154).

Wenn Menschen in ihrem Leben keinen Sinn erkennen, sind sie auf der Flucht vor Sinnlosigkeit und Unsinn. »Es gibt keine Situation, in der das Leben aufhören würde, uns Sinnmöglichkeiten anzubieten, und es gibt keine Person, für die das Leben nicht eine Aufgabe bereithielte. Die Möglichkeit, einen Sinn zu erfüllen, ist jeweils einmalig, und die Persönlichkeit, die sie verwirklichen kann, ist jeweils einzigartig« (FRANKL 1979/1999, S. 156). In seinen Vorlesungen hat Frankl später beschrieben, welche Erfahrungen ihn im Konzentrationslager geleitet haben: »Das erste Mal in meinem Leben erfahre ich die Wahrheit, dass Liebe das Letzte und Höchste ist, zu dem sich menschliches Dasein aufzuschwingen vermag. Ich erfasse jetzt den Sinn des Letzten und Äußersten, was menschliches Dichten und Denken und – Glaube auszusagen hat: die Erlösung durch die Liebe und in der Liebe. Ich erfasse, dass der Mensch, wenn ihm nichts mehr bleibt auf dieser Welt, selig werden kann – und sei es auch nur für Augenblicke –, im Innersten hingegeben an das Bild des geliebten Menschen (...) in einer solchen Situation vermag der Mensch im liebenden Schauen, in der Kontemplation des geistigen Bildes, das er vom geliebten Menschen in sich trägt, sich zu erfüllen« (S. 169).

Die Sinnbeschreibung des eigenen Lebens hat also immer diese über mich als Individuum hinausweisende, also eine transzendente, eine spirituelle Dimension. Menschsein verweist über sich selbst hinaus »auf etwas, das nicht wieder es selbst ist – auf etwas oder auf jemanden: auf einen Sinn, den es zu erfüllen gilt, oder auf anderes menschliches Sein, dem wir da liebend begegnen« (S. 147). Die Sinnbeschreibung des eigenen Lebens fügt das eigene Leben in den Kontext größerer Zusammenhänge.

Die Frage nach dem Sinn liegt dabei in der Verantwortung jedes einzelnen Menschen. »Sinn kann nicht gegeben werden, Sinn muss gefunden werden (...) Sinn muss gefunden, kann aber nicht erzeugt werden« (S. 155). Sinn bedarf einer besonderen Sinn-Wahrnehmung, der Entdeckung einer Sinn-Möglichkeit auch vor dem Hintergrund einer tristen Wirklichkeit. Dies bedingt eine Form der Wahrnehmung, die die Selbstwahrnehmung überschreitet. Frankl vergleicht das mit dem Auge, dessen Sehtüchtigkeit davon abhängt, dass es sich selbst nicht sieht. Erst wenn das Auge krank ist, sieht es sich selbst, z. B. die Linsentrübung als graue Wolke beim grauen Star. Dann kann das Auge aber die Umwelt nicht mehr richtig wahrnehmen. Wenn wir uns nur selbst wahrnehmen, haben wir eine »Linsentrübung«, sind wir krank. Alle unsere Sinne sind eigentlich offen für das, was unsere engen Grenzen überschreitet. Es ist die Frage der Haltung und Einstellung, die es Menschen ermöglicht, einen Sinn wahrzunehmen. »Jeder Tag, jede Stunde wartet also mit einem neuen Sinn auf, und auf jeden Menschen wartet ein anderer Sinn. So gibt es einen Sinn für jeden, und für jeden gibt es einen besonderen Sinn« (S. 157). Die Sinnerfüllung ist auf drei Wegen möglich:

- durch schöpferisches Tun, indem Menschen etwas schaffen, was ihnen sinnhaft erscheint (schöpferischer Wert);
- durch emotional berührendes Erleben, durch Liebe, durch Beziehungen und Verbundenheit (Erlebniswert);
- durch das Annehmen von dem, was ist, von Leid, Verlusten, Hoffnungslosigkeit in Verbindung mit etwas, das über einen selbst als Menschen hinausweist (Einstellungswert; vgl. FRANKL 1979/1999, S. 158 u. KALUZA 2011, S. 47).

Ich habe Viktor Frankl hier so ausführlich zu Wort kommen lassen, weil Menschen mit solchen Extremerfahrungen mit großer Kraft die möglichen Wege zu einem tiefen Sinnerleben aufzeigen können. Da erscheint dann das Verharren in Klagen über die Herausforderungen des eigenen Lebens eher wie ein Verstecken vor der Aufgabe, herauszufinden, was »eigentlich« aus dem eigenen Leben entstehen könnte, was der Sinn ist, der mir als einmaligem Individuum in dieser einzigartigen Situation gegeben ist. Das ist sicher eine der anspruchsvollsten Haltungen, mit der Sie durch Ihr Arbeitsleben gehen können. Diese Haltung gelingt natürlich nicht immer, sie ist eher ein Weg, eine Übung: Sie sichert Ihre Selbstsorge aber auf einer sehr grundlegenden, tiefen Ebene.

Die Sinnfrage als ernst gemeinte, als offene Frage ist unverzichtbar im Rahmen der klugen Selbstsorge. Leider fehlen oft Gesprächspartner für dieses Thema auch in psychosozialen Arbeitsfeldern, obwohl deren Sinn sich leicht erschließt. Nehmen Sie sich die Zeit dafür. Gerade das tiefe Sinnerleben setzt große Kräfte frei, Sinnlosigkeit führt zu Energieverlust. Erschöpfung und Burn-out sind auch die Folge fehlender Sinnerfahrungen.

Es ist sicher nicht zufällig, dass in letzter Zeit in vielen Arbeitskontexten eine intensive Debatte um die »Motivation von Mitarbeitern« geführt wird. Die Frage »Wie motiviere ich meine Mitarbeiter?« geht dabei davon aus, dass es den Mitarbeitern grundsätzlich an Motivation fehlt. Entsprechend wurden die Lösungen in Anreizsystemen gesucht. Künstliche Anreize wie Leistungszulagen und Prämien funktionierten allerdings nur begrenzt.

Menschen setzen sich mit ihren Möglichkeiten und ihrem Engagement an ihrem Arbeitsplatz ein, wenn sie einen Sinn darin sehen, wenn sie etwas schaffen können (schöpferischer Wert) und sich emotional engagieren können (Erlebniswert). Auch wenn es schwierige und leidvolle Phasen gibt, können sie einem Sinn zugeordnet und gut gestaltet werden (Einstellungswert). Es muss transparent sein, was der Sinn des Beitrags jedes Einzelnen zum Gesamtergebnis ist. Hier setzen die gemeinsamen Gestaltungen und die organisationalen Aufgaben der Gesunderhaltung an, nämlich bei der Ausformung von Rahmenbedingungen zur Sicherung von Transparenz und Sinnhaftigkeit.

‖ Den folgenden Fragen sollten Sie zunächst für sich allein nachgehen. Später können Sie mit einem Freund, einer Freundin ins Gespräch darüber kommen. Wenn Sie ein vertrautes Team o. Ä. haben, ist auch das ein Forum für einen Austausch in einem salutogenen Dialog.

Nehmen Sie sich Zeit für sich, in der Sie ungestört sind. Lesen Sie die Zitate von Viktor Frankl noch einmal. Wenn Sie mögen, lesen Sie sich diese Texte laut vor. Spüren Sie nach, welche Resonanz dieser Text in Ihnen auslöst.

Was empfinden Sie bei der Lektüre?

Welche unterschiedlichen Empfindungen können Sie erspüren?

In welchen Situationen ist die Sinnhaftigkeit von dem, was Sie tun, besonders deutlich zu erleben? Was löst das in Ihnen und in Ihrer Umgebung aus?

Was erleben Sie derzeit als besonders sinnlos? Wie gehen Sie bislang damit um?
Was könnte ein noch verborgener Sinn solcher Situationen sein? Für wen oder für was durchleben Sie selbst extreme Herausforderungen?
Wen und was lieben Sie wirklich? Welche Haltungen folgen daraus?
Was bedeutet das für die Gestaltung Ihrer beruflichen Herausforderungen? ▌▌

Ich möchte Sie nun zu einer Erkundungsreise einladen, um herauszufinden, was Ihre kluge Selbstsorge konkret für Ihr Leben bedeutet, wenn Sie es unter dem Blickwinkel der Sinnhaftigkeit betrachten.
Hintergrund ist folgender: Es ist manchmal schwer zu entscheiden, was im Leben wirklich sinnhaft ist. Oft drängt sich ein Sinn auf, manchmal scheint die Sinnhaftigkeit einer Situation erst rückblickend deutlich auf. Das ist oft so in Lebenskrisen, bei schweren Erkrankungen u. a., die später als höchst wertvolle Erfahrungen erscheinen, die zu wichtigen Entscheidungen und Veränderungen führten. In der Situation selbst ist das noch nicht oder nur schwer zu erkennen. Doch auch dann kann man sich der Frage annähern.

ÜBUNG **Argumente für eine gesunde Selbstsorge** ⤓

Eine erste Annäherung für die sinnhafte Gestaltung der Lebenspraxis ist die schon erwähnte Frage »Wozu will ich gesund bleiben?«
Bitte schreiben Sie sich drei überzeugende Argumente auf, die neben der körperlichen Fitness auch andere Lebensbereiche in den Blick nehmen, wie Partnerschaft, Familie, Freunde, Arbeit, Engagement, Zukunft und anderes mehr.
Überlegen Sie weiter: Welche zwei Argumente würden Ihre beste Freundin, Ihr bester Freund Ihnen antragen? Stellen Sie eine Rangfolge für diese fünf Argumente auf, indem Sie das Argument, das Ihnen persönlich das wichtigste ist, zuerst nennen.
Beobachten Sie sich bei dieser kleinen Übung selbst – und seien Sie ehrlich zu sich: Wirken die fünf Argumente so überzeugend und attraktiv auf Sie, dass Sie bereit sind, Zeit und Energie in Ihre Gesunderhaltung zu investieren?
Was genau macht diese Argumente so überzeugend und attraktiv? ▬

Sie haben damit konkrete Möglichkeiten für die Grundlagen Ihrer Selbstsorge und die dahinter wirkenden Quellen beschrieben. Die folgende Übung konkretisiert und vertieft die Erkundung und führt Sie noch ein paar Schritte weiter.

ÜBUNG   Landkarte sinnvoller Aktivitäten ⬇

Nehmen Sie sich wieder Zeit, in der Sie ungestört sind. Sie brauchen ein
großes Blatt Papier und Stifte.

Wenn Sie nicht genau wissen, was Ihnen guttut, wissen Sie doch, was
besser für Sie ist. Diese sogenannte komparative Beschreibung ist meist
präziser (der Optiker fragt Sie bei der Brillenanpassung auch nicht, ob
Sie gut sehen, sondern ob Sie mit einem Probeglas besser sehen als mit
einem anderen. Sie müssen nicht wissen, was »gut sehen« ist) und hilft
Ihnen, herauszufinden, was in Ihrem derzeitigen Leben zu Ihrer Selbstsorge passt.

1. Erstellen Sie eine Landkarte Ihrer wichtigen Aktivitäten. Zeichnen
Sie alles ein, was Ihnen bedeutsam erscheint – von den Aktivitäten mit
Ihren Kindern über Hausarbeit, Steuererklärung, Urlaub bis zu Ihren
beruflichen Aktivitäten. Nehmen Sie all das auf, was Sie im Alltag beschäftigt.

2. Schauen Sie sich die Aktivitäten nun an und beginnen Sie, einzelne
Beschäftigungen zu vergleichen mit der Frage »Was ist sinnvoller?«. Bei
dem Vergleich der Steuererklärung mit dem abendlichen Vorlesen beim
Zubettbringen der Kinder fällt das vielleicht noch leicht. Es wird aber
auch Aktivitäten geben, bei denen die Entscheidung nicht so einfach ist,
weil z. B. sowohl das Zusammensein mit Ihren Kindern als auch eine
besondere berufliche Herausforderung, an der viel für Sie und für Ihre
Klienten hängt, für Sie sehr wichtig sind.

3. Mit welchen Überlegungen führen Sie die Bewertung dann durch?

4. Markieren Sie die Teile der Landkarte, die sich Ihnen bei den Vergleichen als besonders sinnvoll gezeigt haben. Überprüfen Sie, was hinter
dieser erlebten Sinnhaftigkeit steckt: Welche Werte, welche Haltungen,
welche Lebensaufgaben, welche tieferen Motive kennzeichnen diese
besonderen Aktivitäten Ihres aktuellen Lebens? Wovon hängen die Entscheidungen in diesen Situationen ab?

5. Was wollen Sie tun, um den sinnvollen Aktivitäten Ihres Lebens mehr
Bewusstheit, mehr Raum, Zeit und Energie zu verschaffen (im Rahmen
der verfügbaren Ressourcen)?

Welche Entscheidungen stehen an?
Diese Erkundung machen Sie zunächst für sich allein. Entscheiden Sie
dann, ob, wie und mit wem Sie sich darüber austauschen wollen. ▬

Fragen nach der Sinnhaftigkeit des eigenen Tuns stellen sich besonders dann, wenn Lebens- und Arbeitssituationen als extrem herausfordernd erlebt werden (»Wozu soll das gut sein?«) oder wenn der Verlust bislang tragender Lebens- und Arbeitskontexte droht oder schon stattgefunden hat. Dies sind Zeiten mit besonderen Gesundheitsrisiken. Oft machen gesundheitliche Einschränkungen sogar erst die existenziellen Krisen und Sinnkrisen deutlich. Dann zeigt sich die Notwendigkeit, aber auch die Möglichkeit, sich grundlegend mit den eigenen Lebens- und Arbeitsprozessen zu beschäftigen und Veränderungen anzugehen.

Dies ist einerseits ein individueller Prozess, bei dem es wichtig wird, zu verstehen, warum sich die Situation gerade jetzt zu verschärfen scheint, welche Lebensthemen in den Vordergrund getreten sind, was lange verdeckt war und jetzt ans Licht kommen will. Dabei zeigen sich gleichzeitig Wechselwirkungen mit dem Umfeld, in das der Einzelne eingebettet ist. Die eigenen Themen verbinden sich mit der Entwicklung der anderen. Es entsteht von außen oft der Eindruck, dass die Individuen mit ihren Krisen und Belastungen letztlich die Dynamik einer Familie, eines Teams, einer ganzen Organisation, eines Arbeitsfeldes und einer Kultur spiegeln (und umgekehrt).

Es drängen sich dann vielfältige und komplex anmutende Fragen auf: Kann der Einzelne in einer Welt, in einer Organisation glücklich sein, Sinn finden, wo Glück und Sinn sich nicht darstellen? Wie kann er für sich eine Balance erreichen, wenn weder im Innen noch im Außen so etwas wie eine Mitte oder eine sinnhafte Ausrichtung spürbar sind? Was trägt der Einzelne, was nimmt er auf seine Schultern und wozu? Aber auch: Was nimmt der Einzelne an Sinnerleben aus dem beruflichen in den privaten Kontext mit – und umgekehrt? Was ist individuelles und was ist kollektives Schicksal?

Betrachten wir heute die vielen Einzelschicksale von Menschen in beruflichen Krisen in größeren gesellschaftlichen Zusammenhängen, scheint es so zu sein, dass Menschen sich eher an den Grenzen des Machbaren orientieren und dabei eher rational geprägten Lebenskonzepten folgen. Es fehlt vielen der innere Reichtum berührender, lebendiger Erfahrungen. Der Wunsch, sich selbst zu spüren, mit Sehnsüchten und Ängsten in Kontakt zu sein, ist groß. Es fehlt das Empfinden der existenziellen Verbundenheit mit anderen Menschen, mit Natur und Kosmos. Das Funktionieren und Überleben an der Abrisskante des Machbaren wird verschärft durch den Irrtum, dies autonom meistern zu können und zu müssen. Dies führt zu individuellen Krisen, die dadurch gekennzeichnet sind, dass die bisherigen Überlebensstrategien nicht mehr tragen und – für den Einzelnen oft überraschend und plötzlich – Gefühle der Sinnlosigkeit und Leere erzeugen, die den Verlust der basalen Lebensenergie nach sich ziehen. »Burn-out« ist dann ein wenig stigmatisierendes, entlastendes, oft fast ehrendes Erklärungsmuster, das letztlich die Fehleinschätzung der eigenen Belastbarkeit, Möglichkeiten und Grenzen verdeckt.

Menschen, die in solche Krisen geraten, spüren meist sehr deutlich ihre Sehnsucht nach Sinnfindung – und sie entdecken meist auch ihre besonderen Wege und Begabungen dafür. Sie spüren die Sinnentleerung in dem sie umgebenden Feld viel klarer und leiden mehr darunter als Menschen, deren Energie durch rationale Werte, durch ein »Höher, schneller, weiter!« gebunden ist.

Die psychosoziale Arbeit bietet Ihnen durch die alltäglichen Begegnungen mit Ihren Klientinnen und Klienten die Chance, nicht blind in diese Falle zu laufen. Sie sind in einem viel höheren Maße als andere mit Sinnfragen konfrontiert, haben hier deutlich bessere Ressourcen – und doch reicht auch dieser Sicherheitsboden oft nicht und muss »nachgebessert« werden.

In Grenzsituationen wird vielen deutlich, dass sie als Menschen spirituelle Wesen sind, deren ungestillter Hunger nach Sinn letztlich zu Mangelerscheinungen führt. »Nur in diesem zeitlosen Urgrund finden wir Sinn und Deutung unseres Lebens. (...) Wir haben eine Ahnung davon behalten, dass es etwas Größeres geben muss. Es ist eine Erinnerung an die Einheit, aus der wir kommen« (JÄGER 2007, S. 32). Allerdings zeigt sich diese verborgene Dimension nur in der Ruhe, in der Stille. Dann können wir über unser inneres, eigentliches Wesen die spirituelle Dimension unseres Lebensweges wahrnehmen. Spiritualität ist nach diesem Verständnis Sinnsuche: »Spiritualität ist kein Zustand, der erworben werden könnte, sondern das Begleitmoment eines Weges zu einem Ziel (...) einem stets weiterführenden Suchen gleich« (UHDE 2011, S. 101; vgl. auch die Kapitel zu Achtsamkeit und Glück).

In den entscheidenden, krisenhaft zugespitzten Lebenssituationen kann hautnah erlebt werden, warum Frankl den Willen zum Sinn als »Survival Value« bezeichnete: Kraft, Hoffnung, Vertrauen, Glück entstehen aus möglichen Antworten auf die Frage, warum sich das alltägliche Engagement lohnt, warum es sich letztlich lohnt, zu leben.

Schmidt wies darauf hin, dass Erschöpfung und Burn-out Folgen eines inneren Kampfes im Umgang mit den äußeren Überforderungsbedingungen sind. Ein Teil stellt schon lange die Sinnfrage, ein anderer Teil hält dagegen. Dieser letztere Teil hofft, entspannen zu können, wenn alles fertig und er allen gerecht geworden ist, und beutet sich dadurch aus. Dahinter steht die Sehnsucht, anerkannt und geliebt zu werden, aufgehoben und geborgen zu sein – was letztlich auch eine Sehnsucht nach Sinn ist, der dann allerdings vom unmittelbaren Umfeld abhängt. Das Leiden an der Situation ist also »ein kluges Feedback aus dem Unbewussten, das anzeigt, das es an etwas Wichtigem mangelt« (SCHMIDT 2012, S. 243), der Verbindung zum Ganzen.

Wie sich dieser Mangel im Leben des Einzelnen konkret im Alltag zeigt, ergibt sich aus den individuellen Prägungen, Erfahrungen, Werten und Fähigkeiten. Ein möglicher Einstieg in die Reflexion dieser Zusammenhänge ist ein Blick auf die biografisch geprägte »Software« des Lebensnavigators und vor allem die oben bearbeitete Frage »Wozu will ich gesund bleiben?«. Von vielen Menschen wird sie zunächst nur oberflächlich beantwortet, sie führt aber bei der weiteren Suche nach tragenden Antworten zu den zentralen Themen, um die es »eigentlich« geht. Die Frage »Wozu will ich gesund bleiben?« bringt Ihnen die Ausrichtung auf einen existenziellen Sinn, der die notwendigen Entscheidungen, die Umsetzungsschritte und dann die erforderliche Disziplin auf der Erlebens- und Verhaltensebene unterstützen kann. Gleichermaßen erzeugt die Frage ein Bewusstsein für die größeren Zusammenhänge, in die jedes Leben eingebunden ist: die Entwicklung von Familie und Freundeskreis, das Aufwachsen der Kinder, das Engagement in Nachbarschaft und Beruf, die Suche nach einer Lebensaufgabe und nach den wichtigen Werten. Diese innere Reise bewusst zu gestalten, ist selbst ein zentrales Charakteristikum von Gesundheit und der wichtigste Teil Ihrer klugen Selbstsorge.

Die Frage »Wozu?« führt Sie auf einem lebenslang andauernden Weg durch viele Dimensionen, die Antworten blättern sich Schritt für Schritt auf wie Zwiebelschalen – bis zum Empfinden von Stimmigkeit in dem jeweiligen Moment –, und dann geht die Reise wieder weiter. Letztlich ist es eine fortlaufende Annäherung an die Frage »Wer bin ich?«.

Sehr anrührend können Sie das in dem Film »Der Club der toten Dichter« (1989, Regie Peter Weir) erleben, wenn der Lehrer (Robin Williams) seine Schüler in einer Situation enger körperlicher Bezogenheit (Rugby-Kreis) anspricht: »Wozu bin ich da? Wozu nützt dieses Leben? Damit du hier bist, damit das Leben nicht zu Ende geht. Damit das Spiel der Mächte weitergeht und du deinen Vers dazu beitragen kannst.«

Resilienz

Die Fähigkeit von Menschen, Krisen zu bewältigen und aus herausfordernden Situationen gestärkt hervorzugehen, wird als Resilienz bezeichnet. Resilienz ist als aktiver Prozess zu verstehen, als »resilient werden«. Resilienz ist gleichzeitig – wie Gesundheit – ein Prozess und das Ergebnis dieses Prozesses gleichermaßen. Es geht dabei um die Entwicklung der allen Menschen verfügbaren Selbstregulation, der Aktivierung der Selbstheilungskräfte, um persönliche Ressourcen und Handlungsmöglichkeiten und um aktives Zurückgreifen auf Hilfeangebote. Diese Kräfte stehen im Zentrum der eigenen Lebensgestaltung und der klugen Selbstsorge. Die damit verbundene Übernahme von Selbstverantwortung heißt aber auch, die Verantwortung für die eigene Situation nicht bei anderen zu suchen, Schuldzuweisungen einzustellen und anklagende Positionen und Erwartungshaltungen zu räumen.

Selbstregulation ist ein Grundprinzip alles Lebendigen, die permanente körperliche und seelische Anpassungsleistung an die sich ständig ändernden Rahmenbedingungen des Lebens (Temperatur, körperliche Anstrengung, Stressoren u.v.a.m.), die Resilienz überhaupt erst ermöglicht. Von ESCH (2012, S.75 ff.) werden besonders vier Merkmale von Resilienz benannt, die für die gesunde Bewältigung der Herausforderungen in psychosozialen Arbeitsfeldern im Rahmen Ihrer Selbstsorge wichtige Perspektiven öffnen:

- Möglichkeiten der Einflussnahme wahrnehmen;
- Verbindlichkeit, Engagement leben;
- Herausforderungen als willkommen annehmen;
- Verbundenheit spüren.

Möglichkeiten der Einflussnahme wahrnehmen

Hilfreich ist alles, was Ihnen vermitteln kann, nicht passives Opfer zu sein, sondern aktiv das eigene Verhalten steuern zu können und Einfluss auf das eigene Leben zu haben (vgl. das Stichwort »Machbarkeit«, S. 28). Sie haben direkten Einfluss nur auf Ihr eigenes Erleben und Verhalten, aber indirekt auch auf Ihre Umgebung. Schauen Sie also genau hin, was Sie über sich und Ihre Möglichkeiten denken und annehmen. Reflektieren Sie regelmäßig über Ihre Handlungsspielräume, indem Sie z. B. Tagebuch schreiben. Schätzen Sie auch kleine Handlungsräume, sie können die ersten Schritte zu mehr Einfluss sein.

Auch hier gilt das Grundprinzip, dass Ihre Fragen Sie leiten: Wenn Sie nach Grenzen fragen, werden Sie Grenzen wahrnehmen; wenn Sie nach Möglichkeitsräumen fragen, werden Sie Möglichkeiten wahrnehmen. Ihre Fragen steuern Ihre Energie: An den von Ihnen nicht beeinflussbaren Grenzen wird Ihre Energie abprallen und sich gegen Sie wenden als Ärger und Frust; in den Möglichkeitsräumen kann Ihre Energie für Gestaltung und Entwicklung sorgen. Letztlich steuern Sie selbst die Ausrichtung Ihrer Fragen.

‖ Stellen Sie sich vor, Sie wollten Ihre kluge Selbstsorge in der nahen Zukunft gut vorbereiten: Welche Fragen können Ihnen helfen, Ihre momentane Situation besser und tiefer zu erkunden?

Schreiben Sie die Fragen auf, bleiben Sie bei den Fragen, geben Sie sich zunächst keine Antworten. Lassen Sie die Fragen »gären«, schauen Sie in ein bis zwei Tagen, ob sich Antworten zeigen.

Wenn ja: sehr schön, packen Sie es an.

Wenn nein: Geduld. Geben Sie die Frage nachts in Ihre Träume und achten Sie am nächsten Morgen auf die Antworten (z. B. unter der Dusche). **‖**

Verbindlichkeit, Engagement leben

Sie arbeiten mit »ganzem Herzen«, mit Hingabe. Sie erleben die Fülle Ihres Berufs, spüren »Flow«, das Gefühl völliger Vertiefung in eine Aufgabe. Wenn Sie sich in dieser Haltung beruflich engagieren, geben Sie nicht so schnell auf und sind gegen Rückschläge resistent. Sie finden dann immer wieder Wege, Ihre Anliegen in die Welt zu tragen.

‖ Wofür konkret lohnt sich Ihr Engagement in Ihrem Arbeitsfeld?

Welche Ihrer Erfahrungen und Erlebnisse, welche Ihrer Klienten und Kollegen, welche Ihrer Tätigkeiten, welche neuen Erkenntnisse, welche Ihrer persönlichen Lebenssituationen etc. sind für Ihr Engagement besonders bedeutsam?

Welche konkreten Schritte helfen Ihnen, Ihr Engagement fortzuführen? Wen brauchen Sie dafür als Kooperationspartner?

Finden Sie Antworten, die Ihre Herzensanliegen tragen können, die Ihnen Lust machen, »am Ball« zu bleiben. **‖**

Das Risiko, die »andere Seite der Medaille«, ist dabei natürlich, die Grenze nicht zu spüren und sich zu verausgaben. Wichtig ist deshalb die Balance zwischen Engagement, Dabeisein und Regenerationsphasen. Sie werden deshalb später ein Modell kennenlernen, wie Sie diese Balance finden und wahren können (S. 51 f.).

Fatal ist eine Haltung der »inneren Kündigung«, einer sehr großen Distanz. Das scheint manchmal wie ein Notausgang, hilft aber nicht im Umgang mit Herausforderungen. Sie erhöhen damit sogar den Stress, weil Sie andauernd eine nicht stimmige Lebenssituation gestalten müssen. Das führt zu Erschöpfung und verhärtet die Seele.

➡ **Tagesstart** ⬇

Gehen Sie jeden Morgen neu in den Tag, es ist ein frischer Abschnitt Ihres Lebens, ein Geschenk. Wenn Sie schon »wissen«, was kommt, tragen Sie dazu bei, dass es so kommt, wie Sie schon »wussten« (die berühmte sich selbst erfüllende Prophezeiung). Sie dürfen »naiv« sein; in der Meditation nennt man das den »Anfängergeist«. Sie dürfen auch neugierig sein, was sich alles durch den Vorhang des Gewohnten an Überraschendem erspähen lässt – an diesem neuen und einmaligen Tag. ⬅

Herausforderungen als willkommen annehmen

Die Resilienzforschung zeigt, dass optimistische Menschen, die Veränderungen als Chance begreifen, die sich auf das Neue freuen und es nicht zuallererst als Bedrohung sehen, weniger Stress erleben. Noch leichter wird es, wenn sie der Herausforderung einen Sinn zuordnen können. Uns begegnen Menschen, die deshalb resilienter sind, weil sie dankbar sind für das Leben, das ihnen geschenkt ist und so, wie es ihnen geschenkt ist, und die ihr Leben auch annehmen zu dem Preis, den es sie kostet.

Menschen, die mit schweren Schicksalsschlägen konfrontiert wurden (Unfälle, Krankheiten, Todesfälle), können meist leichter Sinn, Aufgabe und Stimmigkeit ihres Lebens erkennen.

ÜBUNG Morgenmeditation ⬇

Halten Sie morgens kurz inne, bevor Sie in Ihre Tagesroutine starten. Danken Sie für den Tag, den Sie erleben dürfen. Richten Sie Ihre Aufmerksamkeit auf all das, was diesen Tag lebenswert macht – ein Atemzug, Ihre Familie, eine Begegnung, ein Lächeln, ein kleines, gelungenes Stück Ihrer Arbeit u.a. »Schicken« Sie Ihre Dankbarkeit in die Welt, Sie werden über die Resonanz erstaunt sein.

Schauen Sie nach Herausforderungen, die der Tag Ihnen schenken will. Was kann der Gewinn sein, wenn Sie diese Herausforderung begrüßen? Oft haben scheinbar sinnlose Herausforderungen doch einen Wert, z.B. Ihnen Ihre besonderen Fähigkeiten zu entlocken (»Trainingslager«). ▬

Verbundenheit spüren

Resilienz lebt von der Verbundenheit mit den Menschen, mit der Natur, mit dem »Göttlichen« (was immer Sie darunter verstehen). Wir sind immer Teil eines Ganzen; alles, was ist, sind auch wir. Im Außen spiegelt sich das Innen und umgekehrt. Wir sind unauflösbar verbunden. Nur gemeinsam können wir unsere alltäglichen Herausforderungen bewältigen. Nur in der gemeinsamen Bewältigung gedeiht das, was uns zukünftig in schwierigen Situationen reifer handeln lässt.

Der hemmungslose Egoismus wird häufig als das Grundübel unserer Welt verstanden. Er führt zu Konflikten, Streit, Krieg, zur Ausplünderung des Planeten. Im Kleinen beginnt die Wahrnehmung des Ganzen, in das wir eingebunden sind, beginnt das Mitgefühl, die Achtsamkeit und die Wahrnehmung jedes Augenblicks. Sie führt zu einer grundlegenden Veränderung unseres Seins in der Welt, zum Vermeiden sinnloser Reibungsverluste durch Kleinkriege und egoistische Machtspiele. Stattdessen haben wir mehr Energie für das Wesentliche und Bedeutsame und damit letztlich auch für unsere eigenen, tieferen Anliegen. Es ist klug, diese Qualität der Wahrnehmung lebenslang als einen Übungsweg zu gestalten, da uns oft unsere Routinen beschränken und nur unsere kleine, eigene, enge Welt wahrnehmen lassen.

Nehmen Sie sich Zeit für das Erspüren Ihrer Verbundenheit mit den Menschen und der Welt. Sie können das mit folgender Übung (vgl. SALZBERG 2006) unterstützen:

ÜBUNG Verbundenheitsmeditation I ⤓

Nehmen Sie sich 20-Minuten Zeit, in der Sie ungestört sind. Nehmen Sie wieder Ihre aufrechte und doch entspannte Haltung ein. Gehen Sie mit Ihrer Aufmerksamkeit wie bei den vorherigen Übungen zu Ihrer Atmung, zu dem einen Atemzug in dem gegenwärtigen Augenblick.

Richten Sie die Aufmerksamkeit nun auf ein Kleidungsstück aus Baumwolle, das Sie gerade tragen. Stellen Sie sich genau den Weg dieses Kleidungsstücks vor. Denken Sie an den Keimling auf dem Baumwollfeld und die Menschen, die das Feld anlegen und bewirtschaften, an die Ernte, das Verpacken, die Transportwege, die vielen Bearbeitungsschritte, die erneuten Transporte, Verladestationen und alle weiteren notwendigen Schritte. Stellen Sie sich die zahlreichen Menschen vor, die daran beteiligt waren, das Kleidungsstück in den Laden zu bringen, in dem Sie es erworben haben.

Mit all den vielen Menschen sind Sie dadurch verbunden, dass Sie das Kleidungsstück jetzt tragen. ▬

Wiederholen Sie diese Meditation von Zeit zu Zeit. Nutzen Sie dafür andere Ausgangspunkte, z. B. ein Lebensmittel (Brot o. Ä.), das Sie heute gegessen haben. Oder nehmen Sie etwas aus Ihrem Arbeitsalltag, z. B. das Papier, auf dem Sie gerade schreiben, einen Stuhl, auf dem Sie sitzen, einen Verband, den Sie anlegen. Lassen Sie wieder den ganzen Herstellungsprozess von dem Anbau und der Ernte der Rohstoffe über Produktion, Transporte, Verkauf des Endproduktes aufscheinen. Nehmen Sie auch Ihre Klienten und Klientinnen mit in Ihren Meditationsprozess hinein, deren Angehörige – alle, die mit dem Gegenstand und dem damit verbunden Arbeitsprozess zu tun haben.

Ziel ist es, sich wieder bewusst zu machen, auf wie vielfältige Weise Sie mit Tausenden von Menschen und mit der Natur so eng verbunden sind, dass ein Leben ohne diese Verbundenheit gar nicht denkbar ist.

Diese vier Aspekte von Resilienz sind vielleicht ungewohnt, vielleicht auch eine Herausforderung. Ihre Beachtung führt jedoch zu einem ganzheitlichen, gesünderen Erleben, einer besseren Stressbewältigung, einer grundlegend höheren Selbstverantwortung, zur Selbstregulation und

Selbstwirksamkeit und zu einem intensiven Erleben von Verbundenheit und damit einem transpersonalen Vertrauen.

Lebensbalancen

Das Bild der Balance ist für Menschen eine plausible Metapher und eignet sich deshalb besonders dafür, die eigene Lebenssituation zu untersuchen. Lebensbalance meint nicht, dass Sie ständig ausbalanciert leben sollten, sondern dass Sie sich Ihrer aktuellen Balancen immer wieder bewusst werden, um entscheidungsfähig zu bleiben: Wo investieren Sie Energie und wo nicht? Es gibt unterschiedliche Felder der Balance. Wir wollen uns hier etwas näher die Balance in Beziehungen, die Balance zwischen Engagement und Erholung und die Work-Life-Balance anschauen. Am Ende wird sich ein Exkurs mit der Gestaltung von Übergängen beschäftigen.

Balance in Beziehungen

Balancen in Beziehungen sind meist Balancen von Geben und Nehmen. Einen Ausgleich für Engagement, Präsenz, Aufmerksamkeit, Liebe u. a. zu erhalten, wird als »gerecht« erlebt. Sie suchen, wie jeder Mensch, nach Anerkennung und Geborgenheit. Da selten mit »gleicher Münze« bezahlt wird, ein Ausgleich also durch unterschiedliche Wertvorstellungen geprägt ist und somit in nicht konvertiblen Währungen erfolgt, ist ein »Verrechnungsnotstand« eher häufig als selten. In Beziehungen zeigt sich das typischerweise etwa an diesen Fragen: Wer engagiert sich wie und wie viel im Haushalt? Wem ist was dabei wichtig? Wie kann das mit welcher »Währung« ausgeglichen werden? Wie drücken Sie Verbundenheit und Liebe gegenseitig aus? (vgl. dazu ausführlich STIERLIN 2007).
In beruflichen Kontexten gilt das ebenfalls. Der Ausgleich für das gezeigte Engagement, den Mut und die Kreativität wird von dem Medizinsoziologen SIEGRIST (1996) als Gratifikation beschrieben. Gratifikation meint hier mehr als Geld, das notwendig, aber nicht hinreichend ist. Es braucht viele andere Gratifikationen, die individuell eine unterschiedliche Wertigkeit haben: Anerkennung, Wertschätzung, soziale Kontakte, Freude an den Klientinnen und Klienten, Sicherheit, Möglichkeiten von persönlicher

und fachlicher Weiterentwicklung, interessante Aufgaben u. a. Ohne einen solchen Ausgleich droht das, was Siegrist eine Gratifikationskrise nennt. Starkes Engagement ohne angemessene Entschädigung wirkt auf Dauer offenbar pathogen und erschöpfend. Erfahrungsgemäß sind Menschen, die in psychosozialen oder medizinischen Arbeitskontexten tätig sind, besonders dem Risiko solcher Dysbalancen ausgesetzt. Der Beruf ist hier nahe an der Berufung und das Engagement geht oft über das verkraftbare Maß hinaus, ohne dass nährende Gratifikationen erlebt werden. Unzufriedene Klienten, Patienten und Angehörige, dysfunktionale Arbeitsprozesse, Wertekrisen im Arbeitsfeld u. a. stehen dann dem als aufopferungsvoll erlebten persönlichen Einsatz gegenüber.

Wichtig ist es, sich diese Balancen bewusst zu machen, weil Sie sonst in den emotionalen Verrechnungsnotstand zwischen Engagement und Belohnung und damit in eine Sinnkrise kommen (»Wozu mache ich das hier alles, wenn es mir keiner dankt?«).

∥ Was erleben Sie als Gratifikation für Ihr Engagement? Seien Sie bei der Beschreibung sehr genau. Denken Sie auch an bedeutsame kleine Ereignisse, beispielsweise das Lächeln eines Klienten, eine kurze gelungene Arbeitssequenz.
Welche Ereignisse, Rückmeldungen, Reaktionen etc. nähren Ihre Seele? Was trägt Sie und wozu bleiben Sie dran (jenseits der finanziellen Sicherheit)?
Was sind Ihre Indikatoren für eine Dysbalance, die Ihnen nicht guttut, die »an die Substanz geht«?
Wie reagieren Sie auf ausbleibende Gratifikationen? **∥**

Die Fragen sollen Ihnen helfen, sich Ihrer derzeitigen beruflichen Balancen bewusst zu werden. Sie sollen Ihnen auch helfen, sich und Ihr Engagement aus einer Beobachterposition zu beschreiben. Sie treten dafür »einen Schritt zurück« und beschreiben, »wie es ist« – nicht mehr und nicht weniger. Aus dieser Perspektive ist es leichter, sich der Verantwortung für das eigene Leben zu stellen.

∥ Wie bewerten Sie Ihre gegenwärtige Balance? Was passt, was passt nicht?
Welche Wege gehen Sie, um einen Ausgleich für sich persönlich zu schaffen?
Welche Werte und welche Haltungen sind für Ihre jetzige Balance besonders wichtig?
Wie gehen Sie konkret vor, wenn Sie für Ihre Situation einen besseren Ausgleich benötigen und die Rahmenbedingungen nicht beeinflussen können?
Wie werden für Sie Grenzen Ihrer Möglichkeiten deutlich? **∥**

Es gibt natürlich Lebenssituationen, da geben Sie nicht, um etwas zu bekommen, da geben Sie einfach so, und es hat als solches einen hohen Wert (den eigenen Kindern, den Eltern, den Freunden, bei einem für Sie zentralen sozialen Engagement u. a.). Der Wert entsteht gerade dadurch, dass Sie geben, ohne etwas zu erwarten. Das Nährende ist dann das Geben selbst, die Verbundenheit, die Sie erleben, wenn Sie genau das tun, was Ihnen Ihr innerstes Wesen aufgibt. Wenn Beruf und Berufung dicht beieinanderliegen, dehnt sich dieser Bereich allerdings oft sehr aus, und Sie geben aus Gewohnheit, ohne Ihre eigenen Grenzen zu beachten. Das birgt das Risiko von Erschöpfung. Hier stimmen die Balancen nicht mehr – vielleicht merken Sie das lange Zeit nicht.

Work-Life-Balance

Unter Work-Life-Balance wird meist die Balance von Arbeit und Freizeit und Familie verstanden. Mit der folgenden Übung erkunden Sie diese Balancen in ihren unterschiedlichen Facetten für Ihre Lebensprozesse. Sie können dafür die grafische Darstellung auf der nächsten Seite nutzen (Abbildung 1), in der Sie einige Aspekte dieser Balance finden. Die dort aufgeführten Themen sind natürlich nicht vollständig, also ergänzen Sie Ihnen wichtige Lebensfelder. Vergegenwärtigen Sie sich dazu die Ergebnisse der Übungen, die Sie bislang hier schon gemacht haben.

ÜBUNG **Lebensfelder ausbalancieren** 🖥

Die Achsen markieren verschiedene Lebensthemen. Fragen Sie sich jetzt bei jedem Thema, wie gut Sie es derzeit in Ihrem Leben umsetzen, wie zufrieden Sie damit sind. Je zufriedener, desto weiter außen machen Sie eine Markierung auf der Achse. Anschließend verbinden Sie die Markierungen und erhalten eine geometrische Figur.

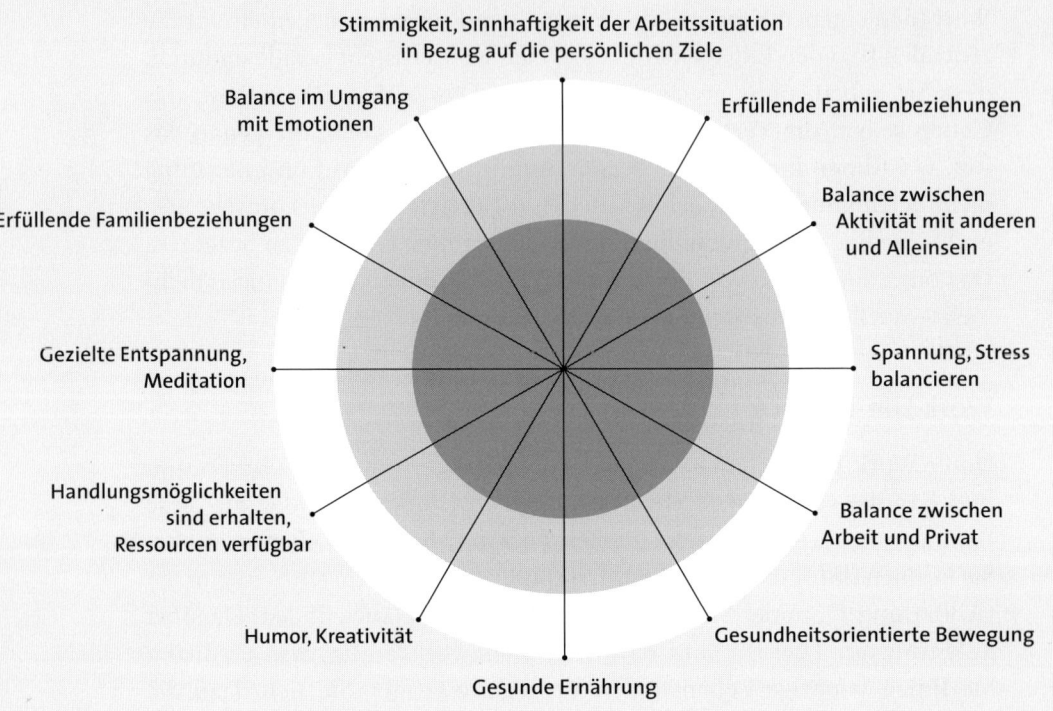

ABBILDUNG 1 Kreisdiagramm

Ziel ist nicht, alles »unter einen Hut« zu bekommen und eine Kreisform zu erreichen. Ziel ist es, sich Ihrer derzeitigen Balancen durch diese Visualisierung bewusst zu werden. Sie können dann entscheiden, ob es so bleiben soll oder ob und was Sie verändern wollen. Wichtig ist, dass Sie bewusste Entscheidungen darüber treffen, was in Ihrer jetzigen Lebenssituation machbar ist, was warten muss, was dringlich ist und was Sie anpacken wollen (vgl. LAUTERBACH & HILBIG 2006). Es geht bei dieser Darstellung um Ihre Entscheidungsfähigkeit. ▰

Balance ist mehr als schlichtes Zeitmanagement. Klar, es ist erforderlich, seine verfügbare Zeit klug einzuteilen. Um Ressourcen zu entdecken, ist es auch nützlich, konkret aufzulisten, was verschwendete Zeiten sind, Zeiten mit wenig Entwicklungs- oder Entspannungspotenzial (z.B. ungezieltes Fernsehen, »Abhängen« in schlechter Stimmung). Doch Ihre

Zeiteinteilung folgt immer einer Priorisierung: Was ist Ihnen wichtiger als ...? Und Priorisierungen sind eng verbunden mit Sinnfragen: Was ist für Sie bedeutsamer, sinnhafter als ...?

Zudem enthalten Priorisierungen Kosten-Nutzen-Analysen: Was ist der Preis dafür, wenn ich den Schriftkram heute noch fertig mache (z.B. ein Beziehungskonflikt, nörgelnde Kinder) oder wenn ich es nicht tue (z.B. Zeitverknappung am nächsten Tag)?

Engagement und Erholung

Als besonders bedeutsam für die Gesunderhaltung hat sich die oft vernachlässigte Balance von Anstrengung, Verausgabung auf der einen Seite und Erholung, Muße, Regeneration auf der anderen Seite herausgestellt. Während die Verausgabung in der täglichen (Arbeits-)Routine verankert ist, fehlt es vielen Menschen an einer eingespielten Regenerationsroutine, zumal viele alte ritualisierte Formen dieser Balance verloren sind, wie die gemeinsame Mahlzeit, das alte benediktinische »ora et labora!« oder Ähnliches.

Wenn Sie nicht gezielt und bewusst für ausreichende Erholungszeiten und Muße sorgen, funktioniert Regeneration nicht. Spitzensportler bekommen dafür im nächsten Wettkampf die »Quittung«, weil sie ohne Erholungszeiten keine Spitzenleistung bringen können. Für Ihre Spitzenleistung in der psychosozialen Arbeit bekommen Sie Ihr Feedback erst nach Jahren oder Jahrzehnten als Lustlosigkeit, Erschöpfung, Schlafstörungen oder – ärger noch – als stressbedingte, (psycho)somatische Folgekrankheiten. Die »Verschiebung« der Erholungszeiten auf die freien Tage, auf das Wochenende oder die Ferien ist eine Möglichkeit, die trügerisch ist. Es braucht die tägliche, über den Tag verteilte Erholungsroutine. Damit entgehen Sie dem Risiko, unmerklich Ihre Kraft und Lebensenergie zu verlieren und die Erholungsfähigkeit Ihres Organismus zu riskieren. Er braucht dann immer länger – bei vitaler Erschöpfung Monate –, um sich wieder aufzubauen.

ǁ Halten Sie hier inne und nehmen Sie sich Zeit für diese elementare Balance zwischen Engagement und Erholung.
Welche Zeiten des Tages dienen Ihrer Erholung, Ihrer Muße? Wann wird es um Sie herum still?

Welche Zeichen von Erholung bemerken Sie bei sich? Wie signalisiert Ihr Leib, Ihre Seele, dass Erholung notwendig ist? Wie spüren Sie, dass Sie »richtig« erholt sind?
Wie gestalten Sie Ihre Erholungszeit? Seien Sie ehrlich mit sich: Was regeneriert Sie wirklich und wobei »schummeln« Sie? ▌▌

Es sollte für Sie und für alle klar sein: Wenn Sie arbeiten, dann arbeiten Sie, wenn Sie für die Beziehungen zu Familie, Freunden und zu sich selbst leben, dann leben Sie Beziehungen, etc.

➡ **Regenerationsregel** ⤓

Wenn Sie arbeiten wollen, gehen Sie an Ihren Arbeitsplatz, schließen Sie ggf. die Tür, setzen Sie sich eine Zeit: Menschen takten in 90-Minuten-Rhythmen – folgen Sie einem solchen Rhythmus.
Planen Sie Ausgleichszeiten als Erholungszeiten mit ein. Besonders wichtig (wenn auch mit viel mehr Fantasie und Nachdruck umzusetzen) sind diese Regenerationsregeln bei den häufigen Doppelbeanspruchungen durch Beruf und Familie. ⬅

Da Regeneration für Ihre kluge Selbstsorge einer der zentralen Aspekte ist, werden wir uns mit der Entwicklung einer Regenerationsroutine später bei der Stressbewältigung noch intensiv beschäftigen (vgl. S. 89 f.). Diese Routine ist der »rote Faden«, an dem sich Ihre Selbstsorge orientieren kann. Hier haben Sie den »roten Faden« schon mal in die Hand genommen und einen Knoten gemacht.
Ein weiterer wichtiger Aspekt der Balance ist die Gestaltung von Übergängen, die die verschiedenen Welten, in denen sich Ihr Leben abspielt, die verschiedenen Systeme, deren Mitglied Sie sind, voneinander abgrenzen, sie ausbalancieren und gleichzeitig miteinander verbinden: Familie, Partnerschaft, Beruf, Hobby, soziales Engagement u.a. Mit einer Metapher: Ihre Lebensreise besteht aus Zeiten gerader Wege, aus langen ungestörten Strecken, aber auch aus Übergängen, aus Zeiten, in denen es nicht weitergeht, Sie warten müssen. Jeden Tag sind Sie mit Übergängen beschäftigt, wenn Sie beispielsweise aus der Aktivität des Tages in die Erholung der Nacht kommen wollen, wenn Sie aus den Regeln des Berufsalltags in die Muster der Familie wechseln. Übergänge brauchen unsere besondere Aufmerksamkeit, um nicht versehentlich alles zu vermischen. Dann funktioniert keine Balance mehr. Als Anregung für diese Übergangsgestaltungen folgt hier ein kleiner Exkurs.

Übergänge gestalten: Die abenteuerlichen Reisen zwischen Familie und Beruf

Eine der Herausforderungen für eine gesunde, gut ausbalancierte Lebenspraxis und für eine angemessene Selbstsorge ist die gute, achtsame Gestaltung von alltäglichen Übergängen. Darauf wollen wir jetzt unser Augenmerk richten. Menschen wechseln mehrfach täglich zwischen teilweise sehr unterschiedlichen Bereichen ihres Alltags: Familie, Arbeitswelt, Hobby, Kaufhaus, ehrenamtliche Tätigkeiten u. a. Die These ist, dass eine gute Gestaltung der Nahtstellen und ihrer Übergänge das Leben vollständiger und damit heiler machen kann.

Wenn wir diese Übergänge mit einem Bild beschreiben wollen, bietet sich das Reisen als Metapher für den ständigen Wechsel zwischen den Lebenswelten an, zumal viele Menschen tatsächlich zwischen diesen Welten reisen, indem sie sich z. B. zur Arbeit bewegen oder das Auswärtsspiel ihres Fußballclubs begleiten. In diesem Bild bleibend stellen sich Fragen nach den notwendigen Vorbereitungen für diese Reisen, nach der Ausstattung, dem Kartenmaterial, den Schutzimpfungen etc. und nicht zuletzt nach der inneren, seelischen Vorbereitung und der Konzentration auf die Reise.

Bei manchen Reisen sind auch Notfallausrüstungen sinnvoll, um für extreme Situationen gerüstet zu sein (Flugzeugabsturz in der Sahara, Reifenpanne am Nordpol u. a.). Je nach Sicherheit des Reiselandes und der Reiseart und je nach dem Sicherheitsbedürfnis des Reisenden und seiner Katastrophenerwartung wird diese Ausrüstung zusammengestellt. In einer Reportage der Zeitschrift »National Geographic« (3, 2001) über den amerikanischen Ökologen Michael Fay und dessen 2000 km langer Urwalddurchquerung in Zentralafrika heißt es: »Der Preis für die Akteure ist hoch: Erschöpfung, Hunger, Einsamkeit, Langeweile, Krankheiten und – unvermeidbar – infizierte Füße. Um eine solche Tour überhaupt zu beginnen, braucht es unerschütterliches Selbstvertrauen, vom erforderlichen Durchhaltevermögen ganz zu schweigen.« Doch sind solche Vergleiche für das Thema der Lebensbalancen und der gesunden Selbstsorge angemessen? Wozu Vorkehrungen treffen für welchen Notfall? Was sind – im übertragenen Sinn – für Sie die infizierten Füße?

Sehen wir einmal von der trivialen Feststellung der häufigen Unfälle auf Arbeitswegen ab. Blicken wir auf andere Schicksale, z.B. dass jemand wenige Tage nach seiner Berentung stirbt, dass Partnerschaften durch zu häufige berufliche Abwesenheiten zerbrechen, dass der Körper viele Reisejahre lang als Fahrgestell für die Reisen missverstanden wird und schließlich den Dienst versagt, dass das Erdulden schwerster Kränkungen um des Ansehens und des äußeren Scheins willen die eigentlich bedeutsame Lebensperspektive löscht. Das sind keine Ausnahmen, wie ich sowohl aus meinen klinisch-psychiatrischen Kontexten als auch aus vielen Jahren Coaching mit Führungskräften und Verantwortungsträgern aus unterschiedlichsten Berufssparten gelernt habe. Chris Rea besingt dies in seinem Lied »The Road to Hell« schön schmalzig:

» On your journey 'cross the wilderness
from the desert to the well
You have strayed upon the road to hell «
(Auf deiner Reise durch die Wildnis von der Wüste zur Quelle
hast du dich auf den Weg zur Hölle verirrt)

und weiter als Mahnung:

» You must learn the lesson fast
and learn it well
This ain`nt no upwardly mobile freeway
Oh no, this is the road to hell «
(Du musst diese Lektion schnell und gut lernen,
denn das ist keine Bewegung nach oben, das ist der Weg zur Hölle)

Nun ist damit natürlich der Teufel an die Wand oder auf die Straße gemalt und natürlich ist das nur die eine Seite der Medaille. Den meisten Menschen gelingt es über lange Zeit, ihre Reisen zwischen den Lebenswelten nicht nur reibungslos zu gestalten, sondern dabei auch Abenteuer zu erleben und ihren Horizont zu erweitern. Es gibt zudem immer mehr Organisationen und Unternehmen, die großen Wert darauf legen, dass ihren Mitarbeitenden dieser Weg gelingt, die sie unterstützen und ihnen dafür Ressourcen zur Verfügung stellen (familiengerechte Arbeitszeiten, Sozialberatung u. a.). Man weiß, dass nur so mittel- und langfristig Leitungsbereitschaft und Leistungsfähigkeit erhalten bleiben.
Viele Menschen betrachten gerade in Zeiten großer beruflicher Herausforderungen die Familie als entscheidenden Rückhalt. »Meine Heimat ist

dort, wo meine Familie ist«, dieser Satz wird Ron Sommer, Ex-Telekom-chef, zugeschrieben. Wenn das so ist – unabhängig davon, ob es dann auch gelebt wird –, ist die Lebensreise ein Kreisen um einen Mittelpunkt, ein Weggehen und Wiederkommen, Abschied und Begrüßung gleicher-maßen. Trotz hohen emotionalen Engagements, trotz Identifikation mit der beruflichen Aufgabe und trotz eines teilweise beträchtlichen zeitlichen und energetischen Aufwands löst ein Arbeitsplatz selten Heimatgefühle aus – auch wenn gute Teamkonstellationen und enge Beziehungen unter Kollegen eine nicht zu unterschätzende Ressource sind.

Bevor wir nun überlegen, wie wir unsere Work-Life-Balance überprüfen und gegebenenfalls neu ausrichten können, sollten wir uns jedoch noch kurz die Tücken der Metapher »Balance« vor Augen führen. Dieses Bild aus der Welt der Mechanik könnte die Vorstellung nahelegen, dass ein Verstärken der einen Seite immer einen Verlust auf der anderen Seite bedeutet. Das erscheint bei begrenzten Ressourcen wie »Zeit« isoliert betrachtet durchaus plausibel, aber diese Vorstellung führt auch schnell zu einer Reduktion der Handlungsmöglichkeiten. Es geht dann nur noch darum, hier etwas wegzunehmen, um es dorthin zu transferieren.

Besser wäre es für das Verhältnis von Beruf und Familie, wenn es ge-lingt, sogenannte »Win-win-Situationen« zu schaffen, also Situationen, in denen alle Beteiligten und alle Lebensfelder profitieren. Auch wenn das auf den ersten Blick unmöglich erscheint – bleiben Sie ein wenig bei dieser Vorstellung und lassen Sie sie probeweise zum Leitfaden Ihrer Überlegungen werden.

Leitfragen: Wie lassen sich die Verhältnisse von Arbeit, Familie, Hobby etc. in Ihrem Leben so gestalten, dass alle davon profitieren? Wie können sich Ihre Lebensfelder gegenseitig befruchten und voneinander profitie-ren? Wie sollten die Übergänge zwischen den Lebensfeldern gestaltet werden, damit das passiert?

Damit öffnen wir ein erweitertes Entwicklungsfeld. Zumindest rich-tet sich die Aufmerksamkeit nicht auf die Konkurrenz, sondern auf mögliche Kooperationen. Dann könnte Zeit, die Sie mit einem Hobby, z. B. Kochen, verbringen, auch Ihrem Beruf nutzen, wenn Sie zu einem besonderen Anlass einladen. Sport etwa stärkt die körperliche Präsenz, Sie können es mit Freunden machen und beugen Rückenproblemen vor. In beiden Fällen »bedienen« Sie viele Lebensthemen: u.a. die Beziehun-gen, die Leistungsfähigkeit, die Gesunderhaltung, die Lebensfreude, den

Genuss. Dabei fallen die Übergänge wahrscheinlich auch nicht schwer, außer dass Sie eventuell konkrete Verabredungen treffen müssen.

‖ Stellen Sie sich die folgenden Fragen in einem Augenblick der Muße. Schauen Sie dabei Ihre ersten, spontanen Antworten genauer an und beziehen Sie Aspekte wie Lebensfreude, Verbundenheit, Zufriedenheit, Energie, Tatkraft, Leistungsbereitschaft in Ihre Überlegungen mit ein:
Wenn Sie mehr Zeit und Energie in den Arbeitsbereich stecken, was hat Ihre Familie, Ihr Partner davon?
Wenn Sie mehr Zeit und Energie in der Familie ansiedeln, was hat Ihr Arbeitsbereich davon?
Wie müssten Sie die täglichen Übergänge gestalten, um den gegenseitigen Vorteil möglichst gut spüren zu können? ‖

Voraussetzung für die weiteren Überlegungen ist, anzuerkennen, dass in den unterschiedlichen Lebenswelten, von denen wir hier sprechen, unterschiedliche Regeln gelten, unterschiedliche Werte bedeutsam sind, mit unterschiedlichen »Währungen« gehandelt wird. Man kommuniziert an der Arbeitsstelle und in der Familie andere Inhalte in anderer Form, in einer anderen Sprache, hat andere Lebensperspektiven, andere Konfliktlösungen, andere Alltagsgewohnheiten. Und es existieren andere Modelle von Zugehörigkeit: In Familien regelt die leibliche Abstammung die Zugehörigkeit, in Organisationen der Arbeitsvertrag. Wir können also sagen, dass es sich um unterschiedliche Ordnungen unterschiedlicher sozialer Systeme handelt, deren Mitglied wir sind. Die Möglichkeit von Menschen, Mitglied in vielen sozialen Systemen zu sein (Familie, Team, Kirchengemeinde, Skatclub), bereichert das Leben, erfordert aber beständig die Gestaltung von Übergängen von einer Ordnung zu einer anderen und zurück.

Allerdings wechseln wir meistens zwischen gewohnten Ordnungen. Wir tun uns meist gegenseitig den Gefallen und halten unsere Welten einigermaßen stabil und damit vorhersagbar. Sie werden Ihren Partner oder Arbeitskollegen und -kolleginnen am Morgen ähnlich vorfinden, wie Sie es aufgrund Ihrer Erfahrungen erwarten. Das reduziert den Grad der Verunsicherung und der Irritation deutlich. Allerdings werden auf diesem Weg selbst chronifizierte Konflikte schnell zu Faktoren, an die man sich gewöhnt, die die Vorhersagbarkeit von Verhalten erhöhen und die Übergänge erleichtern.

‖ Stellen Sie sich vor, Ihre Kolleginnen und Kollegen verhalten sich jeden Tag unvorhersehbar anders: Was würden Sie auf Ihrem Arbeitsweg denken und fühlen? Oder: Sie kommen morgens ins Team, Sie erwarten die Fortführung eines seit Langem ausgetragenen Konflikts – und keiner »fängt an«? **‖**

Trotz aller Sicherheiten, die Menschen sich gegenseitig durch ähnlich bleibendes Verhalten vermitteln, bleibt es ein Charakteristikum von Übergängen, dass es zu vorübergehenden Verunsicherungen kommt, die durch das »Restrisiko« ausgelöst werden: Sie wissen letztlich nicht, wie Sie Ihren Partner, Ihre Familienangehörigen, Ihre Teammitglieder, Ihre Freunde vorfinden, bevor Sie den Raum betreten; Sie wissen nicht, wie die anderen die Ereignisse des letzten Tages »verarbeitet« haben, wie sie auf Sie und Ihre jeweilige Ausstrahlung an genau diesem Tag reagieren.

Um solche Unsicherheiten zu überbrücken, haben wir Menschen Rituale erfunden. Kinder lassen sich beim Übergang vom Wachsein zum Schlaf gern Geschichten mit dem immer gleichen Ablauf erzählen und manchmal auch immer wieder dieselben Geschichten mit demselben Tonfall, um diesem Übergang vom Wachsein zum Schlaf eine Struktur, eine Sicherheit, zu geben (man nennt das Prozesssicherheit) und die Verunsicherung zu reduzieren. Sie selbst machen es letztlich nicht anders: Sie pflegen Gewohnheiten des Übergangs, die Ihnen vielleicht nicht einmal bewusst sind. So ist z. B. der Weg zwischen Wohnung und Arbeitsplatz ein Rahmen, den viele in immer derselben Form ritualisiert gestalten, etwa indem sie denselben Weg nehmen, denselben Sender im Radio einschalten oder unterwegs bei immer demselben Bäcker halten.

ÜBUNG Achtsamer Übergang ⤓

Achten Sie bewusst auf die regelmäßige Gestaltung Ihrer Übergänge zwischen privater und beruflicher Lebenswelt und umgekehrt. Beobachten Sie sich dabei: Was machen Sie täglich konkret, was sind Ihre »lieb gewordenen« Gewohnheiten?

Spüren Sie nach, welchen Effekt diese Gewohnheiten bei Ihnen haben. Welche Empfindungen begleiten sie? Was ist anders, wenn Sie Ihre Rituale ausfallen lassen?

Versuchen Sie folgendes Experiment: Betreten Sie den Arbeits- oder Familienbereich bewusst so, als wüssten Sie nicht, was passieren wird. Seien Sie neugierig, was Sie erwartet. ▬

Wir wollen uns gerade diesen konkreten alltäglichen Übergangssituationen zwischen den unterschiedlichen Lebenswelten ein wenig widmen, weil sie für die gute Gestaltung der Lebensbalancen entscheidend sind und oft auch verändert werden können. Wie gehe ich aus der einen Welt weg, wie gestalte ich die Reisezeit und wie komme ich in der anderen Welt an? Diese wichtigen Fragen werden in ihrer Bedeutung für die Gestaltung von Lebensbalancen oft unterschätzt.

Der Schriftsteller und Medienkünstler Micky REMANN hat in einem Essay (1996) die Transitlounge auf Flughäfen, dort, wo man auf Anschlussflüge wartet, wenn man den Flughafen nicht verlassen darf, einen »Ort zwischen den Zeiten« genannt und ihm den Namen Transitonia gegeben. Er schreibt:

» Transitonia: Kein Inland, kein Ausland, nicht Fisch und nicht Fleisch. Transitonia ist kein Ort, sondern die Unterbrechung zwischen zwei Orten, in direkter Linie. Die Psyche, die Transitpsyche läuft noch mit hoher Geschwindigkeit ins Leere (...). Der Übergang wird zur schleichenden Konstante. Auf den internationalen Flughäfen wuchert die Gesellschaft asylantischer Transitonier, die erste wirkliche erbarmungslose Form von Weltbürgertum. Transitonia für Hängengebliebene, Wartende, Flüchtende, Verirrte, Rausgeschmissene, Nicht-Reingelassene. Transitonia (...), seine Indikatoren sind Koffer mit hin und wieder einem Menschen dran.

Mein Vorschlag zur Güte ist, Transitonia als einen unsichtbaren und obendrein unbekannten Kontinent zu betrachten, den es mit Neugier zu erkunden gilt, wie damals das Innere Afrikas (Welches ist die höchste Erhebung Transitonias? Wo entspringt der Nil?). Gegenüber allen bekannten Erdteilen hat Transitonia einen immensen Vorteil: Es ist nicht ortsgebunden, sondern zustandsabhängig, es gelten hier nicht die Gesetze des Immobilienmarktes, sondern die Fluktuationen des subjektiven Befindens. Transitonien ist überall, wo ein oder mehrere Passagiere sich in diesem romantischen Geisteszustand zwischen zwei Jetlags befinden, halb wachend, halb schlafend, halb wartend, halb genießend. **

II Erkunden Sie Ihr Transitonia zwischen Beruf, Familie und anderen Welten wie mit Google Earth: Zoomen Sie näher ran, schauen Sie sich die Details der Landschaften an.

Wenn Sie für einen Moment dem Bild folgen, dass Transitonia ein »Ort zwischen den Zeiten« ist, in dem Sie nicht mehr im Vorherigen und noch nicht im Künftigen sind: Wie wollen Sie Ihren Aufenthalt dort gestalten? Wollen Sie es sich dort angenehm machen und wenn ja, wie? Was ist das Besondere an Ihrem Transitonia? **II**

Der Wechsel zwischen Lebenswelten wird von Menschen ständig durchlebt, dadurch entsteht eine Geschichte dieser Reisetätigkeit. Jeder Reiseabschnitt verändert den Reisenden, der Reisende verändert seinen Bezug zu den Lebenswelten und er verändert die Lebenswelten, sodass sie sich auf ihn anders beziehen – alles in allem ein ständiger Veränderungsprozess. Jede Reise verändert uns und wir hinterlassen Spuren in dem bereisten Land.

Nur die mehr oder weniger rigiden Regeln in den immer gleichen Settings und unsere eingespielten Gewohnheiten lassen die täglichen Abläufe gleichförmig und vorhersagbar erscheinen. Dienstwege, Arbeitszeiten, Zugfahrpläne u. a. schaffen den Rahmen, der makroskopische Muster wie Verkehrsstau, Warteschlangen und Verbrauchsspitzen von Wasser und Strom entstehen lässt, die sehr stabil und beständig wirken. In diese Struktur der kollektiven Reisetätigkeit zwischen den Lebenswelten sind jedoch die individuellen Lebensgeschichten eingewoben, die hier im Mittelpunkt stehen.

Da die individuelle Reisetätigkeit zwischen den Lebenswelten geschichtsabhängig ist, verändert sie sich ständig, wenn auch oft unmerklich. Um die gleichbleibenden makroskopischen Muster zu erzeugen und insbesondere um in der Arbeitswelt die gleiche Arbeitsleistung in gleicher Qualität in der gleichen Zeit zu erbringen (McDonald-Prinzip), muss eine besondere Leistung von der Mehrheit der Reisenden erbracht werden. Sie eliminieren einen Teil der Geschichtsabhängigkeit aktiv, indem sie z. B. nach heftigen Konflikten mit Kollegen am nächsten Tag die Arbeitsabläufe so gestalten, als wäre nichts geschehen, oder trotz der vom eigenen Alkoholexzess verursachten Kopfschmerzen zur Arbeit fahren. Sie grenzen immer wieder neu die verschiedenen Lebenswelten zumindest auf der Ebene des beobachtbaren Verhaltens voneinander ab und verhalten sich entsprechend, selbst wenn ihnen das Team am Arbeitsplatz wie eine Familie oder der Chef wie ein böser Vater vorkommt.

Kurz: Wir haben es täglich mit der Gestaltung von Übergängen zwischen Lebenswelten mit teilweise höchst unterschiedlichen Ordnungen zu tun, und wir haben es zu tun mit einer Situation, in der – trotz ständiger Veränderung der Bestandteile – Stabilität und Vorhersagbarkeit erzeugt werden müssen. Das alles zeigt zumindest die mentale und emotionale Skizzierung von Transitonia.

Die These ist, dass die Übergänge dann gelingen, wenn die verschiedenen Bereiche durch übergeordnete sinnstiftende Beschreibungen des eigenen

Lebens aktiv und verantwortungsvoll miteinander verknüpft werden können. Das Reisen zwischen den Lebenswelten und der Aufenthalt hier und dort bekommen in Ihrem erzählten Leben einen Platz und bilden ein Ganzes. Dieses Ganze beantwortet auch die Fragen: Wo komme ich her? Wo will ich hin und wie will ich dahin? Und wer bin ich eigentlich?

Dieses Ganze umschließt auch das, was ich für meinen Auftrag in meinem Leben halte, was mir von denen anvertraut ist, die vor mir waren und vor mir gereist sind auf der abenteuerlichen Reise zwischen Familie und Arbeitsfeld. Cees NOOTEBOOM beschreibt das wundervoll in seinem Buch »Der Umweg nach Santiago« (1996): »Beweisen lässt es sich nicht, und trotzdem glaube ich daran: An manchen Orten der Erde erhält auf geheimnisvolle Weise die eigene Ankunft oder Abreise durch die Empfindungen all jener eine besondere Intensität, die hier früher einmal angekommen beziehungsweise wieder abgereist sind.«

Wichtig für die »Lebensbalance Plus«, wie ich das hier mal nennen will, ist, dass Sie zukünftig Ihre Lebenswelten so weit innerlich (nicht in den äußeren Vollzügen!) verbinden, dass alles Gute, Fruchtbare, Anregende, Freudige, Sinnhafte, Sie Erfüllende nicht ausgeschlossen werden muss, sondern integriert wird, Sie begleiten und bereichern darf – egal, wo Sie sind. Dazu muss das Gelände aber »freigeräumt« sein. Das, was nur in den einen Bereich gehört, was in der anderen Welt stört, muss klar dort verortet bleiben. Das ist ein mentaler und emotionaler Prozess der Imagination, den Sie in Transitonia durchführen können.

➡ **Übergangsgestaltung** ⬇

Für die Gestaltungen Ihres Lebens in Transitonia können Sie alle Anregungen nutzen, die ich Ihnen aus den Zugängen der Salutogenese, der Resilienz und der Sinnhaftigkeit als Survival Value abgeleitet habe. Ihre Aufgabe ist es, sich zwei oder drei für Sie hilfreiche Aspekte, Tipps oder Reflexionsfragen einzupacken wie morgens Ihr Frühstücksbrot.

Ziel ist es, dass Sie sich an diesem »Ort zwischen den Zeiten« auf den anstehenden Eintritt in die jeweils andere Lebenswelt vorbereiten, Ihre Erwartungen überprüfen, sich ggf. auf ein von Ihnen gewünschtes Szenarium innerlich einstimmen oder zur Ruhe kommen. Dann erst gehen Sie durch die Tür in Ihre Arbeitswelt oder Ihre Familienwelt.

Ihre Gestaltung des Übergangs können Sie mit den folgenden zwei Fragen anregen: Was lasse ich in der vorherigen Lebenswelt zurück? Was nehme ich aus der vorherigen Lebenswelt mit?

Stellen Sie sich möglichst konkret und bildreich vor, was Sie wie zurücklassen und was Sie wie mitnehmen und in die neue Situation mitbringen wollen – als Stimmung, als Energie, als zu erzählende Geschichte. ←

Genießen Sie Ihre Übergänge, es öffnen sich neue Tore.

Achtsamkeit als Schlüsselkompetenz

Achtsamkeit ist in den letzten Jahren als eine Schlüsselkompetenz erkannt worden, die es ermöglicht, in dem einzigartigen Augenblick des Lebens, der Gegenwart, im »Hier und Jetzt«, anzukommen und auf diesem Weg heiler, vollständiger zu werden.

Menschen sind mit ihren Gedanken immer »unterwegs«, hangen an ihren Erinnerungen fest, denken an die Zukunft, machen laufend und ungewollt Pläne für den Tag, durchwandern diverse Szenarien, was sie als Nächstes tun; und sie sind ständig dabei, Wahrnehmungen, Empfindungen und Gedanken zu bewerten – sie sind selten wirklich mit allen Sinnen und ihrer Wahrnehmung in dem Augenblick, in dem Moment, im »Nun«, auf das ausgerichtet, was gerade ist. Gegenwärtigkeit oder Präsenz nennt man die Haltung, ganz in dem zu sein, was gerade jetzt »mein Leben« ist. Leben findet nur in diesem Augenblick statt, in dem Sie das hier jetzt lesen.

Machen Sie ein kleine Pause, atmen Sie tief ein und aus und werden Sie gewahr, dass Ihr Leben nur jetzt ist. Vergangenheit und Zukunft finden nur statt, weil Sie jetzt darüber nachdenken.

Sie kennen alle Menschen, die die Kunst der Gegenwärtigkeit mehr leben als andere. Wie schön ist es, einem Menschen zu begegnen, der in dem einen Augenblick Ihrer Begegnung ganz bei Ihnen ist, sich mit jeder Faser auf die Beziehung zu Ihnen einlässt – auch wenn es nur eine kurze Zeit ist. Es ist eine Wohltat.

Sie werden ständig von dem Strom Ihrer Gedanken abgelenkt und weggetragen, weil unser Gehirn ständig denken muss. Es erhält damit seine Struktur und Prozesse, seine synaptischen Verschaltungen, organisiert sich, baut neuronale Datenautobahnen, verdrahtet sich neu. Ein unbenutztes Gehirn würde verkümmern. Deswegen ist es auch so schwer, es zur Ruhe zu bekommen.

Das Gehirn denkt allerdings vorwiegend in gewohnten Strukturen. Die allermeisten Gedankenimpulse des Tages hatten Sie schon, es kommt nur sehr wenig Neues hinzu. Sie können beruhigt sein: Das alles sind

Überlebensfunktionen, die Ihnen eine rasche Reaktionsfähigkeit in schwierigen Situationen erlauben, die Wissen und Erinnerung organisieren. Was Sie für diese Reaktionsfähigkeit außerdem brauchen, sind rasche Bewertungen von dem, was Sie wahrnehmen und empfinden. Sie sind also ständig dabei, Ihr Erleben zu bewerten. Als Überlebensfunktion hat der rege Betrieb im Gehirn also große Vorteile und hilft, Gefährliches zu vermeiden und sichere Plätze zu finden.

Die Qualifikation des »inneren Scouts«

Die eingeschliffenen Wanderbewegungen des Denkens, das Anhaften an den Wahrnehmungen und die raschen Bewertungen von Erfahrungen werden mit dem Begriff »Autopilot« umschrieben. Im Alltag haben Sie meist Ihren »Autopiloten« eingeschaltet, der die Navigation erledigt. Das ist oft auch gut so, weil Sie dann nicht täglich alles neu erfinden müssen. In unserer auf operatives Funktionieren ausgerichteten normalen Lebenswelt liegt dieser Weg erst einmal nahe. Der »Autopiloten-Modus« erlaubt uns, »effektiv« zu sein, uns zügig im Straßenverkehr zu bewegen, Arbeitsabläufe routiniert zu erledigen etc. Grundlage der Effizienz sind die genannten Bewertungen, die wir blitzschnell in jeder Situation vornehmen. In vielen Notsituationen kann das überlebenswichtig sein. Allerdings: Wir kommen aus dieser Haltung, aus dem Modus des Autopiloten meist nicht mehr heraus. Wir werten schnell und gründlich auf der Basis bewährter Muster und verschließen uns dadurch vielen anderen Erfahrungen und Entwicklungsmöglichkeiten. In neuen, ungewohnten Situationen hilft der Autopilot oft nicht weiter, führt möglicherweise sogar in die Irre. Die Bewertungen erfolgen dann oft so schnell, dass Sie das Neue verpassen, weil es nicht in die bisherigen Bewertungsschemata passt.

Achtsamkeit hilft, diesen Automatismus zumindest hin und wieder zu unterbrechen, kurz auszusteigen, in sich hineinzuspüren, sich des eigenen Erlebens gewahr zu werden, sich wieder zu verorten. Das eröffnet Fenster, sich mit dem Wesentlichen zu verbinden, dem eigentlichen Wesen näher zu kommen, sich der Menschen und der Umwelt gewahr zu sein. Um in der Reisemetapher zu bleiben: Achtsamkeit ist die Grundqualifikation Ihres »inneren Scouts«, Ihres Reiseführers.

Achtsamkeit entstammt der buddhistischen Tradition und ist dort ein Element auf dem spirituellen Weg. Es bezeichnet sowohl eine Haltung im alltäglichen Leben als auch eine bestimmte spirituelle Form übender PraxiS. Es ist also eine jahrhundertealte Tradition und kein modischer Schnickschnack.

Achtsamkeit erfährt inzwischen auch im Westen eine breite Anerkennung, spätestens seit Kabat-Zinn und Santorelli in den 1970er-Jahren Achtsamkeitsübungen erfolgreich in die westliche Medizin eingebracht haben, u. a. in die Stressbewältigung durch Achtsamkeit (Mindfulness Based Stress Reduction: MBSR). Auch wenn in der westlichen Adaption der Achtsamkeit oft nicht explizit von Spiritualität die Rede ist: Letztlich ist sie ohne diese Dimension nicht denkbar und wird sonst nur eine Fitnessübung wie viele, ein Gehirn-Jogging. Erschließen Sie sich diese Dimension bei den nun folgenden Achtsamkeitsübungen auf Ihre Art.

Für die selbstsorgende Gestaltung einer gesunden Lebenspraxis ist es bedeutsam, sich ein gutes Wahrnehmungs- und Spürvermögen zu erhalten oder neu zu entdecken, das eine flexible Navigation durch die Herausforderungen des Lebens erleichtert. Gleichzeitig beobachten Sie, wie und mit welchen Wertungen und Mustern Sie mit sich und der Umwelt umgehen. Es geht um Ihre persönliche Lebensreise, die mit keiner anderen zu vergleichen ist. Dafür sind Ihre eigenen, gesunden Abstimmungen notwendig. Tipps und Regeln »von der Stange« zu nutzen, hilft meist nur kurzfristig. Ihre persönliche Abstimmung erreichen Sie durch ein Gewahrsein in der Gegenwart, das sich auf Sie, auf Ihre Gefühle und Körperempfindungen, Ihr Denken, Ihre Wahrnehmungen, Ihr Gewahrsein der Menschen und der Umgebung richtet, kurz: auf Ihr Sein in dem einen Augenblick, den wir Gegenwart nennen (Gegenwärtigkeit, Präsenz).

Achtsamkeit ist eine Haltung und Übung, durch die eine besondere Art der Wahrnehmungsfähigkeit und Präsenz erreicht wird. Diese hat sich als eine der wesentlichen Voraussetzungen erwiesen, um aus störenden, hinderlichen oder destruktiven Mustern aussteigen zu können. Das »paradoxe Gesetz der Veränderung« wurde auch in der westlichen humanistischen Psychologie erkannt. Es besagt, dass psychisch-mentale Veränderungen erst dann wirklich in der Tiefe gelingen, wenn das willentliche Streben nach Veränderung losgelassen werden kann.

Vielleicht haben Sie solche Erfahrungen auch schon gemacht: Solange Sie sich angestrengt hatten, ging es nicht vorwärts, je mehr sie es versuchten, umso zäher wurde es. Erst als Sie aufhörten und alles ließen, wie es war, kam Bewegung in den Prozess – manchmal sogar mit überraschenden und schönen Ergebnissen, an die Sie vorher gar nicht gedacht hatten.

Entscheidend ist in der meditativen Übung der Achtsamkeit, das alles, was in dem Augenblick geschieht, was spürbar und wahrnehmbar ist, nicht gewertet wird. Es ist weder gut noch schlecht, weder zieht es an, noch stößt es ab – es ist einfach. Sie bleiben an keiner Wahrnehmung, an keinem Gedanken, an keiner Emotion hängen, sondern lassen sie weiterziehen. »Lade deine Gedanken nicht zum Tee ein«, forderte ein Zenmeister seine Schüler auf.

Dieser Modus des »Sich-sein-Lassens«, Sich-der-ganzen-Fülle-des-Lebens-gewahr-Seins, das Wahrnehmen, was ist, Hinspüren, Präsentbleiben – das muss oft erst wieder entdeckt und eingeübt werden. In unserer Kultur haben wir solche Modi in Zeiten der Muße (nicht des Abhängens). Als Meditation oder Kontemplation kann diese Haltung auch losgelöst von religiöser Ausprägung erlernt werden. Sie führt zu Entwicklungen, die inzwischen von vielen als großer Gewinn im beruflichen und persönlichen Alltag erlebt werden.

Achtsamkeit ist also eine besondere Art der Bewusstheit, die Sie immer wieder in kleinen Übungszeiten des Alltags aufsuchen können und in der Sie von Augenblick zu Augenblick alles bewusst wahrnehmen, was in Ihnen und um Sie herum geschieht. Und noch einmal: ohne Bewertung, ohne etwas verändern zu wollen und ohne an einzelnen Gedanken, Wahrnehmungen, Gefühlen kleben zu bleiben. Alles, was geschieht, geschieht. Jetzt.

Achtsamkeit ist somit kein Zustand, sondern ein Prozess, eine Haltung, ein Lebensweg, eine Ausrichtung Ihrer Entwicklung, eine andauernde Übung. Sie ist nie »fertig«, es gibt dafür auch keine Bewertungen, keine Zensuren, es gibt keine Meisterschaft, es gibt nichts zu erreichen. Achtsamkeit wird geübt mit der Haltung des Anfängergeistes. Sie ist absichtslos – obwohl Sie ja absichtlich üben. Dieses Paradox der absichtsvollen Absichtslosigkeit der Achtsamkeit ist logisch nicht auflösbar. In den folgenden Abschnitten zur Übung der Achtsamkeit und der praktischen Umsetzung werden Sie jedoch erleben oder zumindest ahnen, was gemeint ist.

Übung der Achtsamkeit

Die hier dargestellten Übungen der Achtsamkeit sind Möglichkeiten, wie Sie sich dieser Haltung annähern können. Grundprinzip ist, dass man die bewusste Aufmerksamkeit dem gegenwärtigen Augenblick zuwendet, dem, was im Moment wahrnehmbar ist, den körperlichen Empfindungen, Emotionen, Tönen, Bildern, Gedanken, Erinnerungen – unabhängig davon, ob diese Erfahrungen als angenehm oder unangenehm empfunden werden. Entscheidend ist genau diese Übung, an nichts zu haften, es wahrzunehmen und weiterziehen zu lassen und immer wieder zur Wahrnehmung des Augenblicks, zu dem Atemzug in dem Moment zurückzufinden.

Gleichzeitig ist Achtsamkeit der Weg des Sich-selbst-Beobachtens beim Spüren, Fühlen und Denken, wiederum ohne Wertung – als Gegensatz zu konzentrierten gedanklichen Leistungen, zum Nachdenken. Dadurch gelingen Einblicke in die gewohnheitsmäßigen, »automatischen« Reaktionen. Sie beobachten, wie Ihr »Autopilot« programmiert ist, wie Sie beispielsweise auf Schmerzempfindungen, auf unangenehme Gedanken und Erinnerungen, auf als angenehm empfundene Gefühle reagieren, welchen Glaubenssätzen Sie folgen. Dafür sind Zeiten der Stille hilfreich, um sich dieser nicht wertenden Beobachtung zu widmen.

Auch der Umgang mit Gedanken, Gefühlen und Körperempfindungen, die als belastend erlebt werden und zu automatischen Abwehrreaktionen führen, wird durch diesen Übungsweg erleichtert, weil neue Perspektiven entstehen können. Die Übung der Achtsamkeit wirkt deshalb heilsam und fördert eine entsprechende Haltung, die mit kleinen Unterbrechungen des alltäglichen Flusses gefördert werden kann. Ein bewusstes Erleben der Augenblicke des Alltags öffnet die Wahrnehmung auch für die besonderen Momente, die Sie in der Tiefe berühren, die Sie nähren, in denen das durchscheint, was Ihnen wirklich wichtig ist, das »Größere«. Oft sind dies die flüchtigen Momente: die kleinen Begegnungen, Berührungen, Herzensöffnungen, das Aufleuchten von Liebe, Kraft, Freude, Frieden.

Noch einmal: Mit Ihrem »Autopiloten« können Sie mit einem Minimum an Aufmerksamkeit viele Ihrer Lebensroutinen bewältigen – vom Familienleben bis zu Ihren Arbeitsprozessen. Doch er hat seinen Preis.

Wozu ist es sinnvoll, die Kunst der Achtsamkeit zu üben?

Die Navigationsdaten des Autopiloten sind oft nicht sehr aktuell. Es handelt sich um biografisch entstandene Verhaltens- und Erlebensmuster, die früher einmal sehr erfolgreich waren – deswegen haben sie sich erhalten. Sie kennen das als Glaubenssätze, die oft als Stressverstärker wirken (»Da muss ich jetzt durch«, »Nur ich kann es richtig«, »Das mache ich schnell noch« u. a.). Diese Navigation ist nicht grundsätzlich schlecht, sie hat sich bewährt, und viele Lebenssituationen können Sie ohne Autopiloten nicht meistern. Worum es hier geht, ist die Wiederherstellung Ihrer Entscheidungsfähigkeit: Wollen Sie den Autopiloten anschalten oder gehen Sie auf Sichtflug? Der Autopilot allein führt meist zu einem Anhaften an überholten Lösungsmustern, ist oft verbunden mit viel Anstrengung, zu hohem Tempo und mit eher oberflächlichen, oft nicht tragfähigen Lösungen. Er verhindert Neues, verhindert Lernen. Und Sie verpassen viel: Sie leben möglicherweise über lange Zeit an der Fülle und Tiefe des Lebens, an Ihrem Leben vorbei. Achtsamkeit ist eine Haltung, die zu Unterbrechungen des Autopiloten, zu mehr Präsenz, Wahrnehmungstiefe und Verbundenheit führen kann. Achtsamkeit ist ein lebenslanger Übungsweg.

‖ Erinnern Sie sich an Situationen, in denen Ihr Autopilot Sie vorangetrieben hat, und plötzlich stellten Sie fest: Es ist herrliches Wetter, die Vögel singen, die Natur duftet, ein warmer Wind streicht über Ihre Haut, warmherzige Menschen sind bei Ihnen – und Sie atmeten durch und fragten sich – heimlich – wozu Sie das alles machen, was Ihnen der Autopilot vorgibt.
Was ist Ihre Antwort? ‖

Ihr Autopilot ist auf Pausen nicht eingerichtet. Er hat wenige Funktionen für gute Lebensbalancen, für Sinnhaftigkeit, für das Empfinden von Verbundenheit mit anderen und der Welt, für Lernen. Letztlich hat er auch keine Funktion für Ihre Selbstsorge. Er hat zwar viele Hebel für die Verausgabung, aber wenige für die Erholung. Die Reizüberflutung von außen hat zu einem Verstummen innerer Stimmen geführt, sie schienen nicht mehr gebraucht zu werden. Es kommt deshalb darauf an, das Spürvermögen zu reaktivieren und der Fähigkeit zu einer fein aufgespannten Bewusstheit wieder Raum zu geben. Das ist durch geplante kleine Momente der Achtsamkeit möglich und meist nicht aufwendig, es braucht allerdings die Entscheidung, dafür Aufmerksamkeit und etwas Zeit zu investieren und sich diesen Wahrnehmungen (wieder) auszusetzen.

Wer sich selbst achtsam zu begegnen lernt, wird sich weder privat noch in seinem Beruf dazu verleiten lassen, innere Grenzen zu überschreiten, da diese präziser wahrgenommen werden. Statt zwischen ungerichteter, höchster Wachsamkeit und Abschlaffen zu pendeln, können Leistung, Kreativität, Gestaltungswille in der polaren Dynamik von Spannung und Muße erfahren werden. Für Ihre kluge Selbstsorge ist die Kunst der Achtsamkeit deshalb der Diamant.

Übungswege

Die Idee ist, dass Sie durch die Übung von Achtsamkeit eine Art »inneren Scout« oder »inneren Coach« ausbilden, der Sie gesund durch das Leben navigiert. Die Aufmerksamkeit wird also bewusst weg von der Informationsflut von außen gelenkt, hin zu den Signalen von innen. Für die Übung braucht es allerdings die Entscheidung, Raum und Zeit für Stille, Muße zu reservieren, sodass hinter dem Alltagslärm wieder das Eigentliche zu hören ist. Dann entsteht das, was Resonanz genannt wird, das Mitschwingen von Körper und Seele mit dem für Sie Eigentlichen, Ihrem inneren Wesen. Erst dann bekommt es einen Klang – wie die Saite einer Geige erst auf dem Korpus einen Klang bekommt. Der »innere Scout« oder »innere Coach« wirkt durch seine Verbindung zu dem, der Sie eigentlich sind.

Wie erwähnt, kommt Kabat-Zinn und Santorelli das Verdienst zu, vor über dreißig Jahren den buddhistischen Weg der Achtsamkeit in eine für westliche »Nutzer« hilfreiche Sprache übersetzt und ein Methodeninventar dafür entwickelt zu haben. Dazu gehören verschiedene Übungen (Meditation, Yoga) und das »Body-Scan« genannte Verfahren – eine angeleitete Meditation zur Leibwahrnehmung mittels Atmung. Viele andere Wege sind ebenfalls gangbar, beispielsweise die Praxis der Kontemplation in der christlichen Mystik oder des Zen oder die Meditation, Atem- und Körperarbeit im Yoga, Qigong oder Tai-Chi. Es ist mehr die Frage, wozu Sie emotional und natürlich auch alltagspraktisch am besten Zugang haben. Wichtig ist, dass Sie Ihren persönlichen Weg entdecken und gehen.

In der Praxis der Achtsamkeit steht zunächst das Spüren leiblicher Erfahrungen beispielsweise von Körperhaltungen (Sitzen, Stehen, Gehen), von Spannung, Schmerz, Entspannung, Wärme, Kälte oder Kribbeln im Vordergrund. Zentral ist dabei die Atmung als Anker der bewussten Wahrnehmung des Lebens im einmaligen Augenblick der Gegenwart. Das braucht Übung, weil Sie sich immer wieder in automatischen Gedankenketten verlieren werden.

Es ist sicher kein Zufall, dass seit Jahrtausenden der Atem für alle Übungen dieser Art ein Grundmuster für die Fokussierung der Aufmerksamkeit liefert. Leben und »Lebendigsein« sind gekennzeichnet vom Atmen – vom ersten Atemzug des neugeborenen Kindes bis zu dem letzten Atemzug im Sterben. Nichts ist so verbunden mit unserer Existenz wie die schlichte Tatsache, dass wir atmen. Die Ausatmung, die loslässt, alles freigibt und ausströmen lässt, und die Inspiration, die Einatmung, die darauf folgt – das ist die Urform der Lebensbalance. Der Atem kommt und der Atem geht – von allein. DÜRCKHEIM (2001, S. 45) hat es so formuliert:

>> Der Atem ist der Odem des Großen Lebens:
Er bewegt den ganzen Menschen, hält Seele, Geist und Leib lebendig.
In der Bewegung
öffnet sich der Mensch und schließt sich wieder,
gibt sich hin und empfängt zurück,
lässt sich und findet sich wieder. **

Atmung findet immer in dem einen Augenblick statt. Die Wahrnehmung der Atmung lässt uns gegenwärtig, präsent sein. Ich will Ihnen vier mögliche Übungswege für die Kunst der Achtsamkeit vorstellen, die Sie gleichzeitig beschreiten können und die sich gegenseitig unterstützen. Ich gebe Ihnen hier kurze Skizzen für diese Wege. Es sind mittlerweile gute Übungsanleitungen z. T. mit Audio-Unterstützung verfügbar, die Ihnen helfen, diese Übungen zu vertiefen, beispielsweise bei KABAT-ZINN (1999), bei ANDERSEN-REUSTER (2013) und bei KOHTES (2012). Das Buch von ESCH & ESCH (2013) gibt neben Übungen ausführliche, fachlich anspruchsvolle Hintergrundinformationen. Schauen Sie hierzu auch in den Abschnitt zur Regenerationsroutine (S. 51 f. und 89 f.).

Grundform der Meditation: Bewusst atmen

Nehmen Sie sich täglich 5 bis 20 Minuten Zeit. Optimal ist es, wenn Sie sich in Ihrem privaten Bereich einen Ort einrichten, den Sie für diese meditative Übung aufsuchen können und an dem Sie ungestört sind. In dieser Zeit üben Sie Meditieren, indem Sie Ihre gesamte Aufmerksamkeit zunächst auf Ihre Atmung ausrichten. Auch wenn Sie diesen Übungsweg zum Zweck der Optimierung Ihrer Entscheidungsfähigkeit, Lebensbalance oder Stressreduktion gehen: Bleiben Sie in der Haltung des absichtslosen Anfängers, auch wenn das Ihrem Ziel scheinbar widerspricht.

ÜBUNG **Atemmeditation** ⬇️

Stellen Sie sich einen Wecker oder den Gong einer Meditations-App, damit Sie sich ganz auf Ihre Übung einlassen können.

Gehen Sie in die innere und äußere Haltung der Meditation, wie ich es beschrieben habe (vgl. S. 23).

Beginnen Sie z. B. mit fünf Minuten, die Sie sich morgens nehmen, bevor die Alltagsroutine beginnt, oder abends, wenn alles zur Ruhe gekommen ist. Richten Sie sich einen festen Ort ein, den Sie dafür täglich aufsuchen, an dem alles bereit ist, wie Sie es brauchen und für diese Situation hilfreich empfinden – mit einem Stuhl, einem Kissen oder Meditationsbänkchen, einer Kerze.

Widmen Sie sich der Wahrnehmung Ihrer Atmung. Wenn Ihre Gedanken, Gefühle etc. Sie wegtragen, kehren Sie immer wieder zurück zu dem Atemzug in dem gegenwärtigen Augenblick. Der Atem kommt, der Atem geht – von allein, Sie müssen nichts machen, nur sein. Alles, was geschieht, ist recht. Lassen Sie sich nicht entmutigen, es ist die Übung selbst, die das Wesentliche ist. Bleiben Sie dran, kehren Sie immer wieder zum Atem zurück.

Zum Ende atmen Sie tief ein und aus, reiben Hände und Gesicht, verneigen sich – und dann ist die Übung erledigt. ▬

Sie können so die Grundform der Achtsamkeitsmeditation einüben und ggf. zeitlich erweitern. Wichtig ist die regelmäßige Übung. Wenn Sie sich dafür entscheiden, wird sich diese Übung so einspielen wie das tägliche Zähneputzen.

Sie können mit etwas mehr Zeit diese Übung durch das langsame Gehen ergänzen: sitzen – gehen – sitzen. Beim langsamen Gehen bewegen Sie sich in einem Kreis, setzen bewusst Schritt für Schritt, rollen die Füße langsam ab und spüren in Ihren Körper, in die Bewegung, in die Füße, die Fußsohlen und immer wieder auch zu Ihrer Atmung.

Vielen fällt es gehend leichter als sitzend, den ständigen Fluss der Gedanken zu verlangsamen.

Pausen im Alltag: Bewusst innehalten

Hier nutzen Sie Ihren Alltag, indem Sie kleine bis kleinste Unterbrechungen (Sekunden, Minuten) einplanen, um die Haltung der Achtsamkeit zu üben. Dafür gibt es zahllose Möglichkeiten. Da das Vorhaben der kleinen Pause im Alltag schnell verloren geht, brauchen Sie meist kleine Markierungen zur Erinnerung: z. B. einen Fingernagel färben, Smileys aufkleben, »Eselsohren« in Schreibblöcke machen, Signale vom Smartphone geben lassen oder bestimmte Stellen markieren, an denen Sie vorbeikommen und innehalten wollen.

Sie halten jeweils kurz inne, nehmen ein bis drei tiefe Atemzüge und richten Ihre Wahrnehmung auf eine Sinnesqualität (Hautempfindung, Hören, Riechen o. a.) oder auf Ihre Körperhaltung, auf Ihr gerade spürbares Gefühl – ohne zu werten oder etwas verändern zu wollen. Es ist nur ein Augenblick einer veränderten Bewusstheit.

Dafür können Sie verschiedene Möglichkeiten nutzen:

Routinen unterbrechen Sie unterbrechen eine Routinetätigkeit für wenige Augenblicke und spüren in sich hinein: beispielsweise wenn Sie eine bestimmte Treppe benutzen, die Klinke Ihres Büros, eines Besprechungsraums oder eines Krankenzimmers drücken oder Ihren Computer für einen Bericht einschalten. Halten Sie inne, wandern Sie mit Ihrer Aufmerksamkeit z. B. zu Ihren Händen (beim Berühren einer Klinke), zu den Beinen (beim Treppensteigen), zu Ihrem Geruchssinn (beim Öffnen eines Fensters) und spüren Sie dann Ihrer Atmung nach. Kommen Sie in ein Gefühl der Zentriertheit und Präsenz.

Pausenrituale Sie entwickeln kleine Pausenrituale, Sie halten für diese kleine Übung inne nach jeder Beratung, jeder Behandlung, jeder Pflege. Oder Sie lassen sich durch ein Signal Ihres Smartphones stündlich an die Unterbrechung des »Autopiloten« erinnern.

Wahrnehmungsschule Sie entscheiden sich für eine Wahrnehmungsqualität, der Sie einen Tag lang Ihre Aufmerksamkeit widmen. Beispielsweise nehmen Sie bewusst all das wahr, was Sie an diesem Tag berühren und wie Sie es berühren. Wenn Sie etwas anfassen, gehen Sie immer mal wieder mit Ihrer ganzen Aufmerksamkeit bewusst an genau die Stelle, an der Ihre Hand einen Gegenstand berührt, und spüren genau in den Zwischenraum zwischen Ihrer Hand und dem Gegenstand. Sie nehmen dann für einige Sekunden ausschließlich das wahr, was dort zu empfinden ist.

Routinen »entschleunigen« Sie entschleunigen eine Routinetätigkeit, verlangsamen Ihren Schritt durch einen Flur, steigen langsam einige Treppenstufen, nehmen langsam Ihren Stift zur Hand, öffnen langsam das Fenster und nehmen in diesem Augenblick bewusst die Gegenwart mit Ihren Sinnen wahr.

»Neue Augen« Nehmen Sie Ihre gewohnte Umgebung mit »neuen Augen« wahr, als hätten Sie Ihr Büro, Ihre Küche, die Haltestelle, an der Sie warten, nie gesehen. Betrachten Sie alles genau, spüren Sie mit allen Sinnen hinein.

Bewusst essen Sie nutzen Ihre Mahlzeiten, um bewusst zu riechen, zu schmecken, zu kauen, zu schlucken – für einen Moment (oder zwei); genießen Sie eine Kartoffel, eine Mohrrübe (siehe auch das Kapitel zur Ernährung).

Auf eine Sache konzentrieren Sie halten immer wieder inne und überprüfen, wie viele Dinge Sie gerade gleichzeitig machen. Wählen Sie dann eine der Tätigkeiten aus und fahren Sie damit fort.

In dem Buch von BAYS (2012) sind 53 solcher »federleichten« Übungen zur Achtsamkeit genau beschrieben.

Teil haben, Teil sein: Bewusst Verbundenheit erleben

Auf diesem Übungsweg schenken Sie den Beziehungen, die Sie zu anderen Menschen haben, Ihre Achtsamkeit. Achtsamkeit ist ja eine Übung der Wahrnehmung in der Gegenwärtigkeit des Seins, die mich meine Verbundenheit mit den Menschen, der Welt und dem Kosmos erleben lässt. Es ist kein Übungsweg, der von der Welt isoliert, weil Sie nur noch mit dem In-sich-Hineinspüren beschäftigt sind. Ganz im Gegenteil: Die Wahrnehmungsfähigkeit, das Spürvermögen, die nicht wertende Haltung werden für Ihre Beziehungen zu den Menschen und der Welt aktiviert. Ein Merkmal der Resilienz ist das Erleben von Verbundenheit. Sie haben schon die Meditation der Verbundenheit kennengelernt. Das ist gleichzeitig ein wichtiger Übungsweg für die Achtsamkeit.

ÜBUNG Verbundenheitsmeditation II ⬇

Nehmen Sie sich Zeit für eine Meditation. Dazu sollten Sie bequem und aufrecht sitzen, sich in Ihren Meditationsmodus begeben.

Nutzen Sie jeweils eine der folgenden Anregungen zur Vergegenwärtigung:

● Vergegenwärtigen Sie sich, dass die Atome, aus denen Sie bestehen, seit dem Urknall in unserer Welt sind, immer wieder in unterschiedlichsten Konstellationen. Sie haben alle eine lange Geschichte hinter sich, bevor Sie sich bei Ihnen eingefunden haben, und Sie sind darüber mit allem verbunden.

● Vergegenwärtigen Sie sich, dass die Luft, die Sie einatmen, von anderen ausgeatmet wurde, und dass die Luft, die Sie ausatmen, von anderen eingeatmet wird.

● Vergegenwärtigen Sie sich, wie viele Menschen daran beteiligt waren, dass Sie das Baumwollhemd tragen, das Sie gerade am Körper haben (die Anleitung finden Sie im Resilienzkapitel, S. 47). Sie können diese Übung – wie dort beschrieben – auch bei einer Mahlzeit durchführen, indem Sie den Weg des Lebensmittels nachgehen, das Sie gerade verspeisen. Oder Sie folgen der Geschichte eines Gegenstands, den Sie benutzen.

Wiederholen Sie diese Meditation immer wieder einmal. ▬

Präsenz zeigen: Bewusst Beziehungen leben

Achtsamkeit können Sie auch in jeder direkten Begegnung bewusst üben. Ihre innere Haltung, mit der Sie in die Beziehung zu anderen Menschen gehen, braucht immer wieder Ihre Aufmerksamkeit, sie geht in den Routineabläufen und in der operativen Hektik des Alltags rasch verloren. Allerdings muss diese Haltung zu Ihnen passen, mit Ihnen übereinstimmen. Sie muss authentisch sein, sonst wird es als Show erlebt. Dazu die folgende anspruchsvolle Übung.

ÜBUNG Achtsame Begegnung ⬇

Sie gehen in der Begegnung mit einem Menschen bewusst in eine Haltung, die man als ruhige Präsenz, als Gegenwärtigkeit, als Aufmerksamsein beschreiben kann. Von nichts lassen Sie sich ablenken, Sie geben sich ganz der Beziehung in diesem Augenblick hin, halten Augenkontakt, öffnen jede Pore für den anderen.

Ihre Aufmerksamkeit richtet sich auf Ihr Gegenüber, Sie lauschen und spüren, hören zu, ohne zu bewerten, ohne innerlich schon Antworten zu formulieren. Sie schauen und lauschen in der Begegnung mit einem Menschen auch auf das, was Sie nicht sehen und hören, Sie lassen sich ganz auf das ein, was Sie »dahinter« entdecken, wahrnehmen, erahnen.

Sie spüren nach, was der andere in Ihnen auslöst, welche emotionalen

Reaktionen Sie bei sich wahrnehmen – Freude, Mitgefühl, Erschrecken, Angst, was auch immer, auch das wird nicht bewertet. Bewerten Sie diese Gefühle nicht; es ist, wie es ist.

Sie erkennen gleichzeitig in Ihrer Reaktion Ihre eigenen emotionalen Muster, Ihre Resonanz auf den anderen, Ihre Denkgewohnheiten. Sie erleben sich dabei selbst wie in einem Spiegel – und Sie bleiben in Ihrer Aufmerksamkeit für den anderen Menschen. ▄▄▄

Viele Menschen profitieren davon, sich in der Haltung der Achtsamkeit über Meditation oder Kontemplation zu üben und sich dafür Zeiten der Stille im Alltag oder in entsprechenden Retreats zu organisieren. Das sind Möglichkeiten, die eigene Praxis der Achtsamkeit in einem geschützten Rahmen zu entwickeln. Die konkrete Erfahrung ist oft sehr überzeugend, das Spüren am eigenen Leib, die Vertiefung des Erlebens durch das Innehalten. So entsteht eine tragfähige Motivation für die regelmäßige tägliche Übung der Achtsamkeit. Das Lauschen nach innen und die Reduktion der Informationsflut von außen werden als wohltuend und stressreduzierend erlebt. Sie öffnen, steigern Ihre Präsenz in der Welt und in der Begegnung mit den Menschen. Mit wenig Aufwand können Sie gute Entwicklungen anstoßen – und wenn es täglich erst einmal drei Minuten sind, in denen Sie morgens still, wirklich still sitzen.

Achtsamkeit versus Unachtsamkeit im Umgang mit den eigenen Ressourcen ist der Spannungsbogen, der alle Selbstsorge prägt. Durch Achtsamkeit können alle großen Gesundheitsthemen – Ernährung, Bewegung, Entspannung etc. – balanciert werden, weil achtsame Ernährung oder achtsame Bewegung den Zugang zur Selbstregulation öffnen. Wir wissen tief in uns, was und wie viel uns wann guttut. Es gilt, die »Sprache« von Körper und Seele wieder zu verstehen, die inneren Bilder zu sehen, die Leiblichkeit als Wahrnehmungsinstrument für Lebendigkeit zu spüren. Achtsamkeit ermöglicht es, Krisen und Krankheiten als Möglichkeiten der Heilung wahrzunehmen, wieder mit sich in Beziehung zu kommen, »ganz« zu werden in kluger Sorge um sich selbst. Achtsamkeit ermöglicht Ihnen zudem den Zugang zu den transzendenten, spirituellen Dimensionen.

Mit den Übungen der Achtsamkeit werden Sie Im Laufe der Zeit eine Haltung erwerben, die Ihnen ein gesundes Navigieren durch den anspruchsvollen Arbeits- und Familienalltag ermöglicht – mit zahlreichen hilfreichen Effekten zur Verbesserung Ihrer Lebensqualität.

Hilfreich können kleine Texte sein wie das folgende aus dem Sanskrit übertragene Gedicht, das sich etwa zum Abschluss Ihrer morgendlichen Meditation anbietet (GRIMM & JÄGER 2009):

» Achte gut auf diesen Tag,
denn er ist das Leben.
Das Leben aller Leben.
In seinem kurzen Ablauf
liegt alle Wirklichkeit und Wahrheit des Daseins,
die Wonne des Wachsens,
die Größe der Tat
und die Herrlichkeit der Kraft.
Denn das Gestern ist nichts als ein Traum
und das Morgen nur eine Vision.
Das Heute jedoch – recht gelebt –
macht jedes Gestern zu einem Traum voller Glück
und jedes Morgen zu einer Vision voller Hoffnung.
Darum – achte gut auf diesen Tag. «

Welt-Ich und eigentliches Wesen

Für die Frage, wie Sie so für sich sorgen, dass sich sowohl Ihr Alltag wie auch Ihre Seele gut entwickeln, komme ich noch einmal auf Graf Dürckheim zurück, der hier wichtige Impulse gegeben hat. DÜRCKHEIM (2001) unterscheidet den »Körper«, den Menschen haben und den sie wie ein Instrument pflegen, ölen, reparieren etc., von dem »Leib«, in dem sie leben, in dem sie als Person in der Welt sind: »So verstanden ist der Leib das Ganze der Gestimmtheiten und Gebärden, in denen der Mensch sich selbst als die ihrer selbst bewusste und zugleich die Welt erlebende und in ihr handelnde Person fühlt, ausdrückt und darstellt, (...) sich zum wahren Selbst hin verwirklicht oder verfehlt« (S. 118).
Nach Dürckheim ist die Bewusstheit für den Leib und seine Beziehung zur Welt, für seine Empfindungen und seine Ausdrucksformen zu entwickeln und zu pflegen. Dafür ist der Alltag selbst als Übung zu begreifen, wie Sie das bei den Wegen zur Achtsamkeit erlebt haben. Der Leib ist also mehr als der gegenständliche Körper, es ist das, womit Sie leben und erleben,

dessen Haltungen Sie spüren. Die Haltungen des Leibes spiegeln dabei die Haltungen des Inneren und umgekehrt.

Entsprechend unterscheidet Dürckheim das Welt-Ich, das der Bewältigung der täglichen Herausforderungen dient, vom eigentlichen Wesen. Heil werden bedeutet für ihn, dass der Mensch in Kontakt mit seinem eigentlichen Wesen kommt, das durch das Welt-Ich verborgen ist. Das eigentliche Wesen, das eigentliche Selbst, ist immer transpersonal, auf etwas Überweltliches ausgerichtet. »Ziel ist es, dieses Welt-Ich einerseits zu bewahren und doch zugleich durchlässig zu bleiben für das im eigenen Wesen anwesende Sein, das die Fassungskraft des Ich überschreitet« (S. 15 f.). Das eigentliche Wesen steht für Ihre Werte, Ihre Lebensaufgabe, Ihre spirituelle Ausrichtung. Es hält Kontakt zu diesen Dimensionen. Sie können sich das so vorstellen, dass im Welt-Ich, in Ihrem Alltagshandeln dieser überweltliche Zusammenhang immer hindurchtönt (per-sonare = hindurchtönen). Dadurch erst wird der Mensch nach Dürckheim zur Person, deren eigentliches Wesen im Alltagshandeln erkennbar bleibt. Andere erleben Sie dann als authentisch. Unser »Weltgehäuse« muss für das eigentliche Wesen durchlässig bleiben, wie Dürckheim es bildlich formuliert. »Heil ist nicht schon der Mensch, der in der Welt angepasst, leistungstüchtig, werksicher und kontaktfähig sein Leben erfolgreich meistert, dabei aber wesenstaub ist. (...) Heil ist der Mensch, der inmitten der Kargheit, Unordnung und Zerrissenheit dieser Welt die überweltliche Fülle, Sinnhaftigkeit und bergende Einheit des überweltlichen Seins zu bekunden vermag« (S. 58 f.). Wenn das gelingt, wissen wir uns aufgehoben in einem sinnhaften Ganzen, in einem universellen, göttlichen Zusammenhang, der unser inneres Vertrauen (Selbstvertrauen) mit dem über uns hinausweisenden Vertrauen (transpersonales Vertrauen) verbindet. Darin liegt auch die heilsame Kraft eines spirituellen Lebens – verstanden als ein Weg, als eine Suche.

Es geht um das Wechselspiel des Menschen, der im Alltag, im »Welt-Ich« handelt, sich äußert und sich gleichzeitig »innert«, sich also seines eigentlichen Wesens bewusst wird. Beides zusammen, die Bewältigung des Alltags und das Gewahrsein des Wesens, bildet das Vollständige, das Heile. Entwicklungen auf der Verhaltensebene brauchen die durchklingende Dimension des Spirituellen, des über uns Hinausweisenden, wie Sie bei dem Thema Sinnhaftigkeit schon erfahren haben. »Der Mensch, der noch wesenstaub ist, versteht alle seine Leiden nur von der Welt her, als Beeinträchtigung seiner Leistungskraft, als erfahrene Ungerechtigkeit etc.« (S. 27). Ohne den Kontakt zum eigentlichen, inneren Wesen bleibt man mit allen Entwicklungen und aller Selbstsorge an der Oberfläche und die unternommenen Anstrengungen, Verhaltensänderungen, Stressbewältigungsprogramme, selbst Achtsamkeitsübungen machen die Situation eher noch schwieriger: »Ohne Fühlung mit dem Wesen läuft alle Übung in die Irre und mündet in der Sackgasse einer Selbstdisziplin, die um weltlich verstandener ›Gesundheit und Tugend‹ willen die Wesenswahrheit verdrängt. (...) Doch die ›tugendreiche‹ Überformung des missratenen Welt-Ichs treibt in noch größere Entfremdung vom Wesen. (...) Erst in der Fühlung mit dem Wesen lernt der Mensch spüren, was wurzelecht ist und was die Voraussetzung einer existenziell wahren Selbstverwirklichung ist« (S. 27).

In Dürckheims Ansatz wie später z. B. auch in Willigis Jägers »Westöstlicher Weisheit« sind Menschen nur als spirituelle Wesen zu verstehen. »Unser Selbstbild ist gleichsam eine Maske, hinter der sich das Eigentliche, das Wahre, verbirgt« (JÄGER 2007, S. 33 f.). Gesundheit und Heilsein meint letztlich, die eigene Persönlichkeit zu entwickeln, durch die oberflächlichen Ich-Bilder das Eigentliche durchtönen zu lassen, sich als Teil universeller (göttlicher) Energie zu erleben und diese Haltung auch in den herausfordernden Alltag, in die Begegnung mit den Klientinnen und Klienten zu tragen und dort weiterzuentwickeln – eine sicher anspruchsvolle Aufgabe.

Die Wege der klugen Selbstsorge brauchen die Verbindung dieser Ebenen, um in den täglichen Übungen (der Achtsamkeit, der Bewegung, der Regeneration etc.) nicht im Äußeren, in einem oberflächlichen Ritual, stecken zu bleiben, bei denen Dürckheim das Risiko von Entfremdung durch pure Selbstdisziplin sieht. Sie kennen solche Sackgassen vielleicht auch aus Ihrem Leben, wenn Sie sich Gutes tun wollen, Ihnen dabei aber der Sinn abhandenkommt. Es geht vielmehr darum, den Übungsrahmen zu nutzen, um in sich hineinzuspüren, auf Sehnsüchte, Wünsche, Herzensbewegungen zu lauschen, sie zu erlauben, ohne sie zu erzwingen. Übungszeiten können die Wahrnehmung dieser tieferen Ebene unseres Wesens ermöglichen und erleichtern.

❙❙ In welchen Lebensbereichen Ihres Alltags haben Sie Zugang zu Ihrem inneren, »eigentlichen« Wesen?
Was davon kennen Sie, was davon ist für Sie noch unerforscht?
Welche Ahnungen haben Sie über Ihr eigentliches Wesen?

Kennen Sie Lebenssituationen, in denen sich Ihnen eine solche Ahnung zeigt, vielleicht sogar eine Gewissheit plötzlich da ist – selbst wenn die Klarheit dann wieder schwindet? Rufen Sie diese Lebenssituationen in Ihrer Erinnerung auf. **II**

Achtsamkeit und Alltag

Der von Dürckheim vorgeschlagene Weg der Verbindung mit dem inneren Wesen eröffnet sich durch die Kunst der Achtsamkeit, für die sowohl der geschützte Übungsrahmen der Meditationen, der Zeiten der Stille, wie auch die oben beschriebenen Alltagsübungen hilfreich sind. Durch die konkrete Praxis, immer wieder innezuhalten, sich immer wieder auszurichten und diese Verbindung heranreifen zu lassen, lässt sich das eigene Wesen erahnen und erspüren. Durch das Lauschen nach innen verbessert sich die Intuition, das »Bauchgefühl«, deutlich und damit auch der Königsweg für Alltagsentscheidungen in komplexen Situationen (vgl. dazu ausführlich ULRICH 2010).

Man weiß heute, dass auch kognitive Leistungen und emotionale Ausgeglichenheit auf diesem Weg zu optimieren sind. Allerdings verpasst man bei dem Versuch, solche Übungswege zu funktionalisieren, schnell das Wesentliche: die Reifung der Persönlichkeit und das Heilende dieses Weges. Oft ist allerdings dieser sekundäre Nutzen eine gute Motivation für den Einstieg in diese Entwicklung.

Die alltäglichen Herausforderungen mit ihren vielfältigen Themen, Problemen und Schwierigkeiten können aus dieser Perspektive betrachtet als Einladungen zur persönlichen Weiterentwicklung verstanden werden. Es sind Spuren, die auf den Weg zur inneren Wahrheit, zum eigentlichen Wesen, gelegt werden. Es wirkt vielleicht erst einmal wie auf den Kopf gestellt: Die Belastung des Arbeitsalltags, der Ärger mit den Kollegen, der Konflikt mit den Vorgesetzten, die erlebte Überforderung, die sich verschlechternden Rahmenbedingungen – ein Anreiz für die eigene Entwicklung? Ja, weil Sie dabei immer wieder Ihre Beziehung zu der jeweiligen Situation betrachten können und dabei mehr von sich selbst verstehen und lernen können. Sie können nachspüren, welche tieferen Werte von Ihnen wirklich berührt sind oder was Sie vielleicht nur deshalb aufregt, weil Ihr »Ego«, Ihr »Welt-Ich« nicht mehr so gut aussieht oder weil Sie noch an alten Glaubenssätzen haften, die Sie gut verabschieden könnten. Sie können sich also bei der achtsamen Beobachtung Ihrer Reaktionen und Ihrer Empfindungen in den schwierigsten Situationen selbst »in die Karten schauen«. Sie werden so entscheidungsfähiger und bekommen höchst bedeutsame Informationen für die weitere Gestaltung Ihrer klugen Selbstsorge.

ÜBUNG Schwierige Situationen aus der Vogelperspektive ⬇

Erinnern Sie sich an ein Ereignis aus der näheren Vergangenheit, das Sie an den Rand Ihrer Handlungsmöglichkeiten gebracht hat, was auch immer es war (Arbeitsüberlastung, herausfordernde Klienten und Klientinnen, Konflikte, Erschöpfung etc.). Lassen Sie die Erinnerung bitte nur kurz lebendig werden, nehmen Sie dann die Position des Beobachters ein und beobachten Sie sich in dieser Situation wie in einem Film oder aus der Vogelperspektive.

Schauen Sie aus dieser Perspektive, was Sie dort machen, wie Sie in dieser Situation handeln. Dann schauen Sie »in sich hinein« oder »hinter die Kulissen«. Das braucht etwas Mut. Was entdecken Sie dort? Aus welchen Quellen stammen Ihre Impulse und Entscheidungen in dieser Situation (Eitelkeit, Neid, Rache, Macht, nicht überprüfte Glaubenssätze oder Stimmigkeit, Werte, gut reflektierte Überzeugungen, klare Intuition, kluge Selbstsorge – oder eine Mischung aus mehreren Quellen)?

Ein Hinweis: Verhaltensweisen, die aus den Quellen Ihres inneren Wesens stammen, fühlen sich meist deutlich kraftvoller an als Verhaltensweisen aus dem Welt-Ich, bei denen Sie rasch Erschöpfung erleben. ▬

Der hier skizzierte Weg zur eigenen Gesundheit und Vollständigkeit braucht die Einübung in die Kunst der Achtsamkeit. Um es zu wiederholen: Schon wenig Aufwand für die persönliche Erfahrung (wie täglich drei Minuten still zu sitzen) kann zum Einstieg gute Entwicklungen in die beschriebene Richtung anstoßen. Auf dem Boden der so erfahrbaren persönlichen Ausrichtungen und Sinnfragen wird es leichter sein, eine kluge Selbstsorge auch in schwierigen Situationen zu leben und durchzuhalten, als Sie es mit reinen Verhaltensübungen zur Gesundheit (Bewegungsprogramme, Diäten etc.) je erreichen könnten.

Zusammengefasst heißt das: Achtsamkeit ermöglicht es, Herausforderungen, Krisen und Krankheiten als Möglichkeiten und Impulse zur Heilung im umfassenden Sinne wahrzunehmen, wieder mit sich in Beziehung zu kommen, ganz und vollständig (heil) zu werden. Achtsamkeit ermöglicht den Zugang zu den transpersonalen, spirituellen Dimensionen und wird gleichermaßen von diesen Dimensionen getragen. Dieses Wechselspiel zu leben und sich gerade durch Herausforderungen und Krisen nicht entmutigen zu lassen, sondern im Gegenteil zu Vertiefungen und Erweiterungen des Erlebens anregen zu lassen – das kann als Lebenskunst betrachtet werden, für die eine kluge Selbstsorge die Grundlage ist.

Sie merken, dass wir hier mit den grundlegenden Haltungen beschäftigt sind, mit denen wir an unser Leben herangehen, mit denen wir die größeren Lebensbögen, aber auch die alltägliche Praxis gestalten. Nichts bleibt, wie es war, die Welt und das Universum sind seit dem Urknall in einem andauernden Schöpfungsprozess. Wir können nur wir selbst bleiben, wenn wir uns ständig verändern und uns dem Schöpfungsprozess anschließen, uns neu »schöpfen«, neu erfinden, uns auf all das Neue im Leben beziehen. Das ständige Werden und Vergehen und Werden und Vergehen braucht die Neugier und den Mut, mit denen wir das Wagnis eines jeden Tages neu und frisch beginnen.

So ist auch die Fortsetzung des in der Einführung zitierten Gedichts von Picasso zu verstehen:

» Ich suche nicht – ich finde

Suchen, das ist Ausgehen
von alten Beständen
und ein Finden-Wollen
von bereits Bekanntem im Neuen.

Finden, das ist das völlig Neue!
Das Neue auch in der Bewegung.
Alle Wege sind offen
und was gefunden wird, ist unbekannt.
Es ist ein Wagnis – ein heiliges Abenteuer!

Das Ungewisse solcher Wagnisse können eigentlich nur jene auf sich nehmen,
die sich im Ungeborgenen geborgen wissen,
die in die Ungewissheit, in die Führerlosigkeit geführt werden,
die sich im Dunkeln einem unsichtbaren Stern überlassen,
die sich vom Ziele ziehen lassen und nicht, menschlich beschränkt und eingeengt,
das Ziel bestimmen.

Dieses Offensein für jede neue Erkenntnis im Außen und Innen:
Das ist das Wesenhafte des modernen Menschen,
der in aller Angst des Loslassens doch die Gnade des Gehaltenseins
im Offenwerden neuer Möglichkeiten erfährt. «

Achtsamkeit in Behandlung, Betreuung und Pflege

Achtsamkeit spielt eine immer größere Rolle in der professionellen Arbeit in psychosozialen, psychotherapeutischen und medizinischen Kontexten. In einer achtsamkeitsbasierten Behandlung, Betreuung und Pflege wird auf das Wissen und die Erfahrung der eigenen Achtsamkeitspraxis der Professionellen zurückgegriffen. Regelmäßige Übungspraxis verändert natürlich auch die Beziehung zu den Klienten: die Annahme des Klienten im gegenwärtigen Moment, mit all seinen Fragen, seinem Leiden, seinen schmerzhaften Empfindungen, zu sehen, zu spüren – ohne vorschnelle, oberflächliche Lösungen anzubieten. Das bedeutet, näher an den Klientinnen und Klienten zu sein, mit ihnen den Weg zu gehen, durch schwierige Situationen gemeinsam zu reifen, sich zu entwickeln.

Ein weiterer Zugang besteht darin, den Klientinnen und Klienten die Methoden der Achtsamkeit an die Hand zu geben. Das ist im ursprünglichen Ansatz das Anliegen von Kabat-Zinn und Santorelli gewesen, die ein Programm dafür entwickelt hatten und es Menschen anboten, die von der Schulmedizin nicht mehr viel zu erwarten hatten – mit großen Erfolgen. Allerdings war von den genannten Autoren immer die Vorgabe, dass die Professionellen, die ihren Klienten Achtsamkeitswege anbieten, ebenfalls in einer eigenen ausführlichen Übungspraxis bleiben.

Heute gibt es für viele Probleme, Symptome und Störungsbilder spezifische achtsamkeitsorientierte therapeutische Methoden (für Borderline, Sucht, Ängste, Depressionen, psychotische Krisen, vgl. z. B. KNUF & HAMMER 2013; ANDERSEN-REUSTER 2011). Der Anspruch an die eigene umfangreiche Übungspraxis der Therapeuten, Berater und Betreuer ist gemildert, ist aber weiterhin fester Bestandteil des Ansatzes. Die eigene Praxis ist in einem angemessenen und umsetzbaren Umfang notwendig, da die eigene Entwicklung der Helfenden denen der Klienten und Klientinnen vorangehen muss.

Achtsamkeit ist die Voraussetzung für die Schaffung heilender Felder, wie PLATSCH (2013) das nennt: eine achtsame, auf (Selbst-)Heilung des Klienten, der Klientin, bedachte Haltung und damit auch Sprache, die Arzt und Patient schaffen. Diese heilsamen Felder können überall in Ihrer Arbeit entstehen. Diese Haltung und Sprache unterscheiden sich grundlegend von Haltung und Sprache der Schulmedizin, die auf Krankheiten fokussiert ist, Teile (Organe) behandelt, nicht den ganzen Menschen mit all den hier schon beschriebenen Facetten im Blick hat und zudem oft durch unachtsame Äußerungen und Handlungen die (Selbst-)Heilung erschwert. Das ist schade und eigentlich eine Katastrophe – vor allem wegen der oftmals hohen Behandlungskunst und des großen Engagements, die dort fraglos auch beheimatet sind und ohne das heilende Feld nicht zur vollen Entfaltung kommen können.

Heilung ist immer Selbstheilung. Heilung ist – entsprechend unserem Modell von Gesundheit – ja auch nicht das Gesundwerden im medizinischen Sinne, sondern das oben beschriebene Heilsein als vollständig sein, ganz sein, mit sich, Gott, den Menschen und der Welt in Verbundenheit leben – mit allem, was ist, auch in Krankheit und Sterben.

Auch nach einer genial durchgeführten Operation muss der Patient seine Selbstheilungskräfte mobilisieren. Das gelingt Menschen umso besser, je mehr sie auf ihre Heilung eingeschwungen sind, je mehr Bilder, Erwartungen, Denken, Vorstellungen sie auf ihre Heilung ausrichten, je mehr sie sich verbunden fühlen mit heilenden Energien. Das Prinzip dieses Heilungsweges zeigt auch die Placeboforschung der letzten Jahre. Offenbar sind unsere Imaginationen und Erwartungen selbst auf einer sehr oberflächlichen Ebene viel wirksamer, als wir das geahnt haben. Deswegen kann eine Tablette aus Milchzucker (Placebo) Schmerzfreiheit erzeugen. Deswegen können umgekehrt auch Erwartungen von Symptomen (Beipackzettel) diese Symptome erzeugen. In allen alten Heilertraditionen war das Wissen um solche heilenden Felder schon immer verfügbar (zur Imagination siehe auch das Kapitel über Glück).

PLATSCH (2013) bietet seinen Patientinnen und Patienten gemeinsame Meditationen an. Das unterstützt die Entwicklung heilsamer Felder und hat mittlerweile vielfach untersuchte Effekte auf körperliche und psychische Parameter (vgl. FUCHS 2011, S. 224). Einerseits liegt das an der Ruhe und andererseits an der Achtsamkeit, in der Menschen ihren heilsamen Kräften, aber auch ihren Ängsten und Schmerzen begegnen. »Anliegen der Meditation ist es, Illusionen und Abwehrhaltungen aufzulösen und die Wirklichkeit in allen Facetten anzuschauen, eben auch in ihren Angst machenden und beklemmenden. Im Anschauen und Bewusstwerden können Ängste und Schmerzen ihre Macht verlieren und neue Kräfte freisetzen« (S. 225). Es geht also nicht um eine neue Modetechnik, sondern um den Weg zu sehr tief greifenden Veränderungen von Wahrnehmung, Bewertung und Erleben von Krankheit und Leid.

Hier tauchen natürlich auch die spirituellen Bedürfnisse der Klienten und Klientinnen auf, die in schulmedizinischen Arbeitskontexten in der Krankenhausseelsorge geparkt waren. Sie kehren aber zunehmend auch wieder in den Alltag zurück, weil sie als untrennbarer Teil menschlichen Seins erkannt werden. Heil sein als vollständig sein umfasst auch den Menschen als spirituelles Wesen (vgl. dazu BÜSSING 2011), und in dieser Vollständigkeit liegt die größte (Selbst-)Heilungskraft.

Achtsamkeit in Behandlung, Betreuung, Pflege als Selbstsorge

Für Ihre gesunde Selbstsorge hat der beschriebene Ansatz große Auswirkungen. Wenn Sie in dieser achtsamen Haltung in Behandlung, Betreuung und Pflege Ihren Klienten begegnen, sind Sie in einer anderen Beziehung zu ihnen. Sie können auf diese Weise die Ressourcen und die Selbstheilungskräfte der Klienten besser wahrnehmen. Sie schwingen dadurch ganz automatisch mit Ihren Klienten und Klientinnen in einem heilenden Feld, das die Selbstheilung unterstützt. Sie verbinden sich mit den Heilungskräften Ihres Klienten, Ihrer Klientin. Sie geben den Rahmen, Sie schaffen das Gefäß, in dem Heilung im oben genannten Sinne stattfinden kann. Das ist eigentlich alles – und es ist trotzdem schwer, sich in der inneren Haltung darauf zu beschränken. Gleichzeitig ist es letztlich keine Beschränkung, sondern eine Öffnung. Sie sind nicht diejenige, die mit großem Energieeinsatz zieht, schiebt, Entwicklung bewirkt, sondern Sie tun es gemeinsam und Sie sind verantwortlich für den Rahmen, in dem es geschieht.

Dabei geschieht noch etwas anderes: Sie selbst kommen in Kontakt mit Ihren eigenen Selbstheilungskräften. Es lässt sich am einfachsten am Beispiel der Aromatherapie verstehen: Sie empfangen bei aromatherapeutischen Maßnahmen immer auch selbst die heilsamen Wirkungen der Duftstoffe, die Sie Ihren Patienten als Einreibung, Duftlampe o. Ä. geben. Sie kommen auch bei der achtsamen Ausrichtung auf die Heilung, auf das Vollständigwerden in Resonanz mit dem, was in Ihnen selbst dann heilsame Wirkungen entfaltet. Auch das ist ein wesentlicher Baustein für Ihre kluge Selbstsorge. Das wiederum hat Auswirkungen auf die Selbstheilung Ihrer Klientinnen und Klienten, das wieder wirkt auf Sie, etc.

Wir sollten aufhören, uns zu stark als Einzelwesen zu verstehen, sondern wesentlich stärker die Verbundenheit wahrnehmen, dem gemeinsamen Fluss der Energie in unserer Aufmerksamkeit einen wesentlich höheren Rang einräumen. Das schließt uns an die gemeinsamen Energien, die heilenden Energien, letztlich die Schöpfungsenergien an. Sie müssen nicht alles allein machen, sondern sind verbunden mit dem großen Ganzen – das ist doch eine wunderbare Basis für Ihre kluge Selbstsorge!

Bewegung und Ernährung

Für den Weg Ihrer gesunden Selbstsorge tauchen wir jetzt in zwei ganz alltägliche Felder ein, die Sie in vielerlei Hinsicht nutzen können, die es aber auch »in sich haben«. Wie Sie sich bewegen und wie Sie sich ernähren, prägt sehr stark den Alltag Ihrer Selbstsorge. Gleichzeitig stecken darin auch im übertragenen Sinn die Fragen, was Sie bewegt und was sie nährt. Auch das sind wichtige Teile Ihrer Selbstsorge.

Menschen sind Bewegungswesen

Wir Menschen sind Bewegungswesen, sonst hätten wir nicht einmal ein Nervensystem und schon gar kein Gehirn. Bäume und Pflanzen, die sich nicht bewegen, haben solche Strukturen nicht. Nur, weil wir den großen Vorteil haben, unseren Platz zu wechseln, von A nach B zu gehen, zu wandern, Expeditionen zu unternehmen und neugierig in alle Ecken zu schauen – nur deshalb haben wir ein Gehirn ausgebildet. Also rechtfertigen Sie sich vor der Evolution, dass Sie zu Recht ein Gehirn haben, und bewegen Sie sich!

Bewegung tut nicht nur Ihrem Körper gut, sondern auch Ihrer Seele und ist damit ein wichtiger Bestandteil Ihrer klugen Selbstsorge. Es sind keine umfangreichen Trainingsprogramme notwendig, um die gewünschten positiven gesundheitlichen Effekte und Auswirkungen auf die psychophysische Leistungsfähigkeit und die leibseelische Balance zu erreichen. Es ist durchaus nicht nötig, in hochwertiger Trainingskleidung täglich durch die Wälder oder um das örtliche Einkaufszentrum zu laufen. Die gesundheitlich relevanten Effekte lassen sich durch einen erhöhten Energieumsatz über jede Form von körperlicher Aktivität erreichen. Sie kennen alle diese Tipps: Es hilft sehr, sich in der Alltagsroutine möglichst viel zu bewegen, zum Bäcker und zum Büro mit dem Fahrrad fahren, statt Auto oder Bus zu nehmen, Bewegungshilfsmittel (Fahrstühle oder Rolltreppen) zu meiden und zu Fuß zu gehen. Es hilft, bewegte Pausen zu machen, insbesondere bei vorwiegend sitzenden Tätigkeiten zwischendurch aufzustehen, sich zu dehnen und zu recken und bewusst tief zu atmen.

Wichtig ist auf Dauer allerdings, dass Ihre körperlichen Bewegungen zwischendurch eine gewisse Mindestintensität erreichen: Niederschwellige Anstrengungen reichen zwar aus, um vorbeugende Effekte zu erreichen, gesundheitsorientierte Anpassungen der Organsysteme sind dadurch allerdings nicht zu erwarten. Wenn Sie also mehr für sich tun wollen, legen Sie noch »eine Schippe drauf«. Wenn Sie gesundheitsorientiert leben wollen, führt an der regelmäßigen Ausdauerbewegung kein Weg vorbei. Sie können für Ihre Gesundheit und Lebensenergie mit der dafür eingesetzten Zeit kaum bessere und vielfältigere Effekte erreichen. Geben Sie dem Bewegungstier in sich die »lange Leine« – es wird es Ihnen reichlich danken und Sie mit Wachheit und Lebenslust belohnen!

Ein Pedometer (Schrittzähler) hilft Ihnen, die Übersicht über Ihre Bewegungen am Tag zu behalten; das ist die einfachste Möglichkeit, sich ein Feedback zu organisieren. Wenn Sie z. B. im Pflegeberuf arbeiten, bewegen Sie sich sicher genug, oft jedoch sehr einseitig und dysfunktional. Dann brauchen Sie eher Ausgleichsbewegungen, die professionell auf Sie zugeschnitten sein sollten (Bewegungstherapie, Fitnessstudio).

Bewegung gilt als einer der wichtigsten Faktoren bei der Gesunderhaltung und insbesondere bei der Stressbewältigung – Bewegung gebührt also unbedingt ein Ehrenplatz bei Ihrer klugen Selbstsorge. Die durch die Stressreaktion bereitgestellte Bewegungsenergie und die dadurch entstandene muskuläre Vorspannung brauchen ohnehin Ausdrucksmöglichkeiten, sie wollen auf die Bühne des Lebens. Andernfalls bleiben sie in Muskelverspannungen und -verhärtungen, Gelenkengpässen, in Blutdrucksteigerungen und bei den frustrierten Energielieferanten des Stoffwechsels stecken und richten Unheil an (siehe das Kapitel zu Stress und Stressprotektion).

Inzwischen weiß man aus vielen Untersuchungen, dass Bewegung eine Heilkraft besitzt, die zur Behandlung diverser Erkrankungen eingesetzt wird (Bluthochdruck, Depression, Herzerkrankungen, Erkrankungen des Atemapparats, Stoffwechselerkrankungen, Erkrankungen des Bewegungsapparats u. a., siehe BRAUMANN 2006). Bewegung ist in jedem Fall auch präventiv wirksam, bevor es zu Erkrankungen kommt. Beugen Sie der unheilvollen Kombination von Fettleibigkeit, Bewegungsmangel und Bluthochdruck vor. Sonst hat Ihre Selbstsorge keine Bodenhaftung.

Die inneren Schweinehunde

Gerade bei der Umsetzung von guten Vorsätzen, sich mehr zu bewegen, taucht gerne eine besondere Spezies auf: die »inneren Schweinehunde«. Sie sollen angeblich Menschen dazu verführen, als Couch-Potato ein (bewegungs)armes Leben zu fristen und früh zu sterben.

Dabei haben die inneren Schweinehunde evolutionsbiologisch eine edle Abstammung. Sie sorgen dafür, dass Tiere sich nicht zu viel bewegen, sich schonen, keine unnötigen Energien verbrauchen – weil keiner weiß, wann das nächste Essen zum Auffüllen der Energiereserven um die Ecke biegt. Dieser auch in Ihnen aktive und tief verwurzelte Teil sorgt dafür, dass Sie möglichst faul sind und sich immer wieder hinlegen wollen (beobachten Sie mal Ihren Hund). Jetzt kommt aber die evolutionsbiologische Neu-entwicklung des Menschen in Form Ihres rationalen Denkens und hält Ausdauerbewegung entgegen aller Erfahrung aus Millionen Jahren für nützlich. Die Neuentwicklung beruft sich auch noch darauf, dass Sie nur durch Bewegung ein Anrecht auf ein Gehirn haben, das rational denken kann. So entsteht in Ihnen also ein wirklich tief greifender Konflikt, der Wurzeln bis in die Urzeiten der Entwicklung der lebendigen Welt hat. Um dieses dramatische Ungleichgewicht zwischen den Konfliktpartei-en auszugleichen und den evolutionsbiologisch älteren Teil – also den Schweinehund – zu überzeugen, helfen nicht nur treffende Argumente (die kommen in diesen Faulheit steuernden Gehirnregionen oft gar nicht an), sondern Sie brauchen Ihre konkreten, leiblichen und seelischen Erfahrungen, dass Bewegung Spaß macht, dass es erhebend ist, durch Wald und Flur, Sonne, Wind und Regen zu laufen, im Wasser zu gleiten, Bewegungsabläufe zu genießen, dass Sie die Fülle des Lebens spüren und alle Sinnesorgane sich an den Eindrücken laben.

Je mehr solcher Erfahrungen Sie haben, umso leichter wird Ihr Schwei-nehund mitlaufen – Sie haben ihn dann in seiner Sprache überzeugt. Er behält nämlich weiterhin wichtige Aufgaben, indem er Sie vor Übertrei-bungen, falschen Ansprüchen und inneren Antreibern, vor Überlastungen und Verausgabungen, vor Bewegungen zur falschen Zeit am falschen Ort schützt. Er aktiviert dann Signale, auf die Sie achten sollten, weil sie Ihnen gesunde Grenzen anzeigen. Wenn Sie sich verausgabt haben und sich nach zu kurzer Erholungszeit wieder »auf die Piste« zwingen wollen oder wenn Ihr Ehrgeiz Sie packt, zu schnell zu laufen oder zu schwimmen, sich für einen Ironman zu halten, und Sie so den guten

Effekt von Ausdauerbewegung gefährden, aktiviert das Ihren inneren Schweinehund. Er probiert es zunächst mit dem Aussenden von Lustlosigkeit und macht sich im Falle der Nichtbeachtung später mit deutlichen Erschöpfungssymptomen bemerkbar, wie bleischweren Gliedern, Schmerzsymptomen am Bewegungsapparat, rückläufiger Fitness, Konzentrationsproblemen, zufallenden Augen.

Nehmen Sie also liebevoll Kontakt mit Ihrem inneren Schweinehund auf, danken Sie ihm und schlachten Sie ihn nicht! Führen Sie ihn lieber zu neuen Futtertöpfen. Er kann Ihnen mit seiner Spürnase auch den Weg weisen zu den Orten und Zeiten, die Sie sich als ein Biotop, ein Reservat, einrichten können. Dort können Sie sich dann genussvoll auf Ihre »faule Haut« legen.

ÜBUNG Schweinehundflüstern ⬇

Achten Sie ab jetzt darauf, ob Sie sich nach Ihrer Ausdauerbewegung fit fühlen oder Anzeichen von Erschöpfung feststellen. Letzteres wäre ein sicherer, eindeutiger Hinweis auf Überlastung. Wenn Sie sich fit fühlen, beruhigen Sie Ihren »inneren Schweinehund« und geben ihm ein verbindliches Versprechen, wie und wann Sie ihn füttern wollen. Werden Sie mit Ihrer Lebensfreude zu einem Schweinehundflüsterer. ▬

Wenn sich bei Ihren Bewegungsaktivitäten kein angenehmes Gefühl einstellt: Überprüfen Sie die Einstellung Ihrer »vier Stellschrauben«. Mit ihnen lassen sich die Bewegungsaktivitäten recht genau auf Ihren konkreten Bedarf zuschneiden. Das ist wichtig, um Unter- und Überforderungen und Fehlbelastungen zu vermeiden. Wenn Sie Zweifel haben und insbesondere wenn Sie dabei mit einer Erkrankung umgehen müssen, holen Sie sich dazu medizinische Hilfe. Auch das gehört zu einer klugen Selbstsorge.

➡ Ausdauerbewegung ⬇

Sie haben vier Stellschrauben, um Ihre Ausdauerbewegung zu regulieren:
- die Art der Bewegung (laufen, walken, Rad fahren, schwimmen u. a.);
- die Intensität der Bewegung (Geschwindigkeit, Schwierigkeitsgrade wie z. B. Steigungen);
- die Dauer der Ausdauerbewegung;
- die Frequenz der Ausdauerbewegung (wie oft pro Woche).

Überprüfen Sie, ob Ihre Schrauben passend eingestellt sind. Achten Sie auf die körperlichen und seelischen Signale des Wohlbefindens oder des Missempfindens. ⬅

Regenerationsroutine und Bewegung

Wir werden uns bei dem übergreifenden Thema der Stressbewältigung noch ausführlicher mit dem Konzept der Regenerationsroutine beschäftigen. Dahinter steckt die Idee, dass Regeneration und Erholung in Ihrem meist sehr durchgetakteten Alltag nur dann einen zuverlässigen Platz finden, wenn sie in die Routine des Tages und der Woche »eingebaut« sind. Sie sollten sowohl mit Ihren eigenen Terminplanungen als auch mit den Abläufen in Ihrer Familie und Ihrer Arbeitsstelle abgestimmt sein. Die Gestaltung der Regenerationsroutine führt Sie auch zu der Frage, ob und wie Sie regelmäßige Bewegungen in Ihrem Tages- und Wochenablauf verankern, weil Sie dafür Zeit einsetzen wollen. Auch hier haben Sie sicher bereits viele Erfahrungen. Schauen Sie, was in der Vergangenheit gut funktioniert hat, damit Sie sich regelmäßig und ausreichend bewegen. Wichtig ist es – neben dem gezielten Ausbau Ihrer Alltagsbewegung –, eine Ausdauerbewegungsart zu pflegen, an der Sie Freude haben und die Sie zwei- bis dreimal in der Woche etwa 30 Minuten lang ausführen mögen. Ausdauerbewegung ist eine exzellente Möglichkeit, die über den Tag aufgebauten Energien in Bewegung umzusetzen. Ihr Organismus wird Ihnen dankbar sein.

Hier folgt eine kleine Sammlung von Fragen als Anregung für Ihre bewegte Selbstsorge.

‖ Die folgenden Fragen sollen Ihnen als Hilfe dienen, um möglichst dauerhaft eine Lösung für den zeitlichen Aufwand Ihrer Ausdauerbewegung zu finden.

Machen Sie sich Notizen zu Ihren Ergebnissen.

Was ist schon da und was könnten Sie gegebenenfalls ausbauen?

Welche Zeiten können Sie am leichtesten für Ihre Ausdauerbewegung einsetzen, welche Zeit steht ganz Ihnen zur Verfügung?

Worauf können Sie zugunsten Ihrer Ausdauerbewegung am ehesten verzichten?

Wie können Sie die Ausdauerbewegung mit anderen Zielen Ihrer Selbstsorge verbinden, z. B. mehr gemeinsam mit Partner oder Kindern zu unternehmen?

Falls Sie beabsichtigen, Ihrer Zeit mit Partnern oder Familie Einschränkungen zuzumuten: Wie gleichen Sie die Einschränkungen so aus, dass es langfristig tragbar ist?

Falls Sie beabsichtigen, Ihrem beruflichen Engagement Einschränkungen zuzumuten: Wie stellen Sie sicher, dass die Tagesaktualitäten Sie nicht immer wieder einholen und Sie sich an der Bewegung hindern lassen?

Welche Verabredungen müssen Sie mit wem treffen?

Welche Routinen (z.B. Markierungen im Kalender) müssen Sie einrichten, damit Ihre Bewegung dauerhaft bleibt?

Falls Sie Ihrem Schlaf Einschränkungen zumuten: Wie stellen Sie den Ausgleich sicher?

Falls ein Termin zur Ausdauerbewegung »platzt«: Wie können Sie Ausweichmöglichkeiten für Ihre Bewegungsaktivitäten vorsehen?

Wenn Sie sich für die günstigsten Zeitfenster entschieden haben: Wen müssen Sie wie darüber informieren? Welche Absprachen sind für diese Zeitfenster zu treffen? Welche Absprachen sind für den Ausgleich an anderer Stelle zu treffen?

Wenn die Zeitorganisation Ihrer Arbeitswoche nur unregelmäßige Terminplanungen zulässt: Welche Zeitfenster kommen für Ihre Ausdauerbewegung infrage?

Welche Absprachen müssen Sie mit wem treffen?

Welche Ankoppelung Ihrer Bewegungsaktivitäten an einen regelmäßigen »Kern« Ihrer Arbeitswoche ist möglich?

Wie können Sie Ihre Hilfssysteme (Smartphone, Dienstpläne u.a.) für diesen Zweck einsetzen?

Mit wem können Sie sich zu welchen Ausdauerbewegungen verabreden? Wer macht mit?

»Brüten« Sie so lange über diesem Thema, bis Sie für sich konkrete Lösungsideen gefunden haben, die Sie umsetzen wollen.

Wenn Sie jetzt keine Lösung finden, die Sie voll befriedigt und die auch verspricht, dauerhaft tragfähig zu sein, entscheiden Sie sich für eine Übergangslösung. Probieren Sie ein mögliches Modell aus und sammeln Sie Erfahrungen damit.

Legen Sie einen Zeitraum fest, in dem das Modell gelten soll. Sie sollten dafür mindestens vier Wochen ansetzen, um eine erste Verstetigung zu erreichen und um ausreichend Erfahrungen sammeln zu können.

Sprechen Sie Ihre Lösungen konkret in Ihren sozialen Netzwerken (Familie, Kollegen, Freunde) durch.

Machen Sie sich entsprechende Vermerke in Ihren Kalender oder Ihren Jahresplaner. ∎

Ernährung jenseits von Diäten: Die Sprache des Körpers

Zu Ihrer klugen Selbstsorge gehört natürlich auch die Art und Weise Ihrer Ernährung. Deswegen hier ein Kurztrip in diese Welt.

Lebensmittel versorgen Sie mit den notwendigen Nährstoffen, die Sie für Ihr Überleben und den Erhalt Ihrer Lebensenergie benötigen. Was Sie essen sollen, werde ich Ihnen hier nicht aufschreiben. Ihr eigener Organismus weiß das besser – besser auch als jeder kurzlebige Ratgeber oder Diätenpapst.

Wenn Sie die Sprache von Körper und Seele verstehen, werden Ihnen Hunger, Durst, Appetit, Sättigung und Verdauungsaktivitäten ausreichend signalisieren, was Sie wann, wie und in welchen Mengen zu sich nehmen sollten. Sie werden auch merken, wenn sich Körper und Seele von Ihnen nicht gut behandelt fühlen. Durch unsere Ernährungsgewohnheiten sind uns viele der natürlichen Regulatoren für die Nahrungs- und Flüssigkeitsaufnahme verloren gegangen. Diese Quellen der Regulation gilt es zu reaktivieren.

Von zentraler Bedeutung ist, dass Sie Ihre Lust am Essen behalten und das zu sich nehmen, was Ihnen Freude macht und Ihnen schmeckt. Wenn Sie das mit der Sprache Ihres Körpers abgleichen, dürften Sie auf dem richtigen Weg sein. Diäten werden nicht benötigt, es sein denn, Sie müssen sich wegen einer Erkrankung entsprechend einschränken.

Ich will mit Ihnen eine kleine Einführung in die Sprache Ihres Körpers durchgehen, damit Sie Ihre körperliche Weisheit in die gesunde Selbstsorge einbringen können. Betrachten Sie das Essen gleichzeitig als eine wunderbare Möglichkeit für Übungen in Achtsamkeit, die wir Sie schon kennengelernt hatten: Werden Sie kurz still, halten Sie inne und spüren Sie dem Geschmack des Bissens nach, den Sie gerade im Mund haben.

Hunger und Sättigung

Wenn Sie ihn lassen, reguliert Ihr Körper seinen Bedarf an Lebensmitteln selbst, er verfügt seit Jahrtausenden über diese Fähigkeit! Kaum ein frei lebendes Tier ernährt sich schlecht und ist übergewichtig. Um dieses Wissen zu reaktivieren, brauchen Sie aber eine Zeit bewusster Aufmerksamkeit für Ihre Körpersignale, um sie wieder erkennen zu können.

ÜBUNG Hunger und Sättigung unterscheiden ⤓

Spüren Sie genau hin, wie Hunger und Sättigung sich anfühlen: Welche Körpersignale, welche Signale der Seele bekommen Sie? Welche Stimmungen nehmen Sie wahr, wie viel Energie spüren Sie?

Fragen Sie Ihren Körper, bevor Sie etwas in Ihren Mund stecken, ob er jetzt etwas zum Essen benötigt oder Ihnen vielleicht ein anderes Bedürfnis signalisiert.

Oft wird das »Durst«-Signal des Körpers mit dem »Hunger«-Signal verwechselt. Deshalb: Prüfen Sie bei Hungergefühlen, ob Sie Ihren Körper mit ausreichend Wasser versorgt haben. Trinken Sie immer genügend Wasser und Sie werden merken, dass Sie seltener Hunger haben.

Manchmal möchte Ihr Körper bewegt werden, manchmal sich entspannen, manchmal sich an einen lieben Menschen anlehnen etc. Oft wird das mit körperlichem Hunger verwechselt. Prüfen Sie auch deshalb Ihre konkrete Bedürfnislage. Bewegen Sie sich beispielsweise einfach einmal probeweise, wenn Sie Hunger verspüren, und beobachten Sie, was passiert. ▬

➡ **Zeit und Essen** ⤓

Nehmen Sie sich Zeit zum Essen: Ein Sättigungsgefühl stellt sich erst ca. 20 Minuten nach Beginn des Essens ein. Wenn Sie auf die Sprache Ihres Körpers hören wollen, müssen Sie warten können, bis er zu Ihnen spricht. Alles, was Sie in den ersten 20 Minuten in sich hineintun, entgeht Ihrer Zwiesprache mit Ihrem Körper zur Frage »Reicht es?«. (Vielleicht sind Franzosen trotz vieler Menüs auch deshalb eher schlank, weil sie durch das zeitlich ausgedehnte Speisen ihrem Körper Zeit lassen, Sättigung zu signalisieren.) ⬅

Die Türhüterfunktion

Beim Essen führen wir uns Fremdkörper ein, was prinzipiell ein riskanter Vorgang ist. Dafür hat die Natur Türhüter eingerichtet: Alle Sinnesorgane sind um die Öffnung, den Mund, organisiert. Sie sehen, tasten, hören (beim Kauen), riechen, schmecken, spüren Festigkeit und Beschaffenheit des einzuverleibenden Lebensmittels. Sie haben die Funktion eines Türhüters. Wir überlisten diesen Türhüter oft genug, und die Nahrungsmittelindustrie hilft mit Zusatzstoffen, Aromen, Geschmacksverstärkern, Emulgatoren, künstlichen Farbstoffen, gezielten Zubereitungsarten u. Ä. dabei fleißig und gewinnträchtig mit (vgl. GRIMM 2014).

Stellen Sie die Türhüterfunktion um Ihren Mund herum wieder her. So verbessern Sie weiter Ihre Fähigkeit, die für Sie »richtigen« Lebensmittel zu wählen. Machen Sie sich dazu die Sinne bewusst, die beim Essen angesprochen werden, und trainieren Sie die Wahrnehmungen. Wie ein nicht benutzter Muskel verschwindet, könnte auch Ihr wenig beanspruchter Türhüter etwas schlaff in der Ecke sitzen, gerade noch in der Lage, einen Hauch seiner Möglichkeiten zu nutzen, damit Sie Ihre Gabel nicht mitfuttern (oder den »Teller aufessen«). Geben Sie ihm etwas zu tun. Nehmen Sie zum Trainieren möglichst naturbelassene Lebensmittel. Am besten sind dafür wegen der Geschmacksqualität saisonale und regionale Produkte geeignet. Nutzen Sie Ihre täglichen Mahlzeiten für dieses Training.

Kabat-Zinn hat in seinen Achtsamkeitstrainings die berühmte »Rosinenübung« eingeführt. Sie erhalten dazu eine Rosine, mit der Sie sich lange beschäftigen, sie anschauen, ertasten, hören, mit den Lippen erkunden, riechen, im Mund bewegen, endlich dreimal kauen und die Geschmacksexplosion genießen, später weiterkauen, um dann – endlich – langsam und bewusst zu schlucken. Machen Sie diese Übung mit Rosinen oder anderen Lebensmitteln. Es ist nicht nur ein Training des Türhüters und aller Sinnesorgane, es ist auch eine hervorragende Übung der Achtsamkeit, wenn Sie dazu die Haltung des neugierigen, nicht-wertenden Erkundens einnehmen.

Den Appetit schulen

Appetit dürfte evolutionsbiologisch entstanden sein, um Tiere und auch uns Menschen auf solche Lebensmittel hinzuweisen, deren Nährstoffe gerade benötigt werden. Da sich das oft verändert (Jahreszeit, Alter, Beanspruchung, Krankheiten etc.), rücken immer wieder andere Lebensmittel und andere Zubereitungen in den Vordergrund. In der Lehre des Ayurveda unterscheidet man Typen von Menschen, die jeweils andere Schwerpunkte in ihrer Ernährung benötigen.

Unser Appetit ist allerdings überlagert von biografischen Erfahrungen (»futtern wie bei Muttern«), die mit Geruch und Geschmack emotional tief verankert sind. Er ist auch überlagert von dem Erfindungsreichtum der Nahrungsmittelindustrie, die uns auch hier mit den zahllosen Zusatzstoffen zu Wiederholungstätern erzogen hat. Es gilt, darunter wieder das Bedürfnis Ihres Körpers zu entdecken, der bestimmte Lebensmittel zugeführt bekommen möchte, weil er die Inhalte für seinen Erhalt, seine Funktionen und den Energiehaushalt benötigt.

Nicht, dass Sie auf Ihr Lieblingsgericht verzichten sollten, das vielleicht schon Ihre Großmutter so unnachahmlich zubereitet hat. Es ist das Lernen der Unterscheidung und dann die bewusste Entscheidung, was Sie gerade essen wollen und was nicht – das nenne ich hier den »geschulten Appetit«.

Wenn Sie wieder auf Ihren Organismus lauschen, werden Sie sicher herausfinden, was Sie benötigen. Und es ist eine Frage der Abwechslung, die Sie nach Ihrer Lust und Ihren Gewohnheiten gestalten – nur entscheiden Sie dann, was Sie wirklich wollen. Bezüglich der Zutaten durch die Hersteller von Nahrungsmitteln (da verbietet sich ja der Begriff »Lebensmittel« oft) hilft nur eines: der Blick auf den »Beipackzettel« beim Einkauf – im Zweifelsfall lieber zurück ins Regal damit.

Wie lernen Sie die Appetit-Sprache?

Ein wichtiger Weg besteht in der schon beschriebenen Wiederherstellung der Türhüterfunktion zusammen mit der von Ihnen jetzt schon geübten Kunst der Achtsamkeit.

ÜBUNG Türhüterfunktion ↓

Ihre letzte größere Mahlzeit sollte dazu möglichst mindestens zwei bis vier Stunden zurückliegen. Gehen Sie nun in vier Schritten vor:

1. Fragen Sie sich: Auf welches Lebensmittel habe ich jetzt Lust, was würde mir Spaß machen, worauf habe ich Appetit?

2. Prüfen Sie mit all Ihren Sinnen (Sehen, Riechen, Berühren, Probieren) vor dem Essen aufmerksam, ob es wirklich passt, ob die Lust anhält.

3. Überlegen Sie, was Sie über dieses Lebensmittel wissen, was es vielleicht zu beachten gibt etwa hinsichtlich der Ausgewogenheit Ihrer Ernährung, der Naturbelassenheit der Produkte etc.

4. Treffen Sie eine Entscheidung. ▰

Mit diesen vier Schritten schulen Sie nicht nur Ihre Sinne, Sie »entschleunigen« die Nahrungsaufnahme, vermeiden ungesunde Automatismen und werden dadurch entscheidungsfähig.

Ein anderer Zugang zum Lernen der Appetit-Sprache ist, der Wirkung der verschiedenen Nahrungsmittel nach dem Verzehr nachzuspüren.

❚❚ Achten Sie nach Ihren Mahlzeiten auf Ihre körperliche, seelische und geistige Befindlichkeit. Was löst die Mahlzeit aus? Gehen Sie folgenden Beobachtungen nach:
Was tut Ihnen gut, was gibt Energie?
Was macht den Kopf klar, was macht Sie müde und träge?
Was macht gute Stimmung, was lässt schlechte Laune entstehen?
Was löst körperliche Missempfindungen aus (Völlegefühl, Bauchkneifen, Übelkeit u. a.)?
Was regt die Verdauung gut an, was stört die Verdauung?
Was schmeckt gut nach?
Was gibt einen »üblen Nachgeschmack«? ❚❚

Feiern Sie ruhig gelegentlich eine Orgie mit Ihrem Lieblingsessen, von dem Sie wissen, dass Sie anschließend völlig fertig sind – auch das gehört zu der Schulung. Lassen Sie so langsam einen »geläuterten Appetit« wachsen, der Sie besser durch den Dschungel der Lebensmittel führt als viele Tipps. Ihre Freude an der Ernährung ist gesund und wesentlicher Bestandteil einer lustvollen Selbstsorge.

Mahlzeit!

Ernährung hat eine wichtige soziale Funktion. Der Clan, die Familie, sitzt um die Feuerstelle, hat sich zur Mahlzeit zusammengefunden und beginnt sich zu unterhalten, Spaß zu haben, zu trauern – was gerade anliegt. Die Ernährung war in der Menschheitsgeschichte lange ein Anlass für soziale Ereignisse, für Austausch und Gespräche, sie war das Zentrum gemeinschaftlichen Lebens und Arbeitens.
In der Steinzeit verzehrten unsere Vorfahren gleich das, was sie fanden: Beeren, Schnecken, Würmer, Wurzeln, Blätter u. a. Ein wichtiger Schritt in der Entwicklung wurde durch die Mahlzeiten markiert: Man verschob die Nahrungsaufnahme, bereitete die Lebensmittel zu (weil es Feuer gab und man Fleisch zur leichteren Verdauung braten konnte) und aß dann gemeinsam. Daraus haben sich über die Jahrhunderte viele Formen von Mahlzeiten entwickelt, vom gemütlichen Käsefondue in der Berghütte bis zu stundenlangen Galadiners.
Dieser Prozess ist heute eher wieder rückläufig mit Fast Food, Schokoriegeln und Chips, die wieder dort verspeist werden, wo sie gefunden wurden. Die um die Mahlzeiten organisierten Tagesstrukturen haben

sich vielerorts aufgelöst, was natürlich auch einen Zuwachs an Gestaltungsfreiheiten gebracht hat. Wahrscheinlich macht es auch hier wieder eine »gesunde« Mischung – finden Sie auf Ihrem Weg der genussreichen Selbstsorge die für Sie und Ihre Familie, Freunde und Kollegen beste Mischung.

ÜBUNG Achtsam essen ⬇

Sie werden bei sich sicher zeitweise die Tendenz feststellen, dass Ihre Ernährung sich weniger an Mahlzeiten hält, sondern sich eher »zwischendurch« abspielt, also am Computer, über dem Dienstplan, beim Telefonieren und im Auto. Wenn Sie das bemerken, dann sollten Sie hier kurz innehalten und überprüfen, ob Sie Ihre Verzehrgewohnheiten als »verwahrlost« einschätzen würden. Das ist zunächst nicht schlimm, nur Sie verlieren den Kontakt zu Ihren natürlichen Ernährungsregulationen.

Lösung: Führen Sie wenigstens eine tägliche Mahlzeit ein, bei der Sie nur (!) essen und den oben beschriebenen Wahrnehmungen zur Türhüterfunktion und Appetitschulung Raum geben. Spüren Sie nach, wie Sie bei dieser Art der achtsamen Ernährung Dankbarkeit und Freude empfinden können. ▰

➡ **Essgewohnheiten** ⬇

Hängen Sie an Orte, an denen Sie zukünftig nicht mehr »nebenbei« essen wollen, einen Zettel auf mit dem Satz:
Wenn ich esse, dann esse ich! ⬅

Die tiefere Ebene:
Was bewegt mich und was nährt mich?

Nehmen Sie Ihre Aufmerksamkeit für Bewegung und Ernährung jeweils zum Anlass, sich diese Frage zu stellen: Was bewegt mich und was nährt mich? Sie werden feststellen, dass sich viele Antworten einstellen, die Sie aufnehmen können und die Sie zur Überprüfung und Feinjustierung Ihres Weges der Selbstsorge nutzen können.

❚❚ Hat das, was Sie bewegt, und das, was Sie nährt, gute Verankerungen in Ihrem Alltag?

Wenn ja: Genießen Sie bewusst diese Zeiten und machen Sie mehr davon.

Wenn nein: Was wäre ein erster Schritt, was sollte als Erstes einen guten Platz bekommen? Woran würden Sie merken, wenn Sie erfolgreich damit sind? ❚❚

Wenn Sie Bewegung und Ernährung als Metapher nutzen und sich die Frage, was Sie bewegt und was Sie nährt, gelegentlich bei der konkreten Bewegung und Ernährung in Ihrem Alltag stellen, werden Sie eine Veränderung bemerken: Auch die konkreten Bewegungsaktivitäten und Ihre Ernährung erhalten wie von allein eine andere Tiefe, eine andere Achtsamkeit. Oder um mit Rio Reiser aus seinem Lied »Wann?« zu sprechen: »und nach jedem Bissen, den du isst, ist die Welt anders, als sie vorher war«. So verbindet sich dann das Äußere mit dem Inneren, Ihr Welt-Ich mit Ihrem inneren Wesen – ein Schritt zu mehr »Ganz«-Sein, Heilsein.

Stress und Stressprotektion

Zum Thema Stress gibt es mittlerweile eine unüberschaubare Flut von Publikationen und eine genauso große Flut von Konzepten, wie mit Stress umzugehen sei. Das wundert nicht, weil Stress mit als Hauptrisikofaktor für viele heute in den westlichen Kulturen verbreitete Erkrankungen angesehen wird. Stress wird als Risikofaktor für Bluthochdruck, Herzinfarkt, Krebs, Entzündungen, Magengeschwüre, Erschöpfung, Depressionen, Scheidungen, Fehlerquoten, Arbeits- und Verkehrsunfälle, aber auch für schlechte Beziehungen, für unverantwortlich handelnde Chefs und für vieles mehr haftbar gemacht. Stress ist also einer der »bösen Buben« unserer Zivilisationsgesellschaft.

Stressforscher sagen allerdings: Wir brauchen Stress, damit unser System »hochfährt« und wir reaktionsfähig und abwehrbereit bleiben.

Was stimmt denn nun?

Beides. Stress ist gesunde Aktivierung und gesundheitliches Risiko, Würze des Lebens und Zivilisationsplage gleichermaßen.

Grundlagen und Zusammenhänge

Erstaunlich ist nur, dass jeder Einzelne über ein breites Wissen zum Thema Stress verfügt, dass dies aber in der Alltagsgestaltung oft eine geringe Rolle spielt. Für Ihre Selbstsorge gilt es, die Wissensschätze wieder an die Oberfläche zu holen.

Entscheidend dafür, was von den beiden genannten Polen für Sie in der jeweiligen Situation in den Vordergrund tritt, sind mehrere Faktoren:

Qualität der Stressoren Wie Sie Stress erleben, hängt davon ab, wie Sie die Stress auslösende Situation erleben und bewerten, in welche Beziehung Sie sich zu dieser Situation setzen.

Quantität der Stressoren Jeder anregende Stress kann zu viel werden, insbesondere, wenn die Balance von Stressreaktion und Erholung, Regeneration, also die Dosierung des Stresses nicht passt.

Wertigkeit der Stressoren Die erlebte Sinnhaftigkeit der Einzelsituation und ihres Kontextes puffert die Stressreaktion ab und hat Einfluss auf Ihre Beziehung zum Stressor und damit auf Ihre Bewertung der Situation. Die meisten Zusammenhänge sind allgemein bekannt: Es ist klar, was zu chronischen Stressreaktionen führen kann, beispielsweise

- überhöhte Leistungsanforderungen, zu viel Arbeit mit vielen Unterbrechungen und Störungen des Arbeitsflusses;
- Zeitdruck;
- gezielt geschürte Ängste vor den Konsequenzen von Versagen;
- Entwertungen und fehlende Beachtung;
- als sinnlos empfundene Arbeitsaufträge;
- fachliche Über- und Unterforderungen;
- soziale Konflikte;
- Undurchschaubarkeit von Arbeits- und Entscheidungsprozessen;
- fehlende Kooperation und Abstimmung;
- ungesteuerte Informationsflut;
- andauernde Beschleunigung u. a.

Das Wissen darum, dass persönliche Faktoren (Gedankenmuster und innere Antreiber) als Stressverschärfer hochwirksam sind, weil die Reaktionen auf Stressoren dadurch potenziert und verlängert werden, ist auch hinlänglich verbreitet. Solche Stressverstärker sind beispielsweise

- Perfektionismus;
- Ungeduld;
- Schwarz-Weiß-Denken;
- mentale Filter, die nur Negatives durchlassen;
- Kontrollambitionen;
- Selbstüberforderung, Überanstrengungsbereitschaft und überhöhte Leistungsbereitschaft;
- Katastrophieren;
- innere Durchhalteparolen;
- der Wunsch, es allen recht zu machen;
- unpassende, überhöhte Karriereziele;
- Einzelkämpfertum u. a.

Häufig scheint es noch Unsicherheiten darüber zu geben, woran die Überreizung des stressverarbeitenden Systems zu erkennen ist und wie man wissen kann (und muss), dass das »Ende der Fahnenstange« erreicht sei. Aber auch das ist eigentlich kein Geheimnis und in der Presse vielfach publiziert. Es ist, als ob viele erst auf eine offizielle persönliche »Diagnose« warten, ehe sie beginnen zu handeln. Klar dürfte sein, dass das System sich bei chronischer Überlastung irgendwann erschöpft und dass dann Erschöpfungszeichen sichtbar und spürbar werden. Den Kanon der Symptome bilden:

Körperliche Erschöpfung Müdigkeit, Schlafstörungen, muskuläre Schwäche, Magen-Darm-Beschwerden, Infekte wegen geschwächtem Immunsystem, Hörprobleme, Gleichgewichtsstörungen.

Emotionale Erschöpfung Reizbarkeit, Antriebslosigkeit, Niedergeschlagenheit, Hoffnungslosigkeit, Sinnlosigkeitsempfinden, innere Leere, Unruhe.

Geistige Erschöpfung Konzentrations- und Aufmerksamkeitsstörungen, negative Einstellungen, Gedankenkreisen, Zynismus, Entwertungen.

Soziale Erschöpfung Rückzug, Ausstiegstendenzen, Unerträglichkeit von Kontakten, Nicht-in-Beziehung-Sein.

Bei intensiver Ausprägung spricht man von Burn-out oder vitaler Erschöpfung.

Dass Stressreaktionen ausgeglichen werden müssen und können und wie das geschehen kann, ist ebenfalls bekannt. Die allermeisten wissen, was ihre Regeneration fördert und was Teil ihrer klugen Selbstsorge ist. Zumindest besteht über die Regenerationsmöglichkeiten ein breites Wissen, hier nur ein kleiner Ausschnitt:

- Geborgenheit in der Familie und einer Partnerschaft;
- gute Freunde;
- kluge Ernährung;
- mehr Alltagsbewegung;
- moderater Sport;
- angemessene Balance zwischen Anregung und Entspannung;
- Entspannungsmethoden wie Autogenes Training, Progressive Muskelentspannung und andere;
- Sauna;
- Musik machen oder hören;
- Kultur, Lesen;
- Reisen;
- Humor u. a.

Damit ist für die meisten Menschen schon ein breiter Fundus von Regenerationsmöglichkeiten erschlossen.

II Schauen Sie die letzten Abschnitte zu den Stressoren, Stressreaktionen, Erschöpfungszeichen und Regenerationsmöglichkeiten durch.

Überprüfen Sie Ihren Wissensstand: Was wissen Sie zu den vier Themenfeldern?

Welche Auswirkungen hat das Wissen auf Ihre Alltagsgestaltung und Ihre kluge Selbstsorge?

Wo entdecken Sie Wissenslücken und wie können Sie diese schließen? II

Im Folgenden konzentrieren wir uns auf solche Aspekte im Umgang mit Stress, die eine besondere Bedeutung für Ihre Selbstsorge haben. Bei der Stressbewältigung kreuzen sich viele Wege Ihrer Selbstsorge. Deshalb sollen hier einige Basisinformationen zusammengefasst werden, die Sie mit Ihrem Wissen abgleichen können. Sie erhalten Hinweise, wie Sie individuell und kollektiv Stress in Ihrem Alltag vermeiden und bewältigen können und wie Sie dies in Ihren Weg der klugen Selbstsorge integrieren.

Sie werden bemerkt haben, dass ich Sie immer wieder dazu einlade, die Ebene des konkret gelebten Lebens und auch Ihres Arbeitsalltags mit all seinen Herausforderungen und mit den Grenzen des Machbaren zu betrachten und diese Ebene mit den darunterliegenden Ebenen zu verbinden, die ich als Haltungen, Lebenseinstellungen und innere Stimmigkeiten umschreiben möchte. Ganz banal: Herausforderungen beispielsweise, denen Sie leicht einen Sinn zuordnen können, haben andere Auswirkungen als Herausforderungen, die Sie für »überflüssig wie Gulasch am Ärmel« halten. Es sind jeweils andere Zugänge zur Bewältigung notwendig. Die erstgenannten Herausforderungen brauchen Wege der Achtsamkeit, die Ihnen Grenzen Ihres wohlgemeinten Engagements aufzeigen; die anderen brauchen die Schaffung eines sinnstiftenden Kontextes, wenn Sie das Feld nicht verlassen wollen.

Bevor wir diese verschiedenen Ansätze näher betrachten, möchte ich noch einige Begriffe klären, damit keine Missverständnisse auftreten. Ich unterscheide hier zwischen Stressor, Stressreaktion und Stressfolge.

Stressor Die Stress auslösende Situation wird Stressor genannt. Der Stressor wird im Wesentlichen vorbewusst und blitzschnell bewertet: ungefährlich – gefährlich, zu bewältigen – nicht zu bewältigen; bekannt – unbekannt; Erfahrung damit – völlig neu; etc.

Stressreaktion Je nach Bewertung wird etwas ausgelöst, das Stressreaktion heißt. Sie können sich die Stressreaktion als eine wohlgeordnete, automatisierte, faszinierende, äußerst vielfältige Kaskade körperlicher und seelischer Prozesse vorstellen – so vielfältig, dass man erst vor ca. dreißig Jahren begonnen hat, diese Prozesse zu verstehen, ihre einzelnen Bausteine sichtbar zu machen – und mit jeder Erkenntnis öffnen sich neue Türen. Wir verstehen hier also unter Stress die Antwort unseres gesamten körperlich-geistig-seelischen Systems auf eine Herausforderung.

Stressfolgen Bei andauernder Stressbelastung können Stressfolgen entstehen, die Sie als Verschleiß von bestimmten Teilen des Reaktionssystems verstehen können und die häufig Krankheitswert haben: zu hoher Blutdruck, Entzündungen, Gelenkbeschwerden u. a.

Mit den folgenden Fragen verschaffen Sie sich eine Übersicht über Ihren Umgang mit Stress.

‖ Welche Situationen lösen bei Ihnen bislang am zuverlässigsten eine Stressreaktion aus?

Was charakterisiert am deutlichsten Ihre körperlichen, Ihre emotionalen und geistig-mentalen Stressreaktionen?

Welche Ihrer körperlichen und seelischen Missempfindungen bringen Sie mit dauerhaftem Stress in Verbindung?

Welche Wege der Stressbewältigung sind bei Ihnen am wirksamsten und haben sich bewährt?

Welche Zugänge zur Regeneration und Erholung sind Ihnen am vertrautesten? ‖

Gedankenmuster erkennen

Wie wir Stressoren bewerten, hat mit unseren Gedankenmustern zu tun. Menschen bilden sich ihre Welt durch Sprache. Wenn Sie sich gedanklich und damit sprachlich eine harte Welt mit wenig Alternativen erzeugen, engen Sie Ihre Handlungsmöglichkeiten ein. Ihr Autopilot – um die Metapher vom Anfang aufzunehmen – kennt dann nur eine Strecke. Sie sehen dann keine alternativen Handlungsmöglichkeiten in den Stress auslösenden Situationen. Das führt natürlich zu chronischen Stressreaktionen auf der Grundlage der ständig wiederholten, dysfunktionalen Gedankenmuster.

Die Gedankenmuster zeigen sich in sogenannten Glaubenssätzen. Glaubenssätze wiederum wirken wie Navigationsprogramme Ihres Autopiloten. Sie haben ihren »Quellcode« in den erzählten Lebensgeschichten, den Verdichtungen, Essenzen Ihrer erzählten Lebenserfahrungen (vgl. S. 30 f.), die Ihr aktuelles Leben passend, kohärent zu Ihren biografischen Geschichten ordnen und Ihnen als Orientierung dienen.

Diese kondensierte Software prägt die Beziehungen, die Sie zu den alltäglichen Ereignissen haben. In Belastungssituationen meldet sie sich besonders laut und pointiert zu Wort, damit Sie genau und schnell wissen, was zu tun ist. Beispielsweise lösen Glaubenssätze wie »Es muss perfekt sein, sonst zählt es nicht«, »Ich schaffe das nur allein« oder »Nur wenn ich das jetzt schaffe, werde ich geliebt« besonders angespannte Beziehungen zu allem aus, was an Herausforderungen auf Sie zukommt – es kann eigentlich nur eine Katastrophe werden. Nutzen Sie schwierig zu meisternde Lebenssituationen, um solche Sätze aus dem Vorbewussten aufsteigen zu lassen und zu identifizieren, an ihnen zu arbeiten und sie zu verändern.

Diese ständige Überprüfung der auftauchenden Glaubenssätze ist wichtig, sonst reagieren Sie Ihr Leben lang in Krisensituationen nach denselben und zumeist veralteten Denkmustern.

Wegen der stressverschärfenden Wirkung von Glaubenssätzen und Denkmustern ist diese Reflexion Teil der kognitiven (gedanklichen) Stressbewältigung. Sie ist zudem Teil der Öffnung neuer Handlungsmöglichkeiten, auf die wir später noch kommen werden, und hat damit eine salutogene und resiliente Wirkung (vgl. die Kapitel zur Salutogenese und zur Resilienz). Es ist also ein in mehrfacher Hinsicht wichtiger Arbeitsschritt für Ihre kluge Selbstsorge.

Die folgende Übung nach Byron KATIE (2002) hilft Ihnen auf eine vielleicht zunächst ungewöhnlich scheinende Art, Ihre Glaubenssätze zu überprüfen und zu verändern.

ÜBUNG Glaubenssätze überprüfen ⬇

Nehmen Sie einen Gedanken, eine Annahme, einen Glaubenssatz, der bei Ihnen viel Stress, Ärger, Unwohlsein auslöst, der Sie keine Handlungsmöglichkeiten mehr erleben lässt. Beispiele: »Ich bekomme diese Aufgabe absolut nicht in den Griff«, »Diese Klienten saugen mich unwiderruflich aus«, »Die Kollegen grenzen mich aus«, »Da habe ich keinerlei Chance«, »Das kann mit mir einfach nicht mehr funktionieren«. Ziel ist es, Glaubenssätze und (Schein-)Wahrheiten zu »verflüssigen« und dadurch Stressreaktionen zu reduzieren und die Entwicklung der Resilienz zu unterstützen.

Überprüfen Sie den Gedanken, die Annahme, mit den folgenden Fragen. Gehen Sie die Fragen langsam durch, verweilen Sie bei jeder Frage und geben sich ehrliche Antworten. Widmen Sie sich mit besonderer Ruhe der vierten Frage.

Die vier Fragen

1. Ist das (wirklich) wahr? Ja oder nein. Bei Nein gehen Sie zu Frage 3.
2. Können Sie mit absoluter Sicherheit wissen, dass das wahr ist? Ja oder nein.
3. Wie reagieren Sie, was passiert, wenn Sie diesen Gedanken glauben?
4. Wer wären Sie ohne den Gedanken?

Spielen Sie mit den scheinbar festen Glaubenssätzen, indem Sie andere Varianten dieser Sätze formulieren.

Die Umkehrungen der Gedanken

Kehren Sie den Gedanken um, auch wenn das zunächst ungewöhnlich erscheint. Beispiele: »Paul versteht mich nicht« kann zu »Paul versteht mich« umgekehrt werden. Eine weitere Umkehrung ist »Ich verstehe Paul nicht«. Eine dritte Variante wäre »Ich verstehe mich selbst nicht«. »Der Klient saugt mich aus« wäre umgekehrt: »Ich sauge den Klienten aus« oder »Ich sauge mich aus«. Seien Sie bei den Umkehrungen erfinderisch. Jede Aussage kann ins Gegenteil, auf die andere Person und auf Sie selbst umgekehrt werden. Manchmal ist auch die Umkehrung zu »mein Denken« (oder »meine Ansprüche«, meine Gefühle« u. a.) möglich: »Ich verstehe mein Denken nicht«, »Ich bekomme mein Denken nicht in den Griff«, »Mein Denken saugt mich aus«.

Lassen Sie die Umkehrungen auf sich wirken und spüren Sie durch die ersten Widerstände hindurch, was sich dahinter auftut. Finden Sie mindestens drei konkrete Beispiele, sodass die Umkehrungen für Sie wahr sind. Jede Umkehrung ist eine Gelegenheit, das Gegenteil der ursprünglichen Beurteilung zu erfahren und Gemeinsamkeiten zu erkennen, die Sie mit der (verurteilten) Situation oder der (beschuldigten) Person teilen. Durch diesen Spiegel enthüllen Sie vorher unbekannte Seiten von sich selbst und eröffnen sich ungewohnte Lösungen für die Stress auslösende Situation. Wenn Sie Beispiele dafür gefunden haben, dass Umkehrungen wahr sind, gehen Sie wieder in sich und spüren nach, was sie auslösen.

Was bedeutet das für Ihre konkreten Handlungsmöglichkeiten in diesen oder vergleichbaren Situationen?

Folgen Sie dann noch einmal der vierten Frage: Wer wären Sie ohne den Gedanken?

Machen Sie sich Bilder, Fantasien dazu, wer Sie wären, wenn Sie den Glaubenssatz, das Denkmuster, unwiderruflich vergessen hätten. Wer wären Sie dann?

Vielleicht spüren Sie Erleichterung, nicht mehr an dem alten Kram hängen zu bleiben. Vielleicht empfinden Sie ein flaues Gefühl im Magen oder haben Befürchtungen, weil schon so viel Energie in den Glaubenssatz geflossen ist, er Teil von Ihnen ist – und jetzt soll er nicht wahr sein? Sind Sie einem lebenslangen Irrtum aufgesessen?

Haben Sie den Mut, sich diesen Zweifeln zu stellen, dahinter öffnet sich Neues. ▬

Neben der genannten Überprüfung können Sie mit einem kleinen und doch nicht ganz leichten Arbeitsschritt beginnen: Es gibt Wörter, die auf feststehende, unflexible Glaubensmuster hinweisen: Aufmerken sollten Sie beim Gebrauch von Wörtern wie immer, nie, (tod)sicher, nur, keiner, keinesfalls, alle. Auch die Angewohnheit, die Antwort auf die Bemerkungen anderer mit »Aber ...« zu beginnen, weist auf starre Denkmuster hin, denn Sie entwerten damit das zuvor Gesagte. Es zeigt, dass Sie so in Ihrem Gedankenmuster verstrickt sind, dass Sie nichts anderes mehr zulassen können.

Die dazugehörige Übung ist: Verändern Sie Ihre Sprachgewohnheiten! Streichen Sie alle genannten Wörter aus Ihrem Repertoire und ersetzen Sie sie durch andere, z. B. oft, selten, wahrscheinlich, möglicherweise, wenige, eventuell, viele. Das Wort »aber« ersetzen Sie schlicht durch »und«. Probieren Sie das in einem Ihrer nächsten Gespräche – und auch bei Ihren inneren Dialogen. Wichtig ist, dass Sie dann nachspüren, welchen Unterschied Sie bemerken: Beobachten Sie nicht nur die Reaktionen der anderen, sondern auch Ihre eigenen emotionalen, gedanklichen und körperlichen Reaktionen.

Das, was Sie denken, drückt sich auch in Ihrem Körper aus. Glaubenssätze manifestieren sich in Ihrem Körper, sobald sie in Ihnen auftauchen. Sie führen oft zu einer entsprechenden Körperhaltung und Anspannung (vgl. STORCH u. a. 2007) bis hin zu ausgeprägten Fehlhaltungen (Rundrücken, Verspannungen u. a.), auch mit orthopädischen Problemen.

Probieren Sie es aus: Stellen Sie sich hin, Füße nebeneinander, dann beugen Sie den Kopf vor, schauen auf die Erde und sagen: »Ich bin glücklich!« Sie merken, das geht nicht.

Gegenprobe: Stehen Sie aufrecht und schauen leicht nach oben. Wiederholen Sie den Satz. Sie merken, dass Sie sogleich eine entsprechende emotionale Reaktion bekommen. Versuchen Sie, in dieser Haltung zu sagen: »Ich bin depressiv!« Das glauben Sie sich nicht, oder?

ABBILDUNG 2 **Körperhaltung und Emotion** (Abbildung Peanuts, © 1960 Peanuts Worldwide LLC, Dist. by Universal Uclick / Bulls)

Experimentieren Sie ein wenig mit Sätzen und Körperhaltungen. Beenden Sie Ihre Experimente immer mit angenehmen Sätzen und entsprechenden Haltungen.

➡ **Körper aufrichten** ⤓

Manche Situationen, in denen Sie sich wie »vernagelt« in einer unangenehmen Stimmung befinden, lassen sich durch eine Veränderung der Körperhaltung auflösen: Locker und gleichzeitig aufgerichtet stehen, Kopf und Blick leicht nach oben richten und einige tiefe Atemzüge nehmen. ⬅

Stressreaktionen verstehen

Stressforscher sprechen heute von Allostase als den gebündelten Energien, die zur Bewältigung von Herausforderungen und Bedrohungen eingesetzt werden. Lebende Systeme – und wir Menschen sind (hoffentlich) solche Systeme – leben nie in Stabilität (das gelingt nur im Tod), sondern wir leben in einem Fließgleichgewicht (Homöostase), das ständig im Zusammenspiel mit Ungleichgewicht (Heterostase) balanciert wird. Das ist bei der Temperaturregulation genauso wie bei der Infektionsbekämpfung und bei der Stressbewältigung.

Die für dieses Zusammenspiel beim Stress notwendigen Energien werden aus verschiedenen Quellen bereitgestellt und gesteuert. Ganz vereinfacht dargestellt: Die Stressreaktion (allostatische Lage) wird durch das vegetative Nervensystem mit dem Stresshormon (Botenstoff) Adrenalin gesponsert. Über dieses System werden unsere unbewussten Körperfunktionen reguliert (Puls, Blutdruck, Atmung, Verdauung u.a.). Über die Hirnanhangsdrüse und das Stresshormon Cortisol wird der Stoffwechsel in der Allostase so umgesteuert, dass schnell die notwendige Energie z.B. für muskuläre Reaktionen zur Verfügung gestellt wird.

Der Organismus nähert sich der Homöostase immer wieder durch Veränderung seiner Anpassungssysteme an. Diese Adaptation erfordert eine koordinierte Aktion der verschiedenen beteiligten regulatorischen Systeme.

Für die Stressbewältigung kommen viele verschiedene körperliche und seelische Reaktionen als regulatorische Systeme zum Einsatz, die auf den Urmenschen in seiner Horde in der Savanne zugeschnitten sind. Führt man sich diese evolutionäre Entwicklung vor Augen, ist es einleuchtend, dass über die Jahrtausende die Menschen überlebt haben, die ein hoch effizientes, automatisiertes inneres Alarmsystem entwickelt hatten, das blitzschnell die Energie zur Verfügung stellte, die ihr Körper für Kampf und Flucht und ihr Gehirn für Wachheit und Präsenz benötigte.

Dafür werden Blutkreislauf, Atmung, muskulärer Spannungs- und Bewegungsapparat und Stoffwechsel »hochgefahren«, die nicht benötigten Systeme (Ernährung, Verdauung, Fortpflanzung) werden heruntergefahren.

Für die Abwehr von Keimen und für die spätere Regeneration stellt sich das Immunsystem auf einen besonders aktiven Reaktionsmodus ein, für andere allostatische Aufgaben wird z.B. die Blutgerinnung erhöht (rasches Schließen von Verletzungen) und die Schmerzreaktion reduziert (Anästhesie gegen Schmerzen bei Schlägereien).

Menschen sollten – wie oben gesagt – nach Meinung der Stressforscher gelegentlich ihr allostatisches Reaktionssystem aktivieren, damit es fit bleibt. Ein gewisser Level an Herausforderung ist also förderlich. Ganz klar ist jedoch heute: Das Risiko ist der chronische Stress, die allostatische Aufladung also, die nicht in eine Aktion (Bewegung) oder in einen Regenerationskreislauf mündet. Dann bleiben das System und damit alle Funktionen aktiviert, die die Systeme irgendwann »heißlaufen« lassen (Bluthochdruck u.v.a.m.), einschließlich der aufgebauten

Muskelspannungen, die irgendwann im Kopf (Spannungskopfschmerz), in den Gelenken oder in der Wirbelsäule Schmerzen verursachen.

Sie sollten deshalb bei Ihrer Allostase folgende vier Risikosituationen besonders bedenken, die aus Stressreaktionen resultieren können:

Bewegungsmangel Ihre automatisierte Stressreaktion stellt Ihnen Bewegungsenergie zur Verfügung und versetzt Ihre Muskulatur in eine Vorspannung. Ihr Körper will sich also bewegen. Da wir heute unsere stressreichen Streitigkeiten nicht mehr motorisch ausleben, auf den Tisch des Kollegen springen, Telefonbücher zerreißen, uns schlagen o. Ä., braucht es andere Formen der Bewegung. Probleme entstehen nicht durch die verfügbare Bewegungsenergie, sondern dadurch, dass die Bewegungsenergie nicht zu körperlichen Aktivitäten führt. Deswegen ist regelmäßige Bewegung als Ausdauerbewegung, Sport oder als Alltagsbewegung die wichtigste Säule der Stressbewältigung (siehe das Kapitel zur Bewegung).

Anästhesie Während der Stressreaktion sind die biologischen Reaktionen von der bewussten Wahrnehmung entkoppelt. Es ist für Notreaktionen bei Bedrohung, Kampf und Flucht sicher überlebenswichtig, dass Sie keine Schmerzen spüren. Das kann Sie jedoch rasch zu eine Fehleinschätzung Ihrer Situationen verleiten: Sie merken gar nicht, dass Ihr Organismus eine starke Stressreaktion zeigt. Deshalb kann Ihr Organismus sogar biologisch erschöpft sein und es entgeht Ihrer Selbstwahrnehmung. Andere ahnen, dass sie mit ihren Kräften am Ende sind, folgen der Ahnung aber nicht. Das führt z. B. zu den überraschenden, vorher scheinbar von vielen nicht bemerkten Zusammenbrüchen der Lebensenergie (Burn-out).

Fehlende Regeneration Die allostatischen Energien bedürfen einer regenerativen Balance. Diese Regeneration erfolgt nur in Ruhe und Muße. Fehlende Erholung führt zu dem, was die Stressforscher Allostatic Load nennen, also die Aufladung allostatischer Energien. Diese allostatische Aufladung hält die aktivierten Systeme in dem beschriebenen Daueralarm. Das kann nicht gut gehen. Durch fehlende Erholung steigt das Erschöpfungsrisiko deutlich. Die Quantität der Herausforderungen und der fehlende Ausgleich sind das Problem. Ein anderes ist, dass Sie sich an einen zu hohen Belastungspegel gewöhnen und vielleicht nur noch am Wochenende und am Beginn des Urlaubs merken, dass beispielsweise Ihr Immunsystem am Ende ist und Sie eine dicke Halsentzündung bekommen. Deswegen wird das, was chronischer Stress genannt wird, als das entscheidende Risiko bei den Reaktionen auf Herausforderungen

(Stressoren) angesehen. Die dauerhaft hochgefahrenen Systeme verursachen viele der oben genannten, uns heute viel beschäftigenden Erkrankungen des Herz-Kreislauf-Systems, des Bewegungs- und Verdauungsapparats, der Entzündungserkrankungen, der Probleme mit Lebensenergie und Seelenbalance.

Die Balance von Leistungs- und Regenerationsfähigkeit ist für den Erhalt von Gesundheit entscheidend. Wer nur »Höher, schneller, weiter!« und bei Versagen »Mehr desselben!« als Lösungsansatz und Lebensmuster verfolgt, hat eine große Chance zur Erschöpfung. Letztendlich handelt es sich dabei um ein selbstschädigendes Verhalten – das Gegenteil von kluger Selbstsorge.

Fehlende Sinnhaftigkeit Wie beim Thema »Sinnhaftigkeit« schon gezeigt, haben Sie bei Herausforderungen, die Sie als sinnlos erleben und die Sie negativ bewerten, einen höheren Stresspegel. Die Bewältigung der Herausforderung erzeugt Widerwillen, Abscheu und andere emotionale Abwehrreaktionen. Diese Emotionen erhalten den Stresszustand teilweise über lange Zeit aufrecht – Sie hängen der Situation noch tagelang mit schlechter Stimmung und Anspannung nach. Denken Sie z. B. an belastende Arbeitssituationen, die Ihnen jeden Morgen schon auf dem Weg zur Arbeit ein Höchstmaß an Unbehagen und körperlichen Symptomen bereitet haben. Sie haben in negativ bewerteten Stresssituationen natürlich auch kaum Erfolgserlebnisse, die Sie stimulieren könnten.

Zur fehlenden Sinnhaftigkeit gesellt sich verschärfend hinzu, dass Sie möglicherweise keinen Weg sehen, die Herausforderungen zu bewältigen, vielleicht noch keine Erfahrung mit ähnlichen Situationen haben oder meinen, dass Sie es nicht schaffen werden. Auch diese Bewertung führt zu Emotionen (Befürchtungen und Ängsten), die Sie blockieren und die Stressreaktion oft lang aufrechterhalten.

Welche der vier Risikosituationen zeigen sich auf welche Weise in Ihrem Leben?

❚ Welche der Situationen hat derzeit für Sie eine besondere Bedeutung? Welche Bewältigungsschritte haben Sie dafür schon entwickelt? Aus diesen Risikofaktoren lassen sich die wichtigsten Handlungsmöglichkeiten ableiten. ❚

Stressfolgen in den Griff bekommen

Für die Bewältigung von Stress gibt es mehrere Zugangsebenen, die sich gegenseitig ergänzen: die individuelle, die kollektive und die situative Zugangsebene. Es ist zu empfehlen, dass Sie alle prüfen. Richten Sie abwechselnd den Blick auf Ihre individuellen Reaktionen und Gestaltungsmöglichkeiten, auf andere Beteiligte als mögliche soziale Unterstützung (kollektive Bewältigung) und auf die konkreten Situationen und ihre Bedingtheiten, also den Kontext der Stressoren in Ihrem psychosozialen Arbeitsfeld (situative Bewältigung). Sie können so passgenaue Bewältigungsstrategien entwickeln und z. B. verhindern, dass Sie sich für unnötigen Stress fit machen, es versäumen, Stress zu vermeiden, oder übersehen, wie Sie gemeinsam mit anderen Veränderungen initiieren können.

Gelegentlich müssen Sie sich allerdings – gerade wegen der Rahmenbedingungen psychosozialer Arbeit – auch für Stressoren fit machen, die Sie für völlig überflüssig halten, auf die Sie selbst keinen Einfluss haben.

Individuelle Stressbewältigung

Der erste Zugang ist auf der individuellen Ebene: Sie sorgen selbst für Ihre Stressbewältigung. Auch hier spielen natürlich andere Menschen eine große Rolle – Ihre Familie, Ihr Team, Ihre Freunde –, allerdings bleiben Verantwortung und Handlungsinitiative für diesen Bewältigungsweg ganz bei Ihnen. Vorteil: Sie entscheiden, wo es wie langgeht.

Bitte erinnern Sie sich bei dieser Gelegenheit an das eingangs Gesagte: Es ist eine Schieflage, dass die Lösungen allen gesellschaftlichen Versagens individualisiert werden und Sie deshalb vieles »ausbaden« müssen, was andere schlecht oder falsch eingerichtet haben. Gleichzeitig bleiben Sie für Ihre Gesundheit in der individuellen Verantwortung – ein letztlich nicht auflösbarer Widerspruch. Das heißt: Situative Stressbewältigung kann auch darin bestehen, Situationen, die bei Ihnen Stressreaktionen auslösen, gezielt aus dem Weg zu gehen. Das kann letztlich auch bedeuten, einen Arbeitswechsel in Betracht zu ziehen.

Bei dem individuellen Zugang können Ihnen Stressbewältigungsprogramme zahllose Anregungen geben (z. B. KALUZA 2011). Hier soll es jetzt eher um einige Grundlagen gehen, auf denen Sie alles aufsetzen können, was Ihnen nützlich erscheint. Sie werden feststellen: Sie haben viele Gestaltungsmöglichkeiten, wenn Sie es klug anfangen.

»Erholung besteht nicht unbedingt im Nichtstun, sondern in dem, was wir sonst nicht tun.« (Paul Hörbiger, Schauspieler)

Regenerationsroutine

Wenn Sie sich die vier Risikofaktoren anschauen, liegt der Lösungsweg, mit dem vieles gleichzeitig in Gang kommen kann, eigentlich auf der Hand. Er war schon im Kapitel zur Bewegung erwähnt und wird »Regenerationsroutine« genannt (vgl. S. 89 f.), das heißt, Regeneration und Erholung bekommen einen festen Platz in Ihrer Lebensroutine. Eine gesunde individuelle (und auch kollektive) Lebenspraxis ist geprägt durch einen Mix aus Routinen von Leistung, Anspannung, Verausgabung einerseits und Routinen von Regeneration, Erholung, Muße andererseits. Das ist nicht sehr geheimnisvoll und auch nicht kompliziert – den Verausgabungsteil können allerdings viele besser als den Erholungteil. Deshalb müssen die meisten auf dieser Seite nachbessern.

Hinter dem Konzept der Regenerationsroutine steht folgende Überlegung: Wenn das subjektive Erleben von Stress und Erschöpfung entkoppelt ist von dem biologischen Geschehen und wenn jede Stressreaktion immer dann »gesund« ist, wenn ihr zeitnah eine Erholungsphase folgt, dann macht es Sinn, der Regeneration einen regelmäßigen Platz in Ihrem Alltag einzuräumen.

Früher gab es mehr allgemein gebräuchliche Rituale, die solche Erholungsroutinen sicherten, etwa das »ora et labora!« der Benediktiner; gemeinsame Mahlzeiten, die mit einer kleinen »Auszeit«, dem Tischgebet, begannen; regelmäßige Pausenzeiten, wie sie z. B. in Tarifverträgen verankert sind; oder den Feierabend, der nicht von beruflicher »Nacharbeit« am Computer oder von vielen Freizeitangeboten und permanent strömenden medialen Informationsfluten überlagert war – bei einer insgesamt langsameren Lebenstaktung. Zudem standen körperlich betonte Arbeiten bei mehr Menschen als heute im Vordergrund (in der Pflege ist das heute noch so), die einen Abfluss der aufgebauten muskulären Energien ermöglichten.

Insbesondere engagierte und mit ihrer Arbeit hoch identifizierte Menschen verlieren oft die Übersicht bezüglich ihres Regenerationsverhaltens, was dazu führt, dass ihre Gewohnheiten verwahrlosen und Regeneration irgendwann keinen Platz mehr in ihrem Leben hat. Am besten ist es deshalb, eine von der »Tagesform« und der Ereignisdichte unabhängige

Rhythmisierung der Regeneration einzurichten und verbindlich mit sich und dem sozialen Umfeld zu vereinbaren.

Denken Sie daran: Erholung und Regeneration finden nur statt in wirklichen Pausen, in Muße und Ruhe oder in angemessenen, Ihre Aufmerksamkeit umlenkenden Freizeitaktivitäten, Hobbys und Engagements.

Wenn Ihnen das gelungen ist und sich eine solche Regenerationsroutine in Ihrem Leben eingespielt hat, dann dürfen Sie eine riesige Party feiern (wenn Sie das nicht stresst). Sie haben dann für alles, was Sie für Ihre Stressbalance benötigen, schon einen stabilen Rahmen geschaffen und ein Tor weit geöffnet. Körper und Seele werden es Ihnen danken.

Sie brauchen dann bezüglich der oben genannten Risikosituationen »nur« noch für die Themen »regelmäßige Bewegung«, »Bewertung der Herausforderungen / Sinnhaftigkeit«, »soziale Unterstützung« und »Entspannung« Lösungen zu finden. Diese werden Ihnen nun wesentlich leichter fallen, weil sie einen Platz in Ihrer veränderten Lebensrhythmik und der damit verbesserten Alltagsstruktur finden können.

Für diesen Weg will ich Ihnen jetzt einige Schritte zur Regenerationsroutine vorschlagen. Weil sich Regeneration am nachhaltigsten in Ihrer gewohnten Alltagspraxis verankern lässt, legen wir den »roten Faden« entlang dieser Routine. Sie öffnen so die Zeiträume, die Sie für Ihre Gesunderhaltung benötigen. Bei der Regenerationsroutine geht es also um einen Weg, durch den die Belastungen, Herausforderungen und Verausgabungen des Alltags dauerhaft ausgeglichen werden und mit dem diese Regulation gleichzeitig gesichert wird. Mit einer gut eingespielten Regenerationsroutine erhalten Sie nicht nur Ihre Leistungsfähigkeit, sondern auch die Regenerationsfähigkeit Ihres Organismus. Man nennt das »regenerative Stresskompetenz« (KALUZA 2011).

Leistungssportler wissen das: Neben dem Leistungstraining planen sie regelmäßig ein Regenerationstraining ein, sonst sind sie beim nächsten Wettkampf nicht in Topform. Menschen in anderen Berufen bekommen das Feedback ihres Organismus nicht so zeitnah wie ein Sportler, sondern erst Monate, manchmal Jahre später, wenn Regeneration und Regenerationsfähigkeit am Boden liegen. Bis dahin leben Sie nach dem Motto »Was nicht kaputt ist, muss nicht repariert werden« und verwechseln das »Schweigen der Organe« mit Gesundheit.

Stellen Sie sich den Wechsel von Verausgabung und Erholung wie ein Pendel vor, das regelmäßig zwischen den beiden Seiten schwingt. Wenn diese Pendelbewegungen versiegen oder zu flach werden, dann leidet

Ihre Lebensqualität und letztlich Ihre Gesundheit. Die Wahrnehmung dafür sichern Sie sich mit dem in der Kunst der Achtsamkeit geschulten »inneren Scout«.

Für eine gute Regeneration ist es außerdem wichtig, dieser Pendelbewegung eine angemessene Schwingungskurve zu geben, indem Sie zwischen Aktivitäten mit geringer und solchen mit hoher Anstrengung wechseln (Low- und High-Effort-Activities). Sauna, ein warmes Bad, Theater, Musik, Lesen oder Entspannungsverfahren sind Aktivitäten mit geringer Anstrengung. Bewegung und Sport sind High-Effort-Activities. Beides hat seinen Platz, und was erholsam in welcher Mischung wirkt, ist individuell unterschiedlich. Was für den einen sehr entspannend wirkt (beispielsweise am Strand liegen), kann für den anderen ein hochwirksamer Stressor sein. Umgekehrt brauchen Aktivitäten mit hoher Anstrengung oft deutlich mehr Disziplin zur regelmäßigen Umsetzung (abends »auf die Piste« gehen) als Low-Effort-Activities, die sich leichter als Regenerationszeiten im Alltag verankern lassen.

Der besonnene Start: Starten wir mit Ihrer Tagesroutine, also mit den Strukturen Ihres Arbeitsalltags. Ein besonnener Start, eine ausreichend lange Unterbrechung in der Mitte des Arbeitstages und ein guter Ausklang, das wäre die Grundstruktur eines »Prototyps«. Ergänzt wird diese Grundstruktur durch kleine Unterbrechungen zwischendurch, die etwa einem 90-Minuten-Rhythmus folgen. Sie werden selbst erkunden, was Ihrer Regeneration in den kleinen Unterbrechungen des Tages jeweils guttut. Das sind mal Entspannungsübungen, mal Bewegungen, mal tiefes Durchatmen, mal einfach Nichtstun, mal ein Powernapping (kurzer Mittagsschlaf von maximal 20 Minuten).

ÜBUNG **Morgenrituale ausprobieren** ⤓

Viele Menschen starten mit einem Augenblick der Besinnung, einem Gebet, einer Meditation, einer Yoga-Übung oder einem besonderen Frühstücksritual (siehe auch die Anregungen im Kapitel »Resilienz«, S. 45 f.). Der Start in den Tag prägt meist den weiteren Verlauf. Experimentieren Sie mit verschiedenen Möglichkeiten eines besonnenen Starts. ▬

❙❙ Überprüfen Sie, ob Sie gut und bewusst aus der Nacht in den Tag starten. Wie begrüßen Sie den neuen Tag?
Wie spüren Sie die Dankbarkeit und Freude, ihn erleben zu dürfen?
Wie gestalten Sie diesen Übergang konkret – vom Aufwachen bis zum Verlassen des Hauses und Ankunft an Ihrer Arbeitsstelle?

»Strudeln« Sie in den Tag oder haben Sie Rituale für einen »entschleunigten« Beginn, einen Moment der Ruhe, der Stille?

Beobachten Sie zunächst genau, was passiert. Beginnen Sie die Beobachtung mit dem Moment des Aufwachens und der Zeit, bis Sie das Bett verlassen. **‖**

Pausen und Unterbrechungen im Arbeitsprozess Immer mehr Menschen beginnen, die Ruhepausen bewusst und abwechslungsreich zu gestalten (»bewegte Pausen«, »entspannte Pausen«). Die Gestaltung Ihrer Pausen entscheidet über das Niveau Ihrer Leistungsfähigkeit im Verlauf des Tages. Da Sie biorhythmisch bedingte Schwankungen haben mit einem energetischen Tief in der Mittagszeit und am frühen Nachmittag (»Suppenkoma«), prägen Ernährung, Bewegung, Atmung (»frische Luft«) in den Ruhepausen Ihre Wachheit und psychophysische Fitness danach. Das gilt für die Mittagspause ebenso wie für die kurzen Erholungspausen.

‖ Wie gestalten Sie Ihre Erholungspausen? Wie kommen Sie zur Ruhe? Was machen Sie konkret?

Wie gestalten Sie Mahlzeiten in Ihren Ruhepausen? Wie nehmen Sie Ihre Speisen ein? Welche sozialen Kontakte prägen Ihre Ruhepausen? Bewegen Sie sich in Ihrer Ruhepause? **‖**

Bedenken Sie bei Ihrer Planung: Der Körper taktet im 90-Minuten-Rhythmus. Die Leistungsfähigkeit nimmt nach 70 bis 80 Minuten ab und der Organismus schaltet auf Erholung um. Sie merken dann Aufmerksamkeits- und Konzentrationsstörungen, Ihr Atem wird flacher (Sauerstoffmangel!). Ein subjektives Müdigkeitsempfinden ist nicht immer spürbar, z. B. bei einer interessanten Aufgabe, obwohl die körperliche Müdigkeit besteht. Die Ermüdung nimmt umso schneller zu, je länger Sie ermüdet arbeiten.

Machen Sie Pausen Die Idee, dass eine Pause »Zeit kostet«, ist schlicht falsch. Fehlende Pausen kosten Sie zusätzliche Anstrengung, verlangsamen Arbeitsprozesse, sind Energieverschwendung, die Sie mit Fehlern und Erschöpfung bezahlen.

Fünf Minuten Pause nach 60 bis 90 Minuten sind besonders nützlich, um einen guten Erholungseffekt zu erreichen und Leistung, Informationsverarbeitung, Kreativität u. a. zu steigern. Beispielsweise helfen kurze Bewegungen, Atemübungen (lüften!), Entspannungsübungen wie Qigong, Autogenes Training, Atementspannung oder lockere soziale

Kontakte bei der kurzen Erholung. Wenn Sie in festgelegten Rhythmen arbeiten (z. B. OP-Team), brauchen Sie individuelle oder kollektive Lösungen. Gerade dann sind aber Pausen dringend erforderlich – auch um tragische Fehler zu vermeiden.

Der gute Ausklang Wenn Ihnen der Übergang von der Arbeitswelt in Ihre private Welt gelungen ist (siehe den Exkurs zu den Übergängen), dann bestimmen andere Anforderungen, Verpflichtungen und Aktivitäten Ihren Abend. Überprüfen Sie, was davon für Sie belebend, beruhigend, bereichernd, erfüllend, erfreulich, nervend, vermeidbar und unvermeidbar ist, was möglicherweise überholte Gewohnheiten sind, welcher alte Kram wegkann und was stattdessen vielleicht hinzukommen sollte.

Wichtig ist es, dem Tag einen guten Ausklang zu geben als Vorbereitung auf einen erholsamen Schlaf. Ca. ein Viertel bis ein Drittel unserer Lebenszeit verbringen wir schlafend – ein überlebenswichtiger, gesunderhaltender Prozess. Schlafentzug ist (außer in therapeutischen Dosierungen) Folter und endet tödlich (vgl. ZULEY 2010). Bereiten Sie diese wichtige Lebenszeit gut vor. An-aus-Programme funktionieren meist nicht oder nur mit Betäubungsmitteln, die alle Ihren natürlichen Erholungs-, Regenerations- und Reparaturschlaf behindern. Ihr Organismus sollte langsam zur Ruhe kommen, um in den Schlaf gleiten zu können. Das ist das Kriterium für einen gelungenen Ausklang.

Die individuellen Wege sind sehr vielfältig. Reizüberflutungen (z. B. Fernsehen mit Filmen, die sehr kurze Schnitte haben) helfen vielleicht zur Ablenkung, stören aber den ruhigen Ausklang. Schenken Sie Ihre Aufmerksamkeit Menschen, Tieren, der Natur, Themen oder Tätigkeiten, die Ihnen guttun, allem, was die Aufmerksamkeit und damit die Energie behutsam von den Ereignissen des Tages abziehen kann.

Gute Erfahrungen gibt es mit einem Abendritual aus der benediktinischen Tradition, das Sie in Ihre Regenerationsroutine einfügen können. Viele berichten, dass ihre hartnäckigen Schlafstörungen damit verschwinden. Sie helfen Ihrer Seele und Ihrem Gehirn bei der Verarbeitung der Tageserlebnisse und bereiten sich damit auf einen erholsamen Schlaf vor.

ÜBUNG **Abendmeditation** ↲

Nehmen Sie sich dazu einige Minuten Zeit, finden Sie wieder Ihren Ort, an dem Sie ungestört sind. Vielleicht mögen Sie eine Kerze entzünden, um das Besondere dieses Tagesabschlusses zu betonen und als Symbol, den Tag in »einem anderen Licht« zu sehen. Manchen Menschen ist sanfte Musik für diese Zeit hilfreich.

Widmen Sie sich zwei Fragen:
Was lasse ich an diesem Tag zurück?
Was nehme ich von diesem Tag mit? ▬

Sie haben in Ihrem Arbeitsleben noch andere Rhythmen, die Regenerationsroutinen benötigen: Wochenzyklen, Monatszyklen, Jahreszyklen.

Die Wochenzyklen sind für die Regenerationsroutine besonders wichtig, weil Sie nicht alles in einen Tag packen müssen, sondern bestimmte Erholungsphasen über die Woche verteilen können. Das sind die arbeitsfreien Tage, in der Regel am Wochenende, und es sind die über die Woche verteilten, etwas ausführlicheren Bewegungs- oder Entspannungssequenzen.

Wie schon erwähnt, kreuzen sich bei der Stressbewältigung viele Wege Ihrer klugen Selbstsorge. Die Regenerationsroutine ist wie eine Matrix, die Sie mit vielem füllen können. Sie sollten auch die anderen hier vorgestellten Zugänge zur klugen Selbstsorge nutzen und sie mit der Stressbewältigung verbinden, insbesondere die regelmäßige Bewegung und eine lustvolle und gesunde Ernährung. Aber auch Themen wie Achtsamkeit, Verbundenheit, Sinnhaftigkeit, Lebensbalancen sind Teil der Stressbewältigung und Ihrer Selbstsorge gleichermaßen. Nutzen Sie das, was für Sie am passendsten ist, was Ihnen Freude macht, was Sie erfüllt – kurz: was schön für Sie ist.

Zur Regenerationsroutine gehört natürlich auch die regelmäßige Entspannung, eventuell mit einem der gängigen Entspannungsverfahren. Sie sind alle wirksam, und Sie wählen aus dem überall verfügbaren Fundus das für Sie Passende aus.

Eine Atementspannung als einfachste Form der Entspannung haben Sie schon kennengelernt (vgl. S. 23). Wenn Sie mögen, können Sie hier noch einmal eine solche Übung praktizieren.

ÜBUNG **Atementspannung** ⤓

Setzen oder legen Sie sich wieder bequem hin, sodass Ihre Atembewegungen nicht behindert sind.

Legen Sie eine Hand auf den Bauch, in Höhe des Bauchnabels.

Nehmen Sie jetzt – beginnend mit der Ausatmung – drei tiefe Atemzüge (»Dreimal tief durchatmen«, sagt der Volksmund).

Unterstützen Sie die Atmung mit folgenden Imaginationen: Ausatmung:
Eine Flaumfeder schwebt leicht auf dem Strom Ihrer Ausatmung.
Ihre Bauchdecke sinkt tief ein.

Wenn sich Ihr Körper dann von allein die Einatmung holt, unterstützen Sie ihn mit folgender Imagination: Einatmung: Sie atmen in die Handfläche der aufliegenden Hand. Spüren Sie anschließend in sich hinein, spüren Sie den Unterschied von vor der Atmung und nach der Atmung. ▬

Kollektive und situative Stressvermeidung und -bewältigung

Ein weiterer Zugang zur Stressbewältigung liegt auf der kollektiven Ebene. Es sind die gemeinsamen Aktivitäten zur Vermeidung und zur Bewältigung von Stress. Diese Ebene berührt auch die Gestaltung der organisationalen Strukturen und Prozesse. Wenn Menschen ihre individuelle Widerstandsfähigkeit gegen Stressoren verbessern, ist es unterstützend und sinnvoll, gleichzeitig auch auf Möglichkeiten zur Verbesserung der Arbeitsprozesse, der Rahmenbedingungen und auf das Führungsverhalten der Verantwortlichen zu schauen.

Die kollektive Stressvermeidung ist ein wesentlicher Aspekt bei der Gestaltung gesunder Arbeitskontexte, und auch hier kreuzen sich wieder viele Zugänge der individuellen und kollektiven Selbstsorge. Deshalb werden wir uns später in dem Kapitel »Gestaltung gesunder psychosozialer Arbeitsfelder« noch intensiver damit beschäftigen.

Auf einige Besonderheiten der kollektiven Ebene sei hier schon hingewiesen: Soziale Unterstützung und gute, wertschätzende Beziehungen haben ausgeprägte, präventive Wirkungen, sie puffern die individuellen Auswirkungen von Stressoren ab und stärken die individuellen immunologischen Abwehrkräfte (chronische Konflikte haben den gegenteiligen Effekt). Dabei spielen drei Aspekte eine wichtige Rolle:

Die emotionale Unterstützung Allein durch das Wissen, dass Sie nicht allein mit einem Problem sind, dass Sie Gesprächspartner haben, die ein »offenes Ohr« haben für Ihre Not, erleben Sie eine Beruhigung und Entspannung. Diese Unterstützung erfahren Sie vorwiegend in Ihrer Partnerschaft und Familie und mit guten Freunden. Es ist ein Geschenk, wenn Sie eine solche Ebene auch mit (einzelnen) Kolleginnen und Kollegen oder als Team erreichen.

Die fachliche Unterstützung Von der emotionalen Unterstützung unterschieden wird die fachliche Unterstützung. Sie haben Menschen um sich, die Sie fragen können, wenn Sie fachlichen Rat brauchen. Sie erledigen Aufgaben gemeinsam, helfen sich gegenseitig. Sie lernen gemeinsam, unbekannte Schwierigkeiten zu bewältigen. Eine gut gepflegte emotionale Beziehungsebene erleichtert natürlich die fachliche Unterstützung.

Die gemeinsame Arbeit an situativen Faktoren Dazu gehören alle gemeinsamen Aktivitäten, die auf die konkrete Arbeitsumgebung stressreduzierend wirken. Natürlich können und sollten Sie auch eigenverantwortlich Stress vermeiden, das ist davon unberührt. Für die Beeinflussung von Arbeitsstrukturen, Arbeitsprozessen und anderen Rahmenbedingungen Ihrer Arbeit haben gemeinsame Initiativen aber eine viel höhere Wirksamkeit. Sie können ohnehin meist nur gemeinsam Dienstpläne, Aufgabenverteilung, Informationsfluss, Abstimmungsprozesse etc. stressfreier gestalten. Ziel ist es, für alle Beteiligten die Stressoren zu minimieren und zumindest die alltäglichen »Stressminen« zu entschärfen.

Da hierfür eine Fülle unterschiedlicher Faktoren und möglicher Belastungen bedeutsam sind, sollten sie in einem gemeinsamen Prozess zusammengetragen, analysiert und – soweit es in dem Einflussbereich des jeweiligen Kollektivs steht – auf einen Lösungsweg gebracht werden. Die gemeinsame Veränderung der Arbeitsstrukturen wird auch ein gemeinsames Verständnis prägen und die fachliche und emotionale Beziehungsebene stärken.

Bei dem gemeinsamen Klärungsprozess kann es um folgende Themen gehen:

- Reduzierung physikalischer Stressoren: Lärm, Dunkelheit, schlechte Belüftung, körperliche Fehlbelastungen u. a.;
- Analyse der spezifischen Stressoren der bei Ihnen durchgeführten psychosozialen Arbeit (jeder Arbeitsinhalt hat seine eigenen Stressoren) und des angemessenen Umgangs damit (siehe das Kapitel »Besonderheiten psychosozialer Arbeit«);
- Analyse der verschiedenen subjektiv wirksamen Stressoren in den Arbeitsstrukturen und -prozessen zur Entwicklung gezielter organisationaler Veränderungsschritte;
- »Glättung« von Arbeitsprozessen und Absprachen zur Vermeidung von Reibungsverlusten, von Doppelarbeit;
- Verbesserung der Kooperation in den Teams, zwischen den Teams und Bereichen, zwischen den Berufsgruppen, den Hierarchieebenen, das heißt die Sicherung von Informationsfluss und Kommunikation, um Stressoren abzubauen;
- Strategien zur Lösung von Konflikten und zum Umgang mit bleibendem Dissens;
- Erhöhung der Flexibilität, um auf Unvorhergesehenes reagieren zu können;

- Umgang mit Grenzsituationen und Extrembelastungen und mit Arbeitsprozessen im Grenzbereich des Nicht-Machbaren;
- Optimierung von Einsatzplanungen einschließlich Tag-Nacht-Rhythmen;
- Angleichung der Arbeitsplanung an die Bedürfnisse und Kompetenzprofile der einzelnen Teammitglieder;
- Entwicklung und Etablierung von Regenerationsroutinen;
- Qualifizierung der Führenden.

Sie sehen, letztlich beeinflussen alle Themen der Team- und Organisationsentwicklung das kollektive und individuelle Stressniveau. Daraus lässt sich ableiten, dass Teams und Organisationen, die sich regelmäßig und gemeinsam um solche Themen kümmern, bessere Möglichkeiten haben, mit Belastungsspitzen und Unvorhergesehenem umzugehen und die Ressourcen der Menschen gezielter einzusetzen. Da soziale Systeme nie stabil sind, sondern beständige Anpassungs- und damit Veränderungsprozesse brauchen, gehört zur Stressvermeidung auch der Erhalt der gemeinsamen Lernfähigkeit und Entwicklungskompetenz. Dafür sind die Erfahrungen gemeinsamer Lösungsprozesse von höchster Bedeutung.

Damit haben Sie natürlich nicht alle Probleme gelöst. Es gibt gerade in den medizinischen und psychosozialen Arbeitsfeldern so gravierende Fehlentwicklungen, Fehlplanungen und Fehlentscheidungen, dass hier ohne Frage auch schwierige bis katastrophale Rahmenbedingungen entstehen. Ich lade Sie ein, Ihre Aufmerksamkeit bei Ihren Aktivitäten trotz allem wieder einseitig auf das Machbare zu richten, auf das, was – möglicherweise inmitten des Chaos – gestaltbar bleibt. Das werden Sie nur entdecken, wenn Sie sich entsprechend ausrichten und Aufmerksamkeit und Energie dorthin lenken. Konzentrieren Sie sich auf das von Ihnen Beeinflussbare, alles andere würde mehr Stress und Frustrationen erzeugen. Sie sorgen mit diesem einseitigen Blick für Ihre eigene Energiebilanz – solange Sie in einem grenzwertigen Kontext bleiben.

Team- und Organisationsentwicklungsprozesse haben unter dem Gesichtspunkt der Selbstsorge immer auch präventive Effekte für die Gesundheit aller Beteiligten, sind also gemeinsame Selbstsorge. Man kann von salutogenen Arbeitsprozessen und von einem salutogenen Führungsstil sprechen, wenn Transparenz (Verstehbarkeit), kluger Ressourceneinsatz (Machbarkeit) und erlebbare Bedeutung (Sinnhaftigkeit) erreicht werden oder zumindest eine Annäherung gelingt. Dann haben Sie es leichter, Ihre eigenen Werte, Haltungen und Ihr persönliches Erleben von Stimmigkeit dort anzukoppeln: Dann passen einfach Sie und Ihre Arbeit eher zusammen und ergeben ein Ganzes. Sie finden dann auch für Ihre kluge Selbstsorge leichter einen Platz.

Um die situative Stressvermeidung mit den im Kapitel über die Besonderheiten psychosozialer Arbeit beschriebenen Prozessen anzupacken, können Sie hier schon einen ersten Schritt machen. Er basiert auf der Bearbeitung der Themen aus der Liste, die Sie oben finden. Dafür eignen sich Teamtage oder Teamklausuren. Achten Sie dabei darauf, dass am Ende einer solchen gemeinsamen Arbeit als erster Schritt die Verabredung einer gemeinsam getragenen Regenerationsroutine stehen sollte. Das leitet sich aus der oben beschriebenen Bedeutung der Routine ab. Auch hier ist diese Routine wieder wie eine Matrix, an die andere Prozesse angekoppelt werden können. Wenn Sie erst einmal eine gemeinsame Regenerationsroutine entwickelt haben, die verlässlich taktet, sind Sie auf einem sehr guten Weg.

➡ ➡ **Gemeinsame Arbeit an situativen Stressfaktoren** ⬇

Geben Sie der Teamklausur einen Titel, der deutlich macht, dass Sie gemeinsam Lösungen finden wollen (also z.B.: »Auf dem Weg zu mehr Gelassenheit, Gemeinsamkeit, Abstimmung ...«). Sie vermeiden damit den oft starken Sog, der von dem gemeinsamen Erleben von Stress ausgeht und der nichts anderes mehr wahrnehmen lässt (»Trance« nennen das die Hypnotherapeuten).

Klären Sie – vielleicht schon in einer Vorbesprechung vor der Teamklausur –, welchen Themenfeldern Sie sich widmen wollen und welchen nicht! Grenzen Sie die Themenfelder sorgfältig ein, Sie verzetteln sich sonst bei dieser komplexen Thematik.

Binden Sie die Führungsverantwortlichen aller Ebenen in diesen Prozess ein – als aktive Teilnehmer oder als »Auftraggeber« des Prozesses.

Klären Sie die (interne oder externe) Moderation.

Bedenken Sie die emotionale Aufladung, die diese Themen haben können, und geben Sie auch Raum für einen Austausch auf dieser Ebene.

Machen Sie die Entwicklung einer Regenerationsroutine zu einem Tagesordnungspunkt, räumen Sie ausreichend Zeit dafür ein. Möglicherweise haben Sie mit diesem Entwicklungsprozess schon genug zu tun. Das Ergebnis wird ohnehin vielerlei günstige Auswirkungen haben.

Formulieren Sie (wenn Sie Teil einer größeren Organisation sind) zum

Abschluss eine »Botschaft in die Organisation«. Hier werden von Ihnen möglichst konkret notwendige Entwicklungen benannt, die den von Ihnen nicht beeinflussbaren Rahmenbedingungen und den Führungsaufgaben zugehören. Pauschale Forderungen nach mehr Personal sind nicht hilfreich, es braucht genaue Beschreibungen und Vorschläge, wie es zukünftig laufen sollte. ←

Sie machen mit einer solchen Teamklausur einen großen Schritt in Richtung kollektive Stressvermeidung. Sie haben Optionen für eine Regenerationsroutine geklärt, die anstehenden Entwicklungsthemen zur Reduktion der beeinflussbaren Stressoren erarbeitet und vielleicht schon ihre Umsetzung auf den Weg gebracht. Sie haben zudem die Gesamtperspektive des Teams, der Organisation in den Blick genommen. Hier können Sie jetzt weitere Schritte anschließen, die an einem gesunden Kontext Ihrer psychosozialen Arbeit bauen.

Glück, Gesundheit, Humor und Selbstsorge

Menschen streben nach Glück. Vieles von dem, was sie tun, ist auf das Erleben von Glück angelegt. Alle Ziele – Erfolg, Reichtum, gute Beziehungen, Liebe, Schönheit, intensive Erlebnisse, ja selbst Gesundheit – werden angestrebt, weil man erwartet, dass sie glücklich machen. Ist das Streben nach Glück also auch der wichtigste Motor für Ihre kluge Selbstsorge?

Die Beschäftigung mit Glück ist hier eine Gratwanderung. Es kann das Missverständnis aufkommen, es ginge dabei um das oberflächliche Glück, dem viele atemlos hinterherjagen. Schmid, der sich als Philosoph mit Lebenskunst beschäftigt, hat das in einem Beitrag für Radio Bremen sehr klar formuliert: »Die Rede vom Glück hat eine normative Bedeutung gewonnen, malt also den Menschen eine Norm an die Stirn: Du musst glücklich sein, sonst lohnt sich dein Leben eigentlich gar nicht mehr und du kannst gleich freiwillig verschwinden. Die sogenannte Glücksforschung heute ist, um das mal ganz hart zu sagen, zumindest teilweise asozial, denn sie kümmert sich nicht mehr um den Teil der Gesellschaft, der im Unglück und im Unglücklichsein lebt. Hier geht es nicht darum, einmal mit einem ›schlechten‹ Tag zurechtzukommen, sondern mit der Erfahrung, dass womöglich jeder Tag nicht ›mein Tag‹ ist« (siehe dazu auch SCHMID 2004 S. 299 f.).

Es geht nicht um Appelle wie »Denk positiv!« oder »Setz doch eine andere (rosarote) Brille auf und das Leben wird leicht und locker!«. Menschen streben nach Angenehmem, Spaß, Erfolg – das ist in Ordnung. Oberflächliches Glück dauert jedoch oft nur kurz, es braucht ständige Animation und macht das Leben zu einem Event. Auch dafür kann sich jeder entscheiden. Der Preis könnte auf Dauer allerdings hoch werden, weil die Party immer aufrechterhalten werden muss und die tieferen Entwicklungen verpasst werden. Dann wiederum sind Menschen wenig gerüstet für die alltäglichen Einbrüche, für Unglück, für Herausforderungen, für Krankheit, letztlich für die Endlichkeit von Leben (und nicht nur für das Ende der Party). Oft sind es eben Krisen, die Menschen aufwachen und doch nach einer tieferen Ebene ihres Seelenlebens suchen lassen. Von zentraler Bedeutung ist also auch hier, das Vollständige, das Ganze (also wieder: das Heile), Glück und Unglück in einem kunstvollen, sich gegenseitig befruchtenden Wechselspiel zu erleben.

Das hier zu besprechende Glück ist also ein Glück, das auch das Unglücklichsein umfasst (wie in der anfangs gegebenen Definition von Gesundheit auch Krankheit ein Teil von Gesundheit ist). Es braucht deswegen das Hineinspüren in die leidvollen Aspekte des Lebens, die Erlaubnis, ja die Ermutigung, unglücklich zu sein (SCHMID ebd.). Unglück, Traurigsein, Melancholie, Verzweiflung zu verleugnen, führt zu einer Erstarrung und Verhärtung der Empfindungsmöglichkeiten. Diese Erstarrung ist das, was Depression genannt wird. Nur in dem Betrachten des Unglücks, im Hineinspüren, im Erforschen der Hintergründe, der Zusammenhänge werden passende Entwicklungen, Reifungen, Lösungen deutlich. Das lebendige Glück entsteht also aus der Fülle, der Er-Füllung, aus dem Kontakt unseres Welt-Ichs mit unserem eigentlichen Wesen (vgl. DÜRCKHEIM 2001).

Die Frage ist, wie es gelingen kann, bei all den Schwierigkeiten, Problemen, Herausforderungen des Alltags, Unstimmigkeiten und Brüchen den eigenen Weg nicht zu verlieren und auch dem Glück Raum zu geben. In der Kunst der Achtsamkeit wird deshalb die nicht wertende Wahrnehmung geübt: Es wird wahrgenommen, was ist, ohne es als gut oder schlecht zu bewerten. Unser »Autopilot« manövriert uns sonst schnell um Unangenehmes herum – was ja auch seine Aufgabe zur Überlebenssicherung ist. Sie haben dann aber keine Chance, alle Seiten in sich schwingen zu lassen, in der Tiefe zu verstehen, was Sie gerade beschäftigt, sich selbst dabei besser zu erkunden und auf diesem Wege zu reifen – für eine tiefere (oder höhere) Ebene von Glück.

Es ist deshalb wichtig, zu unterscheiden zwischen

- dem Glück, das aus Ihrem inneren Wesen kommt und das Ihr Welt-Ich mit dem inneren Wesen, mit Lebenssinn und Lebensaufgaben zu verbinden vermag, und
- der oberflächlichen Suche nach Glück, dem Leben als Event.

Es ist zu unterscheiden zwischen

- dem Spüren von allem, was ist, was Sie bewegt, dem Empfinden von Glück und Schmerz, von Hoffnung und Verzweiflung und auch dem

Wahrnehmen von Unglück – damit sich der Raum für das Spüren tiefen Glücks öffnet, und

- der Erstarrung in der Ausrichtung aller Aufmerksamkeit auf das Unglück und Leid, auf alles, was nicht geht, auf der einen Seite und Fixierung auf oberflächliches Glück, Event und Party auf der anderen Seite.

Und es ist zu unterscheiden zwischen

- der Aufmerksamkeit, die Sie auf das richten, was Ihre Ressourcen sind, auf das, was Sie können, auf Ihre Erfahrungen, auf das, was Sie als vollständige Person ausmacht, auf das, was die Situation Ihnen als Chance zur eigenen Entwicklung schenkt, und
- der Aufmerksamkeit, die sich auf das »Schönfärben« einer Situation richtet.

Deshalb ist auch zu unterscheiden zwischen

- dem »positiven Denken«, das alles verklärt und überdeckt, und
- der »Positiven Psychologie« (vgl. z.B. JORK & PESESCHKIAN 2003), die sich der Frage widmet, wie Menschen z.B. ihren Blick auf ihre Möglichkeiten, ihre Lebenskraft, auf Vertrauen und Geborgenheit, auf ihre Verbundenheit und auf heilsame Bilder richten können (wie es auch in der ressourcenorientierten systemischen Psychotherapie geschieht, siehe LEVOLD & WIRSCHING 2014).

Diese Unterscheidungen sind wichtig, weil gerade in schwierigsten Lebenssituationen das Tor weit offen steht für Entwicklungen zum eigenen Wesen, zum vollständigeren Selbst. Gleichzeitig ist in solchen Krisen das Risiko groß, im Leid zu erstarren oder sich in oberflächlichen Ablenkungen zu verlieren. Der Übungsweg der Achtsamkeit kann auch hier eine Möglichkeit sein, um herauszufinden, zu beobachten und zu spüren, wie Sie sich gedanklich und emotional auf die jeweilige Situation beziehen, was Sie in der ganzen Bandbreite wahrnehmen – ohne an einzelnen Wahrnehmungen, Emotionen, Gedanken »kleben« zu bleiben.

Diese Vorüberlegungen waren wichtig, um bei der Beschäftigung mit Glück, Freude, Erfüllung und Humor nicht dem Trend der Zeit zum »positiven Denken« aufzusitzen, sondern die Fülle zu erahnen, die in diesen Themen steckt. Da Sie sich auf diese Weise den wichtigsten Fundus für Ihre Selbstsorge erarbeiten können, machen Sie im Folgenden einen ersten Check:

❙❙ Bleiben Sie kurz bei sich und versuchen Sie, eine ehrliche Antwort zu finden: Wie viel Prozent Ihrer Fähigkeiten, Möglichkeiten, Ihrer Lebensenergie und Lebensfreude bringen Sie in die Welt?

Wenn es weniger als 100 Prozent sind – angenommen, Sie wüssten es –, was wären 100 Prozent?

Was wären die Konsequenzen, wenn Sie 100 Prozent in die Welt bringen? Was bräuchten Sie dafür, sich selbst zu 100 Prozent in die Welt zu bringen? ❙❙

Das Erleben von Glück

Es ist heute unstrittig, dass Glück, Freude, Humor, Zuversicht und Dankbarkeit positiv mit Gesundheit verbunden sind und u. a. durch die Unterstützung des Immunsystems die Krankheitsbewältigung erleichtern (vgl. WALLIS 2005, S. 39; LEMONICK 2005, S. 46; NUBER 2002, S. 25). Die Beforschung des Glücks muss noch den Vorsprung der Forschung über Unglück (Depression, Traumatisierung) aufholen. Die methodischen Konzepte dafür erscheinen teilweise noch wenig entwickelt und die Kompetenzen von Clowns oder indischen Lachschulen schlummern – zu Recht oder Unrecht – noch im Reservat der Exotik. Angemessene Formen für den Alltag wollen erst noch entdeckt werden.

Es geht darum, aus der gewohnten, einengenden Ausrichtung auf Schwierigkeiten, Probleme und Katastrophen auszusteigen, sich selbst erfüllende Unglücksprophezeiungen zu vermeiden und die Aufmerksamkeit auf die wertvollen Aspekte Ihres Lebens zu lenken.

Von daher ist Glück auch eine Frage Ihres Vollständigwerdens und damit Ihres Heilseins – Sie bestehen nicht nur aus Unglück und Anstrengung. Ihre kluge Selbstsorge wird alle Seiten von Ihnen im Blick haben und auch darauf achten, dass Sie bei allem Glück gut geerdet bleiben.

In Ihrem Beruf sehen Sie täglich viele Lebensschicksale, die Menschen unglücklich, verbittert, depressiv haben werden lassen. Sie helfen – intuitiv und methodisch – Ihren Klienten und Klientinnen oft aus ihrer Fokussierung auf das unglückliche Erleben heraus. Wie machen Sie das?

Das Erleben von Glück und Zufriedenheit wird durch eine gelassene, von Sinnhaftigkeit getragene, sich in Liebe mit anderen Menschen verbunden fühlende, auf die Bewältigung von Herausforderungen und auf den Erhalt von Ressourcen ausgerichtete – kurz salutogene – Lebenshaltung gefördert. Ein als authentisch erlebter Ausdruck positiv bewerteter Gefühle und die damit verbundene stimmige Ausstrahlung machen Menschen zudem für ihre soziale Umwelt attraktiv, fördern die sozialen Vernetzungen und Unterstützungen – und lassen glückliche Lebensphasen wahrscheinlicher werden. Dies ist also ein sich kreisförmig verstärkender Prozess.

Glückserleben wirkt auch auf den Körper, insbesondere auf das Immun- und Hormonsystem, sodass evolutionsbiologisch betrachtet diejenigen im Vorteil waren, die Glück erleben konnten. Wie Sie natürlich aus eigener Erfahrung wissen, sind Sie in glücklichen Lebensphasen, in Zeiten von Verliebtheit oder wenn Sie wichtige Aufgaben gelöst haben, weniger infektanfällig, fühlen sich körperlich in einer angenehmen Spannung und Beweglichkeit, fit und voller Kraft, als ob Sie »Bäume ausreißen« könnten. Für Ihren Weg der Selbstsorge ist deshalb von hohem Interesse, wie Glück entsteht. Es soll ja Ihre Selbstsorge krönen. Gibt es also Wege, an denen sich Menschen dabei orientieren können?

Die Frage nach dem Glück, ob und wie man es machen kann, wie es gelingt, den Himmel auf die Erde holen, ist letztlich nur von jedem Einzelnen zu lösen und individuell sehr unterschiedlich zu beantworten. Wir wissen nur, dass Glück nicht mit Geld zu erwerben ist. Glück ist auch keine trainierbare Erlebensqualität. Es braucht offensichtlich den Mut, sich für das Glück zu öffnen, Glück empfangen zu können, und den Mut, es im Leben zeigen zu können. Es gibt Möglichkeiten, Glückserleben wahrscheinlicher zu machen, und wir wollen hier einigen grundlegenden Aspekten nachspüren. Daraus lassen sich auch wieder Hinweise für Ihre Selbstsorge ableiten.

Der schon 1983 erschienene Klassiker von Paul WATZLAWICK »Anleitung zum Unglücklichsein« enthält zahlreiche Beispiele für die Erzeugung und Pflege von Problemen – dann wissen Sie wenigstens schon, was Sie lassen können. Glück hat offenbar zunächst damit zu tun, dass Sie aus der oft automatisierten Fokussierung auf Ihr Unglück aussteigen.

‖ Was sind Ihre wirksamsten Strategien, Haltungen, Handlungen, um Ihr Glück zu boykottieren? **‖**

Es gibt eine enge Verbindung zwischen Achtsamkeit und Glück. In der Präsenz des Augenblicks, des Spürens von dem, was ist, liegt häufig das erste Samenkorn für ein tiefes Erleben von Glück und Dankbarkeit. Die Haltung der Achtsamkeit ist deshalb die Grundlage, zu der die folgenden vier Perspektiven Ihnen einige Hinweise zur Bereicherung Ihres Weges der Selbstsorge geben sollen: die Ausrichtung Ihrer Aufmerksamkeit, die Imagination, die neurobiologischen Aspekte und die spirituelle Perspektive.

Auch die Verbindung mit Ihren eigenen Quellen, mit dem, was Sie im Kern ausmacht, gelingt leichter über die Kunst der Achtsamkeit. Tiefes Glückserleben ist dann wahrscheinlicher, wenn Ihnen im Alltag – also im Leben des Welt-Ich – der Kontakt zu den Quellen, dem Kern, dem eigentlichen Wesen (Dürckheim) erhalten bleibt.

Die Ökonomie der Aufmerksamkeit

Aufmerksamkeit ist die gezielte Ausrichtung unserer körperlichen, geistigen und emotionalen Energien auf einen Menschen, eine Situation, ein Thema. Aufmerksamkeit ist eine der knappsten Ressourcen, die Sie haben, und diese Ressource ist sehr umkämpft: Angehörige, Klienten, Kollegen, Themen, Aufgaben, der Straßenverkehr, Ihre Arbeitsprozesse u. a. »fordern« Ihre Aufmerksamkeit. Letztlich können Sie – trotz aller Multitasking-Trainings – Ihre ganze Aufmerksamkeit nur auf einen Menschen, auf eine Situation, auf eine Aufgabe richten. Das SMS-Schreiben beim Autofahren kann rasch tödlich enden.

Menschen wollen beachtet werden, sie streben danach, Aufmerksamkeit zu bekommen. Sie kennen das aus eigenem Erleben. Auch Ihre Klientinnen und Klienten wollen sich beachtet fühlen, stocken sonst vielleicht mit ihrer Entwicklung. Auch Sie selbst wollen Aufmerksamkeit bekommen. Aufmerksamkeit ist in jedem beruflichen Kontext für alle Mitarbeitenden eine der wesentlichen Gratifikationen. Eine beliebte Mobbing-Strategie ist die systematische Nichtbeachtung eines Menschen. Das macht krank. Kinder sterben bei mangelnder Aufmerksamkeit; Isolation ist Folter. Kinder zeigen oft ein Verhalten, das Sie auf die Palme bringt – und bekommen dann Aufmerksamkeit. In Beziehungen brauchen Sie Beachtung in der besonderen Form der Liebe. Liebe ist die Herzensbeachtung, die aller Verbundenheit zwischen Menschen zugrunde liegt. »Sie lebten nebeneinanderher«, »Sie haben sich aus den Augen verloren«, sagt man nach dem Scheitern einer Ehe.

FRANCK (1998) beschrieb in seinem philosophischen »Entwurf« der »Ökonomie der Aufmerksamkeit«: Sie ist als begrenzte Ressource höchst begehrt und sie ist Teil einen Tauschgeschäfts: Wir »schenken« uns

Aufmerksamkeit, möchten im Gegenzug jedoch auch damit bedacht werden. »Die Aufmerksamkeit anderer Menschen ist die unwiderstehlichste aller Drogen. Ihr Bezug sticht jedes andere Einkommen aus. Darum steht der Ruhm über der Macht, darum verblasst der Reichtum neben der Prominenz« (S. 10).

Im Alltagsleben gibt es bei der Aufmerksamkeit eine einfache Abfolge: Ihre Aufmerksamkeit wird wesentlich gesteuert durch die Fragen, die Sie sich stellen. Fragen richten Ihren Blick aus, dem folgt dann auch Ihre Energie, die Sie benötigen, um sich mit der Frage zu beschäftigen. Und Entwicklungen folgen dann der Ausrichtung Ihrer Energie. Fragen – Aufmerksamkeit – Energiefluss – Entwicklung: Das ist einer der wichtigsten Baupläne unseres persönlichen Wachstums (und seines Stockens).

Es ist deshalb entscheidend, wohin Sie Ihre Aufmerksamkeit gewohnheitsmäßig richten. In der lösungsorientierten Beratung und Psychotherapie setzt man auf eine konsequente Ausrichtung der Aufmerksamkeit auf Lösungen, statt weiter um Probleme zu kreisen, Probleme in den Fokus der Aufmerksamkeit zu nehmen und damit die Energie dorthin zu richten – und die Entwicklung so ins Kreisen um das Unglück zu schicken.

Die klassischen Fragen zum Einstieg in die Lösungsperspektive sind:

- Wann hatten Sie das Problem das letzte Mal nicht? Wie konnte das passieren?
- Was haben Sie dabei konkret anders gemacht?
- Wie haben andere darauf reagiert?
- Was war bei Ihnen, in Ihnen in diesem Moment anders?

Imagination und Lösungsorientierung

Wir sind hier an einem Grundprinzip von Denkgewohnheiten, Lebensgewohnheiten und Haltungen angelangt. Das, was wir denken, worauf sich die Aufmerksamkeit richtet, wird mit einer deutlich höheren Wahrscheinlichkeit in die Welt kommen als das weniger Beachtete.

In den letzten Jahren hat man sich mit der gerichteten Aufmerksamkeit in unterschiedlichsten Lebensbereichen intensiv beschäftigt. Die Placeboforschung untersucht, wie es kommt, dass Erwartungen von Heilung, von Schmerzlinderung, von Depressionsaufhellung so gut funktionieren, dass auch mit wirkstofffreien Medikamenten heilsame Effekte hervorgebracht werden können. Umgekehrt gilt das Gleiche: Beipackzettel, ärztlich gestellte schlechte Prognosen erzeugen Symptome.

In den mentalen Trainings des Leistungssports wird die Erinnerung an gelungene Spielzüge, die Imagination der »richtigen« Bewegungsabläufe (beispielsweise beim Stabhochsprung) als wichtige Ergänzung zum körperlichen Training eingesetzt.

Die Imagination hat sich als Schwester der gerichteten Aufmerksamkeit erwiesen, als die mit sinnlichen Wahrnehmungen angereicherte Vorstellung der Lösung, des gewünschten Weges oder der angestrebten Abläufe. »Der Raum der Imagination ist der Raum der Freiheit und der Möglichkeiten – ein Raum, in dem auf ganz natürliche Weise Grenzen überschritten, Raum und Zeit relativiert, Möglichkeiten, die wir nicht mehr oder noch nicht haben, erlebbar werden« (KAST 2012, S. 11). Entspannung oder Lebensenergie lassen sich beispielsweise wunderbar durch Imaginationsverfahren fördern, entsprechende Anleitungen sind auf Tonträgern verfügbar (vgl. LAUTERBACH 2014).

Die Imagination ist ein Weg, der Fantasie und Kreativität beflügelt, aus der Erfahrung schöpft und sich gleichzeitig für das Neue, das Ungewohnte öffnet. Je genauer die Imagination der angestrebten Lösung ist, je mehr es Sie emotional dorthin zieht und je stärker Ihr Wille ist, das Bild in die Welt zu bringen, umso wahrscheinlicher ist die Entwicklung in die gewünschte Richtung. Das ist Ihr Beitrag zu einer guten Entwicklung, der Rest ist Gabe und Geschenk.

ÜBUNG Imagination guter Selbstsorge ⬇

Nehmen Sie sich wieder eine Zeit, in der Sie nicht gestört werden, zur Ruhe kommen und still werden.

Beginnen Sie den Prozess mit einer kurzen Meditation in Stille.

Widmen Sie sich dann der Frage, was Ihre gute Selbstsorge in sechs Monaten, in einem Jahr bewirkt haben wird. Vertiefen Sie sich dabei ganz in Ihre Vorstellungen, Bilder, Imaginationen. Lassen Sie Ihre Lebenssituation in sechs Monaten, in einem Jahr entstehen. Je reicher die Bilder, Farben, Gerüche, Töne sind, umso besser.

Bleiben Sie in diesem Bild, solange Sie mögen. Nehmen Sie dieses Bild in Ihr Herz oder geben Sie es mit einem Gebet als Wunsch »nach oben« ab. Was löst diese Imagination in Ihnen aus?

Schreiben Sie sich anschließend einige Stichworte auf oder zeichnen oder malen Sie. ▬

Sie merken vielleicht, dass Sie mit solchen Imaginationen eine andere, bessere Orientierung und Klarheit bekommen und sich nicht ständig von den drängenden Problemen des Alltags von Ihrem Weg der geglückten Selbstsorge abbringen lassen.

Mit Ihrer immer besser werden Übung in der Kunst der Achtsamkeit sind Sie natürlich bei allen Fragen zur Ausrichtung der Aufmerksamkeit ohnehin gut gerüstet.

Hier noch zwei ergänzende Übungen:

ÜBUNG Ich schenke mir genussvolle Gedanken über Erlebnisse des Tages ⤓

Vielleicht ist Ihnen im Rückblick der Tag farb- und trostlos vorgekommen, kein Highlight, das das Grau in bunte Farben taucht und Ihren Alltag vielfarbig erscheinen lässt. Dabei gibt es an jedem Tag eine ganze Reihe von kleinen und großen Dingen, die den Tag in frischen und lebhaften Tönen färben – ohne die unangenehmen Erlebnisse übertünchen zu wollen. Und doch schenkt jeder Tag auch bunte Momente und macht ihn somit zu einem kleinen Wunder – es ist eine Frage der Ausrichtung Ihrer Aufmerksamkeit, ob Sie diese wahrnehmen.

Sagen Sie sich: »Willkommen am Ende des Tages. Ich schenke mir eine Handvoll Gedanken über genussvolle und bereichernde Dinge und Erlebnisse des Tages.«

Nehmen Sie sich einen Moment Zeit und schließen Sie, wenn Sie mögen, die Augen. Wandern Sie mit Ihrer Aufmerksamkeit zu Ihrem Atem und spüren Sie dem Atem nach, ohne ihn zu beeinflussen. Genießen Sie das Auf und Ab des Atems.

Lassen Sie nun vor Ihrem inneren Auge den Tag Revue passieren und lenken Sie Ihre Aufmerksamkeit auf die kleinen, vielleicht ganz kleinen, und auf die großen vielfarbigen, angenehmen Erlebnisse.

Folgende Fragen können Ihnen auf Ihrer Entdeckungsreise hilfreich sein:

Welches schöne Erlebnis, welcher Augenaufschlag des Tages strahlt Sie innerlich noch an?

Welche kleine Alltagsgeste ließ Sie lächeln?

Wem oder was schenkten Sie Ihr Lächeln?

Was war der genussvollste Moment des Tages?

Was wärmte Ihre Seele oder brachte Ihre Stimmung zum Erblühen?

Worauf waren Sie stolz?

Wobei haben Sie sich wohlgefühlt?

Was machte Sie neugierig?

Was blieb geheimnisvoll?

Welche Farben, welche Klänge, welche Düfte oder welches Bild nehmen Sie mit in den Abend und in die Nacht?

Was machte genau diesen Tag zu einem besonderen Tag?

Genießen Sie noch ein wenig die wohltuenden Bilder, Gefühle und Stimmungen. Lenken Sie nun Ihre Aufmerksamkeit wieder auf Ihre Atmung und öffnen langsam wieder die Augen.

Notieren Sie jetzt auf bunten Zetteln die großen und kleinen Momente, die Farbe in Ihren Tag brachten.

Breiten Sie nun die Zettel vor sich aus und genießen Sie den Anblick Ihres bunten Tages. ▬

ÜBUNG Unbekannte Wege gehen ⭳

Eine andere einfache und wirkungsvolle Methode, um die eigene Aufmerksamkeit aus Routineabläufen zu befreien und frisch und wach zu halten, besteht darin, öfter, mindestens einmal im Monat, einen ungewohnten Weg zu gehen oder zu fahren. Aus Gewohnheit tendieren Sie wahrscheinlich dazu, im Alltag beispielsweise für den Weg zur Arbeit, zum Einkaufen oder zum Schwimmbad immer dieselben Straßen zu benutzen. So reduziert sich die Wahrnehmung auf die gröbsten Reize. Unbekannte Wege dagegen regen die Aufmerksamkeit an.

Spüren Sie genauso wach und interessiert in sich und Ihren Körper hinein, wie Sie nach außen schauen, während Sie die unbekannten Wege gehen.

Was nehmen Sie auf dem Weg wahr? Welche Details fallen Ihnen auf?

Wie bewegen Sie sich in dem veränderten Umfeld? Wie fühlt sich Ihr Körper an?

Welche neuen Empfindungen und Gedanken nehmen Sie wo und wie wahr?

Welche Unterschiede nehmen Sie als besonders auffallend wahr?

Sammeln Sie Ihre Erfahrungen von frischer Wahrnehmung auf diesen neuen Wegen. Experimentieren Sie damit, wie Sie diese Frische auch auf bekannten Wegen erwecken können. Erkunden Sie, welche Unterschiede Sie feststellen, wenn Sie sich in einer Stadtumgebung oder in der Natur bewegen. ▬

Für die Ausrichtung der Aufmerksamkeit auf Lösungen hat Steve de Shazer, einer der Pioniere der lösungsorientierten, systemischen Therapie, die Wunderfrage in die Beratung und Therapie eingeführt (siehe dazu ausführlich SPARRER 2001). Die Wunderfrage ist eine Einladung an den Klienten, sich aus seiner Problemtrance in eine Lösungstrance zu versetzen:

»Wenn Sie nach dieser Sitzung nach Hause gehen – und anschließend noch mit der Familie sprechen, zu Abend essen und evtl. noch etwas unternehmen – und irgendwann werden Sie müde und legen sich schlafen – angenommen – in dieser Nacht – geschähe ein Wunder – und das Wunder bestünde darin, – dass alle Probleme, die Sie heute hierher geführt haben, – gelöst sind – auf einen Schlag – einfach so, – und wenn Sie nun morgen früh aufwachen, – und niemand sagt Ihnen, dass dieses Wunder geschehen ist, – woran könnten Sie dann erkennen, dass dieses Wunder eingetreten ist?« (SPARRER 2001, S. 57 ff.).

ÜBUNG **Wunderfrage** ⏬

Versuchen Sie der Wunderfrage in einer Situation nachzugehen, in der Sie ungestört sind. Beschreiben Sie ausführlich und genau, woran Sie und andere die Lösung Ihrer Probleme merken würden. ▬

Auch mit der Wunderfrage werden Imaginationen angeregt, Bilder der Heilung, die dann den Entwicklungsprozess leiten können (vgl. das Kapitel »Achtsamkeit in Behandlung, Betreuung und Pflege«).

Die systemische und hypnosystemische Therapie und die erwähnte Positive Psychologie wollen die guten Erfahrungen mit den eigenen Ressourcen mehren, die Ausrichtung der Aufmerksamkeit auf die eigenen Kompetenzen, Tugenden und Stärken lenken, auf förderliche Umgebungen und Lebensräume, auf das Gesunde in Organisationen und Teams. »Dazu kommen, mit dem Blick nach vorne gerichtet, Zuversicht, Hoffnung, Glaube, Selbstbewusstsein und Optimismus. Auch Vertrauen, Mut und Zutrauen können hierzu gehören. Schließlich sogar Kohärenz und Spiritualität, was immer Sie ganz persönlich darunter verstehen. Es geht immer um das selbstwirksame Erschaffen eines erfüllten und produktiven Lebens, auf eigene Kosten, d. h. im Einklang mit den Mitmenschen und der Natur, prosozial und kooperativ, ja gelegentlich gar altruistisch und tugendhaft« (ESCH 2012, S. 155). Am Steuer des eigenen Lebensfahrzeugs zu sitzen, so schreibt Esch weiter, selbst keinen Schaden anzurichten, anderen zu helfen – das kann großes Glück und tiefe Zufriedenheit auslösen. Voraussetzung dafür ist, die »richtigen« Fragen zu seinem Leben zu stellen und so die Aufmerksamkeit in die gewünschten Bahnen zu lenken. Also: Achten Sie auf das, was Sie denken, es könnte in die Welt kommen.

Nach diesen Erläuterungen zum Thema Aufmerksamkeit und Imagination lade ich Sie zu einem Zwischenstopp ein. Sie sollen dabei Ihre Aufmerksamkeit auf Ihre Ressourcen und Handlungsmöglichkeiten ausrichten und der Frage nachgehen, was Sie konkret für sich im Rahmen Ihrer Selbstsorge auf dem Weg zum Glück tun wollen. Sie können dafür die Anregungen aus dem Text nutzen oder die Bilder, die bei Ihnen dabei entstanden sind. Die Verbindung zu den Achtsamkeitsübungen liegt auf der Hand.

ÜBUNG **Meditation über Glück und Zufriedenheit** ⭳

Suchen Sie sich wieder einen stillen Platz, wo Sie ungestört sitzen können. Starten Sie mit der Aufrichtung Ihres Körpers, nehmen Sie Ihren Körper (Ihren Leib) wahr mit allem, was ihn ausmacht, spüren Sie Ihrem Atem nach, richten Sie die Aufmerksamkeit ganz auf die Atmung, lassen Sie es ruhig werden in sich.

Gehen Sie dann folgenden Fragen nach:

Was hat Sie beim Lesen dieses Kapitels über die Ausrichtung der Aufmerksamkeit besonders angesprochen, was hat Ihre Aufmerksamkeit auf sich gezogen, was klingt in Ihnen nach?

Welche Bilder, Empfindungen, Gedanken sind entstanden? Wie fühlte sich Ihr Körper dabei an?

Formulieren Sie dazu Fragen bezüglich Ihres Lebens, z. B.: Was waren Momente des Glücks und der tiefen Zufriedenheit in Ihrem Leben?

Erinnern Sie genau diese Momente, machen Sie sich dazu einen imaginären kleinen Videofilm. Was genau haben Sie gemacht, damit dieser Moment zu Ihrem Glückserleben führte, was war konkret Ihr Beitrag?

Wie können Sie Ihren Beitrag (in veränderter Form) in Ihr jetziges und zukünftiges Leben einbringen?

Woran werden Sie und Ihre Umgebung merken, dass Ihnen die ersten Schritte gelungen sind?

Wie sieht das Ziel aus, das Sie mit mehr Glück und Zufriedenheit erreichen wollen?

Stellen Sie sich vor, Sie erleben Glück und Zufriedenheit: Was ist dann anders?

Wie haben Sie Glück und Zufriedenheit in die Welt gebracht?

Wo gab es bereits Samen und Keime des zukünftigen Lebens in der Gegenwart?

Wie hat sich konkret Ihr Leben verändert?

Woran merken andere (Familie, Kollegen, Klienten) konkret, dass mehr Glück und Zufriedenheit Ihr Leben prägt?

Welcher »alter Kram« musste weg?

Welche Aufgaben warten nun auf Sie?

Machen Sie sich Notizen, die Sie bei späteren Schritten auf dem Weg Ihrer Selbstsorge wieder nutzen können. ▬

Sie haben jetzt Ihren Aufmerksamkeitsraum mit Entwicklungsbildern gefüllt, mit Imaginationen von dem, wo es hingehen soll. Nutzen Sie diese Bilder, lassen Sie sie immer wieder auftauchen und geben Sie sich dann – soweit möglich – den Impulsen hin, die daraus resultieren.

Wir setzen inzwischen unseren Weg zur Ausleuchtung des Themas Glück und Zufriedenheit fort.

Die neurobiologische Perspektive

Neurowissenschaftler wissen heute schon einiges darüber, wie Glück sich in unserem Gehirn abspielen könnte. Die Verortungen der einzelnen »Bausteine des Glücks« im Gehirn und das biochemische Zusammenspiel sind schon recht gut bekannt. So lassen sich immer neue Hinweise, aber auch immer neue Fragen zu den Zusammenhängen einer gesunden und glücklichen Lebenspraxis ableiten.

Man geht von einem hirneigenen Motivations- und Belohnungssystem aus, dass durch verschiedene Botenstoffe (z. B. Dopamin, Serotonin, endogenes Morphium) in hochkomplexen Prozessen reguliert wird. Verschiedene Hirnareale sind mit ihren Funktionen daran beteiligt, emotionale und kognitive Prozesse sind darin verwoben und auch die Wechselwirkungen mit unserem autonomen Nervensystem lassen sich darstellen. Es scheinen komplexe und integrative Systeme im Inneren als zentrale Instanz für Wohlbefinden, Glück, Stimmigkeit und Kohärenz zu arbeiten. Interessant ist, dass dabei auch unser Gefühl der Zusammengehörigkeit, der Verbundenheit mit anderen, also unsere Verbindung nach draußen, eine entscheidende Rolle spielt. Esch (2012, S. 45) spricht vom »Dreieck des Wohlbefindens« aus neuronaler Integration, empathischen Beziehungen und erlebter Stimmigkeit des eigenen Lebens. »So kommt es zu der neurobiologischen Sequenz im Gehirn von gestellten Herausforderungen und positiver Erwartung (Dopamin), gepaart mit Stress (Stresshormonen) und einer, bei eintretendem Erfolg und Bewältigung, tiefen Belohnung und Zufriedenheit (z. B. Morphium)« (S. 51).

In diesem integrativen System scheinen Herausforderungen und Stress, positive Erwartungen und Hoffnungen, Zufriedenheit, Entspannung und das Erleben von Glück miteinander verbunden zu sein. Das hat natürlich Auswirkungen auf unser Miteinander, auch auf die Gestaltung unserer Arbeitsbeziehungen. Die Frage stellt sich, ob wir unsere Arbeitsprozesse und -beziehungen an diese Sequenzen orientiert gestalten können. Das Gehirn will offenbar Aufgaben und Herausforderungen lösen, und zwar am besten gemeinsam mit anderen. »Also ist es ein besonders starker Reiz für Plastizität, Flow und Glück, wenn wir in Verbundenheit und Präsenz gemeinsam etwas schaffen, gemeinsam wachsen und unserer Gehirne miteinander synchronisieren« (S. 52). Plastizität ist dabei ein Zauberwort, weil es darauf hinweist, dass sich unsere Gehirne danach entwickeln, wie wir sie benutzen. Für die Synchronisierung stehen uns zudem Systeme zur Verfügung, mit denen wir »spiegelnde«, resonante Beziehungen im empathischen Kontakt mit anderen Menschen aufnehmen und verkörpern können.

BAUER (2008) hat unsere neuroplastischen Grundlagen der Empathie, des Zusammenwirkens, also die Fähigkeit unseres Gehirns, uns einfühlen zu können, beschrieben: Wir können mit unseren eigenen neuronalen Verschaltungen die Verschaltungen des Gegenübers, auf das wir uns einlassen, spiegeln, also nachbauen. Das ist eine faszinierende Fähigkeit unseres Gehirns (Spiegelneurone). Sie ist Teil unseres auch genetisch auf Kooperation, auf Miteinander angelegten Daseins. Deswegen sind Glück und Zufriedenheit so sehr mit Beziehungen, mit einem Miteinander-Fließen verbunden.

Es geht eigentlich »nur« um die Frage, wie die vielen auf der biologischen Ebene angelegten Fähigkeiten zum Empfinden von Glück und Zufriedenheit und die sogar genetisch verankerten Fähigkeiten zur Kooperation in den Alltag gebracht werden können. Das reicht weit über den Einzelnen und sein Ego hinaus zu einer transpersonalen Perspektive, die als Verbundenheit und Liebe beschrieben wird.

Hier sind neben den genetischen und biologischen Ebenen auch tiefere biografische, emotionale und spirituelle Schichten unseres Daseins beteiligt, die uns Glück und Zufriedenheit ermöglichen oder daran hindern, und die das gemeinsame Schwingen, den Flow, das gemeinsame Glück ermöglichen oder die uns aus unterbewussten Quellen am gemeinsamen Einschwingen behindern. Das ganze faszinierende Panorama unseres Daseins scheint hier auf.

»Glück beginnt mit Begeisterung, die wir Dingen oder Menschen entgegenbringen« (ESCH 2012, S. 59). Die damit aktivierten Begeisterungsneurone berieseln das ganze Gehirn, steigern Konzentration und Aufmerksamkeit und sponsern Leidenschaft, Spaß, Wachstum und Entwicklung. »Begeisterung ist der Dünger« (S. 59). Emotionales Glückserleben hat also sehr komplexe biologische Grundlagen, und das Wissen darum lässt neue Perspektiven auch für unser Zusammenleben entstehen. »Benötigt werden Vorbilder, positive Verhaltensbeispiele, Empathie, Erfolg und Begeisterung, sichere und positive Beziehungsmodelle« (S. 59).

Die neurobiologische Perspektive verbindet viele Zugänge zu Glück und Zufriedenheit: Achtsamkeit, Aufmerksamkeitsfokussierung, Lösungsorientierung, Verbundenheit, Liebe, Motivation und Belohnung, Stressbewältigung, Kooperation als kollektives Handeln.

Es öffnen sich gleichzeitig neue Fragen: Wenn die Kooperation und das gemeinsame Schwingen von Menschen (Synchronisieren) so starke Auswirkungen auf Körper und Seele haben – was hindert Menschen, sich diese Ressource voll und ganz zu erschließen? Besonders in psychosozialen Arbeitskontexten ist dafür eine hohe Sensibilität, Professionalität und Kunstfertigkeit vorhanden. Sicher ist aber auch: Die Knappheit der Ressourcen, die Enge der Regeln etc. erschweren solche Wege.

Was wäre, wenn Sie sich probeweise mit der folgenden Idee vertraut machten? Entwicklungen der Menschheit sind meist aus Mangelsituationen entstanden. Druck ist auch eine Form der Energie, die für den Veränderungsschwung genutzt werden kann. Motorisierte Fahrzeuge wurden entwickelt, als es in der aufstrebenden industriellen Produktion zu Engpässen bei den Transportmöglichkeiten kam. Computer wurden notwendig, als immer mehr Daten für die sich differenzierenden Entwicklungen in Industrie und Dienstleistung benötigt wurden und die alten Papiersysteme völlig überfordert waren. Um die Gesundheit kümmert man sich jetzt intensiv, weil die »Ressource Mensch« knapp ist, weil gleichzeitig das Wissen und die Erfahrung der Menschen für die Produkte und Dienstleistungen immer wichtiger geworden sind. Das ist heute der Engpass. (Kondratieff hat dafür ein Modell der Wirtschaftszyklen entwickelt, siehe NEFIODOW 1999.)

Was im Großen als kreative Reaktion auf Mangel wirkt, gilt auch im Kleinen. Aus der vielerorts entstandenen Verknappung der Ressourcen entwickeln sich neue Formen von Arbeitsprozessen, von Kooperation und Abstimmung.

Die Vision ist, dass Menschen in ihren Arbeitskontexten dann Glück erfahren, wenn sie aus der erlebten Enge in einen gemeinsamen Fluss von Ideen kommen – und damit Neues erschaffen. Wie Picasso sagte: »... und was gefunden wird, ist unbekannt. Es ist ein Wagnis – ein heiliges Abenteuer!« Nutzen Sie dafür die Plastizität Ihres Gehirnes, Ihre genetische Kooperationsausstattung und die Synchronisierungsmöglichkeiten mit anderen zur Entwicklung neuer Arbeits- und Abstimmungsformen. Sie haben durch Ihre spezifischen, professionellen Kompetenzen dafür schon das Handwerkszeug, das Sie brauchen.

Lassen Sie sich von dieser Idee inspirieren, wenn wir uns später um die kollektive Selbstsorge bei der psychosozialen Arbeit kümmern.

Vorher soll es noch um einige Haltungen gehen, die Sie für Ihre kluge Selbstsorge und Ihr Glücksempfinden nutzen können.

Das Glück in die Welt bringen: Haltungen

Wir wollen der Frage weiter nachgehen, wie Sie Glück und Zufriedenheit in die Welt bringen können. Hier geht es jetzt um die Haltungen, mit denen Sie sich das Erleben von Glück auf Ihrem Weg der klugen Selbstsorge ermöglichen können. Dazu möchte ich einige Hinweise geben und einige praktische Übungen vorschlagen, die Ihnen das erleichtern können. Trotzdem bleibt Glück natürlich eine höchst individuelle Reise; wir tragen hier nur einige Hinweisschilder zusammen und ebnen den Weg ein wenig auf der Oberfläche.

Dankbarkeit

Dankbarkeit ist eine Haltung, die Menschen oft vergessen. Kinder werden angehalten, »Danke!« zu sagen und damit diese Haltung zu üben. Wir Erwachsenen nehmen vieles als selbstverständlich hin: unser Leben, unsere Gesundheit, unsere Familie, die Arbeit, Speis und Trank, Frieden, all das, was wir von anderen empfangen. Uns wächst im Leben eine große Fülle zu, wir leben in einem ungewöhnlich reichen und friedvollen Augenblick in der Geschichte der Menschheit. Das alles mit Dankbarkeit zu würdigen, sich zu verneigen und die Aufgabe zu spüren, das Beste daraus zu machen, zum Wohle des Ganzen: Das gibt Ihrer klugen Selbstsorge eine sehr würdige Grundlage. Es ist eben nichts selbstverständlich, sondern es ist letztlich eine Gabe, die Sie empfangen dürfen – und der Ausgleich ist anderen zu geben.

Diese Haltung täglich zu üben, bringt Sie zu einer anderen Sicht auf die Welt, auf Ihre Rahmenbedingungen, Ihre Konflikte. Alles bekommt einen anderen Stellenwert, und was in den Vordergrund rückt, was hinter einer tiefen, ehrlich gemeinten Dankbarkeit und besonders hinter dem Geben auftaucht, ist – Glück.

Es gibt viele Möglichkeiten der Übung in Dankbarkeit, wichtig ist, überhaupt in diese Haltung zu kommen. Das können Sie mit Tagebuchaufzeichnungen (Dankbarkeitsbuch) oder anderen Formen des Tagesabschlusses machen. Begrüßen Sie den Tag, indem Sie sich für das Licht des Morgens bedanken. Machen Sie nach jedem schönen Erlebnis des Tages, nach jedem Lächeln, das Sie von einem Klienten empfangen, eine kurze Pause der Dankbarkeit – Sekunden der Dankbarkeit bewirken viel.

Stellen Sie sich an eine sichtbare Stelle, an der Sie oft vorbeikommen, ein Symbol der Dankbarkeit, um sich zu erinnern.

Wenn Sie Achtsamkeitsübungen pflegen, ist das eine gute Möglichkeit für eine Verneigung in Dankbarkeit. Spüren Sie dabei nach, wem Sie dankbar sind: Gott, dem Höheren, Ihren Eltern, einem besonderen Menschen.

Vergebung

Nelson Mandela rief nach seiner Freilassung nach 27 Jahren Haft am 11.2.1990 zur Aussöhnung und zum gemeinsamen Handeln auf. Auf die Frage von Bill Clinton, wie es ihm gelungen sei, zu vergeben, soll er geantwortet haben: »Als ich aus dem Gefängnistor hinauslief, wusste ich, dass ich – wenn ich diese Leute weiter hassen würde – mich weiterhin im Gefängnis befinden würde« (zit. nach ESCH 2012, S. 159).

Vergebung ist eine hohe Kunst. Vergebung meint nicht, das alles so weitergeht wie vorher, als sei nichts geschehen. Es ist auch keine Verbrüderung mit Tätern. Vergebung meint, sich aus dem Opfer-Sein zu befreien und damit eine höhere Stufe der Reifung zu erlangen. Die Verantwortung für die Tat und die Folgen bleiben bei den Tätern, und Sie treten aus dem Energiefeld des Täters heraus und in Ihr eigenes wieder ein. Sonst besteht das Risiko, an dem verletzenden Ereignis – ganz gleich, was es ist – anzuhaften, »im Gefängnis« zu bleiben, was zu schwerwiegenden Problemen oder auch Krankheiten führen kann. Wegen dieser Dynamik wird Vergebung oft als ein zentrales Prinzip von Heilung verstanden, von dem alle anderen Formen der Heilung ausgehen.

Vergebung ist schwer zu lernen, weil unser Ego immer recht haben will, gekränkt ist, seine Stellung halten will – und nun soll es zurücktreten. Vergebung scheint auch deshalb so schwer zu sein, weil Sie dabei in Kontakt kommen mit den oft unterdrückten Schuldvorwürfen, die Sie sich selbst machen. Es geht also letztlich immer auch darum, sich selbst zu vergeben.

Eine gute Übung ist, andere um Verzeihung zu bitten, wenn Sie verletzend waren. Spüren Sie nach, was an Wiedergutmachung angemessen wäre.

Vergeben Sie aber auch sich selbst. Spüren Sie nach, was Sie sich alles übel nehmen, was Sie meinen, falsch gemacht zu haben. Das ist meist eine ganze Menge (vgl. dazu Tipping 2009). Gerade sozial engagierte Menschen, die das Wohl der anderen intensiv im Blick haben, nehmen sich Fehler sehr übel, insbesondere, wenn sie gegen die eigenen Werte verstoßen oder ihre Ansprüche verraten, z. B. nicht ständig liebevoll zugewandt sind. Beginnen Sie, sich das zu vergeben.

Unterscheiden Sie zwischen Schuld und Verantwortung: Schuld ist ein in sich gekehrtes Kreisen um das eigene Versagen. Davon hat keiner etwas. Bei Verantwortung stehen Sie aufrecht, tragen die Folgen und schauen, welche Antwort Sie auf die Situation geben können.

Schauen Sie nach dieser ersten Vergebungsübung, wer Ihnen Schaden zugefügt hat. Spüren Sie Ihren Empfindungen nach. Vergeben Sie von Herzen. Spüren Sie dann wieder Ihren Empfindungen nach.

Wenn Ihnen das Vergeben nicht gelingt, schauen Sie denjenigen, dem Sie vergeben wollen, mit dem Auge Ihres Herzens an, verweilen Sie kurz auf der Oberfläche und schauen Sie durch diese »hindurch«, spüren Sie nach, welcher Mensch vor Ihnen steht. Dann fällt es wesentlich leichter, zu vergeben.

Wie gesagt, Vergebung macht Sie frei, lässt Sie nicht anhaften an eigenen Fehlern oder an den Fehlern anderer. Das bindet viel Energie, die Ihnen dann nicht für Ihre kluge Selbstsorge zur Verfügung steht.

In die Stille gehen

Sie haben den Weg in die Stille schon bei den Achtsamkeitsübungen kennengelernt. Er ist auf dem Weg zum Glück ein entscheidender Baustein. Sie öffnen sich dadurch für die Wahrnehmung von allem, was Ihnen als Geschenk im Alltag entgegenkommt.

Menschen leben ein biologisches Leben und ein spirituelles Leben, das unterscheidet sie von den Tieren. Das spirituelle Leben kann verglichen werden mit einem Baum, der in den Himmel wächst und dort reiche Früchte trägt.

Spirituelle Wege lassen Menschen immer wieder in Berührung kommen mit ihren inneren Quellen, mit dem, was sie mit einer höheren Ordnung verbindet, mit Gott oder wie immer Sie das nennen. Dabei soll Spiritualität in der schon oben gegeben Definition von UHDE (2011, S. 101) verstanden werden, die hier wegen häufiger Missverständnisse wiederholt wird: »Spiritualität ist kein Zustand, der erworben werden könnte, sondern das Begleitmoment eines Weges zu einem Ziel. (...) So ist ›Spiritualität‹ einem stets weiterführenden Suchen gleich.« Der Weg führt über Meditation, Gebet und Stille. »Ich öffne mich emotional dem anderen. Aber in mir ist ein Raum der Stille, zu dem der andere keinen Zutritt hat« (GRÜN 2012, S. 379).

Stille lässt die feinen Empfindungen, Emotionen und Gedanken deutlich werden, lässt Sie das Strömen von Frieden und Glück wahrnehmen. Wenn Sie in turbulenten Zeiten nicht still werden, haben Sie kaum mehr Kontakt mit diesen wichtigen und zentralen Wahrnehmungen:

»Der Blick öffnet sich über den Tag und das eigene Leben hinaus. (...) Meditieren, still werden, ›in sich gehen‹, ein stummes Gespräch mit sich selbst führen, hören, was in sich und darum herum vor sich geht: Im Schweigen ist die Seele ganz bei sich, sammelt ihre Gefühle und Worte, ohne sie schon im Diskurs zu zerstreuen. Im Schweigen lernt sie, was Sprechen ist und was sie selbst sagen will« (SCHMID 2004, S. 280).

Bei diesem Ansatz der klugen Selbstsorge wird der Begriff der Seele (wieder) bedeutsam. »Seele« steht hier für den Kern der Persönlichkeit, das Herz, die Mitte, die Einmaligkeit, die Innerlichkeit. Sie steht für das, worum es »eigentlich« geht, um das wahre Selbst im Dürckheim'schen Sinne in Abgrenzung zum Welt-Ich. Die Seele wird als eine wirksame Kraft, ein Lebendiges beschrieben, die ich nie ganz zu fassen bekomme und deshalb nicht ausloten kann. »In der Seele geht es für mich um das Intimste, Innerlichste, Kostbarste, das ich habe. Es geht um meine Person in ihrer Beziehung zu Gott. Und das lasse ich mir bei all den rationalen Zweifeln, die ich habe, die ich kenne und ernst nehme, nicht ausreden« (GRÜN & MÜLLER 2008, S. 25).

Es geht darum, im Alltagshandeln die Seele und damit auch die Verbindung zum großen Ganzen, zum Göttlichen durchklingen zu lassen – also das Ihnen schon bekannte per-sonare (vgl. S. 76). – und damit zur Person, zur Persönlichkeit zu werden. »Die Seele als Leben, das Leben als Seele. Die Seele als Antreiberin zum Leben. Dabei lässt sie nichts unversucht, um uns lebendig zu halten« (S. 32). Seelenheil meint die Vollständigkeit und Ganzheit der Seele, meint den Kontakt, die Verbindung, das Erspüren unserer Seelenbewegungen. In diesem Kontakt sind wir präsent und vollständig als Person und Persönlichkeit, sowohl mit unserem Welt-Ich als auch mit dem, was unsere Seele bewegt in unauflösbarer Einheit. Gesundheit ist – wie Sie ja wissen – Heilsein, und Heilsein meint ganz, vollständig, unversehrt, heilig zu sein. Die Kraft jeder so verstandenen Gesunderhaltung (»kerngesund«) und jeder klugen Selbstsorge speist sich aus diesen Quellen.

Die Wege ebnen

Glück und Zufriedenheit sind keine dauerhaften Zustände, sondern sie kennzeichnen lebenslange Prozesse der Selbstsorge und sind gleichzeitig Ergebnis solcher Prozesse. Sie sind, wie beschrieben, eng mit körperlicher, geistiger und seelischer Gesundheit verbunden, stärken die Funktionssysteme unseres Körpers, verhindern Erkrankungen und machen das Leben heller. Wie aber kann man diese heiklen, fragilen, flüchtigen Seinsweisen in sein Leben einladen, ihnen mehr Raum geben? Diese Frage stellt sich insbesondere dann, wenn es gerade nicht viel zu lachen gibt.

Kann ich, wenn ich krank bin, Schulden habe, in Scheidung lebe, arbeitslos geworden bin, glücklich sein? Wenn Sie in bitterarmen Teilen der Welt den zerzausten Kindern in die glücklichen Gesichter und Augen schauen, dann wissen Sie die Antwort.

Unangenehme, leidvolle Umstände können Sie möglicherweise nicht verändern. Aber auf Ihre Konzentration auf Glück oder Unglück, auf die Bewertung der Situation, auf die tieferen Werte, Haltungen, Dynamiken, die Sie auf Ihrem Weg zum Glück fördern oder hindern, haben Sie Einfluss. Die Frage ist immer, ob und wie es gelingt, in diesen Situationen einen Sinn zu finden, wie Frankl das nach seinen höchst leidvollen Erfahrungen in den Konzentrationslagern berichtete. Es geht ja nicht um eine rosarote Farbe für die Oberfläche, sondern um das Bewusstwerden von dem, was wahr ist, um das Hinschauen, Hinspüren und Nicht-Weglaufen, um auf diesen tiefen Ebenen die Sinnhaftigkeit zu erkennen. Dort liegt dann auch die Wurzel für Ihr Glück. Es ist – um im Bild von Dürckheim zu bleiben – die Kunst, die Oberfläche, das Welt-Ich mit der Tiefe und dem eigentlichen Wesen zu verbinden.

Zum Ebnen der Wege habe ich Ihnen einige Schritte zusammengestellt, die Sie nutzen können, um Ihr Glückspotenzial zu erspüren und dem nachzugehen, was alles in Ihnen steckt.

Sie haben auf dem Weg zum Glück schon einige Einflussmöglichkeiten kennengelernt, z. B.:

- wie gut oder schlecht Sie für sich und Ihre körperlichen, seelischen, sozialen und spirituellen Bedürfnisse Sorge tragen;
- wie Sie die Balancen zwischen Pflicht und Kür in Ihrem Leben ausgleichen;
- wie viel Einfluss Sie auf die Gestaltung Ihrer engsten Beziehungen nehmen;
- welche Ziele und Lebensträume Sie sich erlauben;
- wie viel frischer Wind – genannt Abenteuer und Neues – in Ihrem Leben Einlass erhält;
- wie erfolgreich Sie dafür sorgen, dass tragfähige, befriedigende Strukturen und Rituale in Ihrem Leben etabliert sind;
- wie achtsam Sie Ihre Ressourcen einsetzen.

All dies sind Aspekte, die mit dem Erleben von Glück und Zufriedenheit verbunden sind. Sie können dazu im Folgenden einige praktische Erkundungen durchführen (in Anlehnung an LAUTERBACH & HILBIG 2006).

Das Glücksbarometer

Starten Sie zunächst mit Ihrer persönlichen Glücks- oder Zufriedenheitsbilanz, das heißt, stellen Sie mittels der folgenden Übung fest, wie Ihre derzeitige Bilanz in Bezug auf Ihre »Lebensglückskurve« ausfällt. Erkunden Sie mehrere Themenbereiche (Beruf, Partnerschaft, Familie, Freundschaften, körperliche Fitness, Tiefe Ihrer persönlichen Erfahrungen) jeweils gesondert und tragen die Kurven dazu dann mit unterschiedlichen Farben ein.

ÜBUNG Glücksbarometer ⬇

Nehmen sie sich ca. 20 Minuten Zeit für die folgende Übung. Wählen Sie die Themenfelder (Arbeit, Beziehung u. a.) aus, die Sie mit Ihrem Glücksbarometer untersuchen wollen. Entscheiden Sie sich für eine Zeitspanne, für die Sie das erkunden wollen.

Zeichnen Sie ein Koordinatensystem: Die y-Achse markiert die Intensität von Glück und Zufriedenheit zu dem jeweiligen Thema, die x-Achse zeigt die Zeitspanne, die Sie gern betrachten möchten. Sie werden auch in die Zukunft schauen und Prognosen wagen.

ABBILDUNG 3 Glücksbarometer

Zeichnen Sie nun die entsprechenden Kurven zu den gewählten Themen. Schauen Sie sich das Gesamtbild an:
- Was fällt Ihnen auf, was ist das Besondere?
- Wie geht es Ihnen mit diesen Kurven, welche Emotionen werden ausgelöst? Sind Sie begeistert oder erschrocken?

Betrachten Sie dann die Kurven und ihre Abschnitte genauer:
- In welchem Verhältnis stehen die Themenlinien zueinander?
- Welche Erklärungen haben Sie für mögliche Zusammenhänge, für Hochs und Tiefs?
- Wie zufrieden sind Sie mit Ihren abgebildeten Dynamiken? Wo hätten Sie gerne Veränderungen?

Betrachten Sie Ihre Vergangenheit:
- Zu welchen Zeiten hatten Sie ein für Sie besonders erstrebenswertes »Gemisch« an Zufriedenheiten und Glück?
- Was war damals anders, wie haben Sie das geschafft?

Betrachten Sie Ihre Zukunft:
- Angenommen, die Entwicklung Ihrer klugen Selbstsorge läuft erfolgreich: Wie wird Ihre Zufriedenheit und Ihr Glück in den von Ihnen gewählten Themenfeldern in ein, drei oder fünf Jahren sein? Was genau wird dann anders sein als jetzt?
- Bitte überlegen Sie abschließend:

Was ist ein erster kleiner, konkreter Schritt in einem der untersuchten Themenfelder, den Sie gleich beginnen können? ▬

Wenn Sie erkennen, dass Sie mit einer Entwicklung gar nicht zufrieden sind, und merken, dass es auch zukünftig nicht besser wird, denken Sie an Bertold Brecht: »Wer A sagt, muss nicht B sagen. Er kann auch erkennen, dass A falsch war.« Sie dürfen also abbiegen.

Die Mär vom Müssen

Haben Sie sich schon einmal gefragt, wie häufig Sie am Tag vom »Müssen« sprechen oder daran denken, was Sie noch alles tun »müssen«?
Für viele Menschen ist dies eine tief verwurzelte Gewohnheit, die sie gar nicht mehr bewusst wahrnehmen, auf welche Weise die Sprache ihr Lebensgefühl beeinflusst. Sie haben das hier schon bei den Stressverschärfern gelernt: Sie können Ihren Weg der Selbstsorge erleichtern, wenn Sie in Ihren inneren Dialogen eine Sprache benutzen, die Ihnen eher Möglichkeiten öffnet als schließt und die nicht Druck allein durch Ihr Vokabular erzeugt.
Lassen Sie sich hier zu einer Achtsamkeitsübung zum Thema »Müssen« einladen.

ÜBUNG Sprachstressor »Müssen« entschärfen ⬇

Wählen Sie einen Tag, an dem Sie sich beim Denken und beim Sprechen beobachten können. Machen Sie über den Tag verteilt kurze Pausen, um folgenden Fragen nachzugehen:
Wie häufig denken oder sagen Sie »Ich muss«?
Welche Gefühle haben Sie dabei und anschließend?

Wie reagiert Ihr Körper? Beobachten Sie Ihre Mimik, Ihre Körperhaltung, Ihren Atem.

Wie verändert sich Ihr Verhalten, wenn Sie »Ich werde« sagen? ▬

»Ich muss« erzeugt ein Gefühl der Abhängigkeit. Wer dieses Lebensgefühl zugunsten eines Lebensgefühls der Selbstständigkeit überwinden will, wird stattdessen »Ich will«, »Ich werde«, »Ich darf«, »Ich tue« denken und sagen.

Entscheiden Sie sich probeweise, jedes einzelne Muss aus Ihrem Denken und Ihrer Sprache zu entfernen. Es gibt nichts, was Sie tatsächlich müssen. Sie denken nur, Sie müssten. Lassen Sie sich überraschen, wenn Sie andere Beschreibungen ausprobieren.

Zu einfach? Gibt es nicht doch ein »Muss«, das Sie nicht so leicht loswerden?

Atmen? Müssen Sie?

Sie müssen nicht atmen – Sie atmen. Der Atem kommt, der Atem geht, ganz von allein. Spüren Sie immer wieder nach, wie Ihre Sprache Ihr grundlegendes Lebensgefühl prägt – und das meist, ohne dass Sie sich bewusst für eine bestimmte Richtung entschieden haben.

Schauen Sie sich einmal andere Sprachen an. Was für ein Lebensgefühl erzeugen andere Sprachen – beispielsweise um das Thema »Geld« herum? Nur in der deutschen Sprache ver»dient« man sein Geld. Die Engländer ernten es (»to earn money«). Die Amerikaner machen das Geld (»to make money«), die Franzosen gewinnen ihr Geld (»gagner l argent«) und die Ungarn finden es einfach.

Sprache schafft Lebensgefühl. Der Philosoph und Kommunikationswissenschaftler Ernst von Glasersfeld erzählte in einem Workshop, dass er aufgrund seiner Biografie mit häufigen Wechseln zwischen den Sprachräumen keine eigentliche Muttersprache habe. Deswegen denke er – je nach Lebenssituation – in einer anderen Sprache. Wenn er schnell und kreativ denke, sei es englisch, wenn es genau wird deutsch, in Liebessituationen denke er italienisch und bei Genuss französisch.

Da Sie und ich meist in unserer Muttersprache denken, unterliegen wir allen Beschränkungen von Vokabular und Grammatik dieser Sprache. Schenken Sie Ihrem Denken und Sprechen Aufmerksamkeit. Beobachten Sie sich immer wieder dabei. Probieren Sie andere Formulierungen, andere Begriffe. Lockern Sie Ihre Denkgewohnheiten wie Ihre Muskeln.

Die Bewusstheit für die meist unbewussten Implikationen der Sprache ist eine wirksame Übung zur Stärkung Ihrer bewussten Selbstsorge.

Etwas wagen

Wir kommen hier zu einem neuen Aspekt für Ihre gute Selbstsorge. Viele Menschen hätten am liebsten alle Dinge »niet- und nagelfest« geregelt. Am besten schon vor der Geburt und bis über den Tod hinaus. Bei all den unbeeinflussbaren Ereignissen des Lebens, den globalen Unwägbarkeiten wie Terrorismus, Kriege, Atomkatastrophen, Flugzeugabstürze, Autounfälle, drohende Epidemien – angesichts der undurchschaubaren Komplexität unserer Welt sowie der Tatsache, in einem Universum zu leben, in dem ständig unzählig viele Sonnen explodieren – ist das zutiefst menschliche Bedürfnis nach Sicherheit nur allzu verständlich.

Wenn Selbstsorge sich allerdings vorwiegend aus der Quelle der Sicherheit speist, macht sie das Leben eng statt weit. Unsere großen Sicherheitsagenturen, die Versicherungen, Rentenkassen, Sozialämter, Ärzte, Banken etc., werden niemals müde, uns von der Wiege bis zur Bahre in allen Belangen Sicherheit zu versprechen und zu verkaufen. Und doch wissen oder ahnen Sie, auf welch dünnem Eis Sie mit der Fantasie einer allumfassenden Sicherheit stehen. Sie wissen, dass Ungewissheit, dauerndes Werden und Vergehen, Krankheit und Tod fest mit dem menschlichen Leben verwoben sind. Und Sie wissen auch, dass die extreme Betonung des Sicherheitsaspekts im Leben nicht nur sehr viel Geld kostet, sondern auf Dauer einschläfernd auf Ihr Bedürfnis und auf Ihre Fähigkeit zur Neugier und zum Staunen wirkt. Bhagwan wird der Satz zugeschrieben: »Wenn du Sicherheit in der Beziehung möchtest, dann heirate eine Leiche!«

In Biografien können Sie nachlesen, wie sich die Risikobereitschaft von Menschen in den unterschiedlichsten Lebensfeldern zeigt und zu einem lebendigen, erfüllenden Leben beiträgt. Glück scheint dann wahrscheinlicher zu werden, wenn Sie sich bewegen – innerlich und äußerlich. Nach einer Studie von Prof. Rosenthal von der Universität Illinois zeigt die verbreitete Neigung zur Ausübung gefahrvoller Sportarten wie Klettern oder Fallschirmspringen, dass das Eingehen von Risiken ein menschliches Grundbedürfnis zu sein scheint. Er beobachtete, wie riskante Sportarten bewirken, dass Menschen effizienter, kreativer, leistungsfähiger und sexuell aktiver sind (LEONARD 1975, S. 246 f.).

Nun soll dies keine Aufforderung sein, einen Kurs in Freeclimbing zu beginnen, bei der nächsten Kirmes Bungee-Jumping auszuprobieren, Ihren Partner heute noch zu verlassen oder die Lebensversicherung zu kündigen. Es geht vielmehr um das Einbeziehen von angemessenem

Wagnis auf Ihrem Weg der klugen Selbstsorge, das Wagnis, das Picasso so tiefgründig als »heiliges Abenteuer« bezeichnete.

Etwas wagen heißt, Sinne, Empfindungen und Denken für Ungewohntes zu öffnen, rasche Bewertungen und Erklärungen zu vermeiden (vgl. den Anfängergeist im Achtsamkeitskapitel), sich wie ein Kind oder ein Anfänger neugierig in die Welt zu stellen, neues Verhalten auszuprobieren, sich mit den Menschen auf andere Weise zu verbinden, sich nicht hinter Rollen und Masken zu verstecken. Es kann heißen, sich selbst infrage zu stellen, die Initiative zu ergreifen und vielleicht sogar etwas zu unternehmen, was möglicherweise niemand von Ihnen erwartet. Die Lyrikerin Anke Maggauer-Kirsche, bekannt für Ihre Aphorismen, sagte: »Leben heißt, jeden Tag etwas wagen, was nicht voraussehbar ist.«

Wenn wir in unseren Gewohnheiten und unserem Verhalten festgefahren sind, sind es auch unsere Gefühle und Gedanken. Sobald wir etwas wagen, schaffen wir neue Möglichkeiten.

Das Wagnis ist ein Spiel mit den Möglichkeiten, das Schwung und Spannung in Ihr Leben bringen. Und jedes Mal, wenn Sie ein Risiko eingehen, ist es eine Herausforderung an die eigenen Zweifel und Ängste, mit denen Sie dann gestärkt umgehen werden.

Menschen, die das Wagnis bewusst in ihren Lebensweg aufgenommen haben, begeben sich immer wieder auf eine Suche. Der Einsatz kann hoch sein, aber ebenso hoch ist auch der Lohn. »Mut führt zu den Sternen, Angst zum Tod«, soll der römische Philosoph Lucius Seneca (de Crezcenzo) gesagt haben.

Das lateinische Wort »Animus« heißt Seele, Geist, Sinn, aber auch Mut. Könnte das ein Hinweis darauf sein, dass dieses Bedürfnis tief in der menschlichen Seele verwurzelt ist?

Für Gandhi war »Unentwegtheit die erste Voraussetzung für Spiritualität«. Nach seinem Biografen Fischer hielt Gandhi Mut für ein Vitamin, das zum spirituellen Wachstum jedes Menschen unerlässlich sei, im Gegensatz zur Feigheit, die bloß Selbstachtung und Selbstwert herabsetze.

Auch Wagnisse, mit denen Sie scheitern, sind höchst bedeutsam für Sie. Ohne Fehler lernen Sie nicht. Sie lernen Seiten von sich kennen, die Sie sonst nicht finden.

II Wie hängen für Sie Wagnis und Glück zusammen?
Wann haben sie zuletzt etwas gewagt?

Wie haben Sie und Ihre Umwelt dieses Wagnis bewertet?

Haben Sie es bereut oder hat es Sie weitergebracht? Wohin hat es Sie gebracht? Was war der Gewinn?

Was haben Sie dabei über sich, Ihre Werte, Ihr Leben erfahren?

Wenn Sie es bereuen: Was könnten Sie verändern, wenn Sie es heute wieder tun wollten?

Worauf würden Sie jetzt achten, damit das Wagnis ein Glückserlebnis werden kann?

Was ist – trotz allem – Gutes aus dem Wagnis entstanden?

Welches Wagnis steht jetzt in Ihrem Leben an?

Wie hoch schätzen Sie den Pegel Ihrer Angst in Bezug auf dieses Wagnis auf einer Skala von 0 bis 10 (0 = keine Angst, 10 = sehr große Angst)?

Wie haben Sie es bisher in Ihrem Leben geschafft, Ängste zu nutzen, z.B. als Energien, die Sie in Schwung bringen, oder als Abenteuerlust?

Was brauchen Sie, um Ihr neues Wagnis (wieder) so zu sehen?

Wie können Sie sich das verschaffen? **||**

Nur Mut für Ihre Wege! Oder wie die Franzosen Ihren Mitmenschen wünschen: Bon courage!

Humor

Ich hoffe, dass Ihnen, in Ihrem Leben das Lachen noch nicht vergangen ist. Der Volksmund weiß, dass Lachen gesund ist oder dass Lachen die beste Medizin ist. Lachen ist zudem ansteckend. Lachen ist eine der wichtigsten Investitionen in Ihre Selbstsorge – und gleichzeitig ein wichtiger Indikator für eine gelungene Selbstsorge.

ÜBUNG Lachen ⬇

Schauen Sie sich auf youtube.com den kleinen Film »Bodhisattva in der Metro« an. Sie können ihn mit Lust und Gewinn allein anschauen. Besser ist noch, Sie gönnen sich zusammen in Ihrem Team ein gemeinsames Erleben des Filmes – das Lachen steckt auch beim zehnten Mal noch an – es entsteht keine Immunität!

Beobachten Sie, wie sich anschließend bei Ihnen die Stimmung und das Verhalten ändern. Beobachten Sie im Team, wie Sie Ihre Gespräche anschließend führen.

Erweitern Sie diesen Zugang und schauen sich gemeinsam humorvolle Filme an (»Zwei ziemlich beste Freunde« o.Ä.). ▬

Lachen festigt das soziale Gefüge. Vielleicht ist das auch der evolutionsbiologische Sinn von Humor. In der Familie, im Freundeskreis, in guten Teams haben Sie diesen Effekt sicher vielfach erlebt. Humor und Lachen helfen, Konflikte zu entschärfen – wenn es nicht das Lachen über einen Dritten ist.

Lachen hat diverse gesundheitliche Vorteile: Es trainiert Atmung und Gefäße, lockert die Muskulatur, lindert Schmerzen, baut Stress ab, stärkt die Immunabwehr und stimuliert unser Belohnungszentrum im Gehirn. Kranken kann man in ihrem Heilungsprozess durch Humor und Lachen helfen. In Kinderkliniken sind deshalb Klinikclowns beliebt. In vielen Ländern gehören Lachen und Humor zum Standardrepertoire in der Alten- und Krankenpflege – in Deutschland gibt es da einen deutlichen Nachholbedarf. Fangen Sie in Ihrem Arbeitsfeld mit dem heilsamen Humor an!

Humor lädt zu dem Perspektivwechsel ein, den Sie für Lösungen in komplexen Situationen benötigen. Wahrscheinlich kennen Sie den Satz des Avantgardisten Picabia (1879–1953): »Der Kopf ist rund, damit das Denken die Richtung ändern kann.« Genau darum geht es bei Lösungen für scheinbar aussichtslose Situationen.

Humor ist etymologisch verwandt mit Humus und Humanität. Er hat mit Feuchtigkeit, Flüssigkeit, mit den Körpersäften zu tun. In der antiken und mittelalterlichen Medizin wurde der Mensch als Mischung aus verschiedenen Natursäften (humoris naturalis) verstanden, die entscheidend für Stimmung, Temperament, Konstitution, Krankheit und Gesundheit waren. Nutzen Sie diesen Nährboden für ein menschliches Miteinander.

ÜBUNG Humor und Witz ⬇

Sammeln Sie Beispiele Ihrer humorvollen Lösungen oder Lösungswege. Wie ist Ihnen der Einstieg in diese Wege gelungen? Was haben Sie wie gemacht? Was war dabei hilfreich?

Sammeln Sie Witze und experimentieren Sie damit in unterschiedlichsten Situationen – es ist natürlich wie bei allen Heilmitteln eine Frage der Dosierung und des Geschmacks! ▬

Ich hoffe, dass Sie aus diesem Kapitel einige Anregungen für Glück, Zufriedenheit und Humor auf Ihrem Weg der klugen Selbstsorge mitnehmen können. Sie werden Ihre Gesundheit stärken. Die bewusste Ausrichtung Ihrer Aufmerksamkeit auf die gelingenden Sequenzen Ihres Lebens, Dankbarkeit für das, was ist, Ihr Mut, sich und anderen zu vergeben, Wagnisse einzugehen und sich Ihr Lachen zu erhalten – das ist ein wichtiger und umfangreicher Teil Ihrer Reiseausstattung für einen gesunden Lebensweg und ein doch ganz leicht zu tragender Teil Ihrer Gepäckstücke.

Gestaltung gesunder psychosozialer Arbeitsfelder

Die Arbeit in psychosozialen Kontexten hat viele Besonderheiten, die bei der Gestaltung einer gesunden Arbeitsumgebung zu berücksichtigen sind. Die sozialpolitischen Rahmenbedingungen sind schon zuvor beschrieben und die Grenzen der Beeinflussbarkeit benannt worden. Hier geht es nun um die konkrete Gestaltung Ihres Arbeitsalltags und die Frage der Sicherung Ihrer Selbstsorge.

Grundsätzlich gibt es – wie bei der Stressbewältigung – drei Wege für die Selbstsorge und Gesunderhaltung im Arbeitsumfeld:

Der individuelle Weg Dazu haben Sie in den vergangenen Kapiteln einige Hinweise und Anregungen bekommen, die Sie für Ihre persönliche Entwicklung nutzen können. Sie können die hier gesammelten Erfahrungen auch als Ihre Haltungen, als Know-how, als Impulse in Ihre Arbeitsfelder einbringen. Im Folgenden wird noch einmal die Bedeutung der individuellen Selbstsorge gerade in den psychosozialen Arbeitsfeldern herauszustreichen sein. Optimalerweise ist sie eingebettet in ein gelingendes, kooperatives Miteinander aller Beteiligten.

Der kollektive Weg Auf dieser Ebene nutzen Sie die gegenseitige soziale Unterstützung und die emotionale Verbundenheit, um auf dieser Basis die Selbstsorge zu sichern.

Der organisationale Weg Die eben genannten Wege wiederum gelingen leichter, wenn der dritte Weg ebenfalls in die Entwicklung einbezogen wird: die organisationalen Rahmenbedingungen für Selbstsorge und Gesunderhaltung, also die Entwicklungsprozesse zu einer gesunden Organisation. Dieser Weg ist allerdings von zahlreichen Faktoren abhängig, die zu einem großen Teil außerhalb Ihrer individuellen, z. T. auch Ihrer gemeinsamen Einflussmöglichkeiten liegen. Hier spielen Führungskräfte und Verantwortungsträger, aber auch Kostenträger, sozialpolitische Entscheidungen und anderes eine prägende Rolle.

Besonderheiten psychosozialer Arbeit

Schauen wir uns zunächst die Risiken für Ihre kluge Selbstsorge in der psychosozialen Arbeit an. Das ist notwendig – auch wenn sie erst einmal wie ein Schreckensszenario wirken könnten. Es sollen die Rahmenbedingungen skizziert werden, auf die sich Ihre kluge Selbstsorge bezieht. Es ist, wie es ist, und aus allem erwächst auch eine Chance. Anschließend wenden wir uns den Ressourcen zu.

Die besonderen Risiken psychosozialer Arbeit

Organisationen, Unternehmen, Betriebe existieren nur, weil sie bestimmte Aufgaben zu erledigen haben. Organisationen wollen, wie alle lebenden Systeme, überleben – auch Sie wollen (möglicherweise) in Ihrer Organisation den Arbeitsplatz für sich erhalten, also zusammen mit Ihrer Einrichtung überleben.

Für das Überleben müssen Organisationen sich immer wieder den Rahmenbedingungen anpassen. Das führte in den vergangenen Jahren der knapper werdenden Ressourcen in vielen Branchen zu immer neuen Wellen der Kostenersparnis und der Verschlankung bei steigenden Ansprüchen an Qualität und Umfang der Arbeit. Viele Organisationen sind dabei magersüchtig geworden – was ihr Überleben nun gefährdet: Die Qualität der Arbeitsergebnisse sank und die beteiligten Menschen wurden immer häufiger krank. Menschen werden dann in VK (Vollzeitkraft) gemessen und als Kostenfaktor verbucht. Die »Ressource Mensch«, oft als »Humankapital« beschrieben, wird bis an die Grenze der Belastbarkeit eingeplant, Dienstpläne werden »auf Stoß« genäht. Folgen sind die bekannten Erschöpfungsreaktionen vieler Menschen und ganzer Organisationen. Deswegen ist man interessiert, die Gesundheit, sprich, die Leistungsfähigkeit der Mitarbeitenden auch unter Extrembedingungen zu erhalten. Das wiederum hat vielfältige Bemühungen in der betrieblichen Gesundheitsförderung zur Folge.

Das Risikoprofil vieler Arbeitsfelder in unterschiedlichen Branchen zeigt inzwischen weniger Auswirkungen auf die körperliche Gesundheit (auch dank ergonomischer Interventionen), dafür deutliche Auswirkungen auf die psychische Gesundheit. Letztere rückt deshalb in der Diskussion in den Vordergrund und berührt ganz klar auch die Qualitätsanforderungen an Führung (vgl. Badura & Steinke 2011).

Es macht allerdings einen bedeutsamen Unterschied, ob Sie Schrauben produzieren oder Menschen betreuen oder pflegen. Eine Verschlankung von Arbeitsprozessen in einem Produktionsbetrieb treibt die Menschen zwar auch in die Überarbeitung, die Fehler werden sich häufen oder die krankheitsbedingten Abwesenheitstage werden steigen – den produzierten Schrauben ist das aber ziemlich egal. In einem Pflegeheim, in einer Beratungsstelle, in einer Klinik ist das fundamental anders. Alle handwerklichen, sprachlichen und emotionalen Kunstfertigkeiten der Mitarbeitenden leben nur in der konkreten Beziehung zwischen Klienten und Professionellen. Wirksamkeit und Heilkraft sind an die Qualität der Beziehung gebunden, für die es heute hohe Standards und ein großes professionelles Know-how gibt, das umgesetzt werden will. Das aber funktioniert schlecht im Zustand von Magersucht und Erschöpfung.

Hinzu kommt eine weitere Dynamik: Menschen leben – in sicher sehr unterschiedlichem Umfang – auch im Arbeitsprozess mit ihren Idealen, Werten, Sinnzuschreibungen und mit ihrer Ethik. In der Schraubenproduktion ist für den einzelnen Mitarbeitenden der Spagat zwischen Ansprüchen und Machbarem weniger zu erwarten als in einem Pflegeheim für demente Menschen, und auch eine Ethikdiskussion ist weniger wahrscheinlich. Das liegt schlicht an dem Unterschied der im Alltag vollzogenen und ständig erlebten, konkreten Arbeitsprozesse – Schrauben lösen andere Empfindungen aus als hilfsbedürftige Menschen. Und es liegt daran, dass die Qualität einer Schraube nicht dadurch besser wird, dass sie nach ethisch hochwertigen Kriterien produziert wurde – die Qualität von Pflege, Betreuung und Behandlung aber entscheidend davon geprägt wird.

In keinem anderen Arbeitsfeld werden so hohe Anforderungen an Sie als ganze Person mit Ihren vielen Facetten gestellt, an Ihre Werte und Haltungen, Ihre Empathie, Ihre Einsatzbereitschaft, Ihre Hingabe an den Beruf und an die Menschen, an Ihre Kompetenz, sich auf Menschen einzulassen, an Ihre emotionale Balance, an Ihre Fähigkeit, Grenzen zu setzen, etc. Deswegen haben Sie wahrscheinlich auch Ihren Beruf gewählt!

Sie sind zudem bei diesen Tätigkeiten überwiegend mit Leiden unterschiedlichster Art und Intensität konfrontiert, mit Suizidalität, Suchtproblemen, Depressionen, Wut und Hass, Perversionen und Missbrauch. Das ist oft höchst anspruchsvoll, zumal den meisten wenig bewusst ist, wie viel Energien ihrer Klienten und deren Umfeld sie bei dieser Arbeit in sich aufnehmen. Das müssen Sie verarbeiten und ausgleichen. Sie wissen aus Ihrer Erfahrung, dass diese Dynamiken Ihre Gedanken, Emotionen, Gespräche und Träume auch nach Dienstschluss prägen können. Es sind also auch hohe Anforderungen an Ihre Fähigkeit gestellt, sich und Ihre empfindsamen Seiten rechtzeitig zu schützen, an Ihre Fähigkeit, Erlebtes zu verarbeiten, und an Ihre Fähigkeit, diese Prozesse selbst wiederum zu reflektieren und auf ihre Wirksamkeit zu prüfen.

Die Entscheidung für einen Pflegeberuf, einen medizinischen, sozialpädagogischen oder therapeutischen Beruf ist eine Entscheidung auf der Basis von Werten, Haltungen, Lebensaufgaben und Berufung. Oft ist dieser Weg religiös oder spirituell motiviert. Sie erleben eine hohe Verbundenheit mit der Aufgabe und sind mit großem Engagement dabei. Sicher stellt sich Ihnen immer wieder die Frage, ob Sie in dem konkreten Kontext Ihrer psychosozialen Arbeit die Basis Ihrer Entscheidung noch wiederfinden. Das ist heute Teil der notwendigen Prozesse der Selbstreflexion und damit Ihrer Selbstsorge.

Der Spannungsbogen zwischen den ökonomischen Notwendigkeiten und dem Erhalt des Wertekanons prägt den Diskurs in allen psychosozialen Einrichtungen seit vielen Jahren. Eine Auseinandersetzung über die Bewertung von »gutem« und »schlechtem« professionellen Handeln, über Motive, Ausrichtungen, Entscheidungen und deren Folgen ist deshalb unausweichlich. Gerade in Situationen, in denen klar ist, dass Einschnitte überlebenswichtig sind und dass es um ein Balancieren an der Abrisskante geht, braucht es in diesem Diskurs so viel Transparenz und gemeinsames Verständnis wie möglich. Das gilt natürlich besonders für wertegebundene Organisationen wie die Diakonie, die Caritas u. a., die sonst den Verlust ihrer Identität befürchten müssen (vgl. zu dieser Gesamtthematik STEMPIN 2014).

Weiterhin ist zu berücksichtigen, dass Sie durch die erzählten Geschichten Ihrer Klientinnen und Klienten in Resonanz kommen mit Ihrer eigenen Lebensgeschichte – in der Regel mit den belastenden Teilen. Auch Sie haben Verletzungen, Zurückweisungen, emotionale Not, Einsamkeit, Verluste erlebt, auch Sie haben vielleicht Eltern, die gepflegt werden müssen, Kinder, die sich in der Schule und in ihrem Gedeihen schwertun, auch Sie haben vielleicht Konflikte in der Partnerschaft. Nicht in jeder Lebenssituation können (oder sollten) Sie sich auf jedes Thema emotional einlassen. Es ist immer gleichzeitig die Arbeit mit den Klienten und die Arbeit an Ihren eigenen Themen, die für die Wirksamkeit Ihrer Arbeit erledigt werden wollen. Das ist natürlich auch ein Geschenk, weil es Sie in einem andauernden persönlichen Entwicklungsprozess hält und vor Abstumpfung schützt.

Es sind also viele Themen, die von Ihrer klugen Selbstsorge in der skizzierten Gemengelage psychosozialer Arbeitskontexte berücksichtigt werden wollen. Deshalb ist es so bedeutsam, unnötige Verschärfungen der Rahmenbedingungen und der Arbeitsprozesse zu vermeiden (Konflikte unter Kollegen, schlechte Führungsarbeit, unklare Arbeitsprozesse u. Ä.). Es ist klar, dass sich das keiner leisten kann, auch weil es wiederum direkte Auswirkungen auf die Qualität der (Beziehungs-)Arbeit mit den Klienten hat und weil es Sie als Mitarbeiterin oder Mitarbeiter auf Dauer »mürbe« macht. Deswegen sind hier besondere Investitionen notwendig.

Auch bei deutlichen Fehlentwicklungen der Rahmenbedingungen bleibt ja Ihr Anspruch, eine tragfähige, »professionelle« Arbeitsbeziehung zu den Klienten und Klientinnen aufzubauen, egal für welche Fragen und Probleme sie Ihre Hilfe benötigen. Gleichzeitig besteht der Anspruch, diese Arbeitsbeziehung selbst bei ausbleibenden Erfolgen aufrechtzuerhalten. Das Risiko der Erschöpfung, das in dieser Konstellation liegt, haben KÜCHENHOFF und MAHRER KLEMPERER (2008, S. 305) als »Entgleisung in der Beziehung zu sich selbst« beschrieben.

Das ist das bekannte Szenario, als grobe Skizze zusammengefasst.

Die Facetten Ihres Arbeitskontextes gilt es einerseits im Blick zu behalten, sich andererseits davon nicht hypnotisieren zu lassen. Es gelingt Menschen in vielen Organisationen, besondere Herausforderungen als Impuls für Entwicklungen zu nutzen. Das ist der optimale Weg, der den besten Nährboden für die kluge Selbstsorge schafft. Der Ausstieg aus der Problemtrance gelingt zudem besonders gut durch einen klaren Blick auf Ihre Ressourcen.

‖ Analysieren Sie Ihre Situation mit den besonderen Herausforderungen, die Sie dabei erleben.

Was sind für Sie die besonderen Herausforderungen Ihres Arbeitskontextes?

Was sind für Sie mögliche Wachstumsimpulse in dieser konkreten Konstellation?

Welche Möglichkeiten und Grenzen erfahren Sie?

Wie gehen Sie mit Ihren Grenzen des Machbaren um?

Was schenkt Ihnen die Situation – so wie sie ist?

Welcher Gewinn, welches Glück zeigt sich nur deshalb, weil es so ist, wie es ist?

Was haben Sie in diesem Arbeitsfeld – so, wie es ist – noch zu erledigen?

Woran merken Sie, dass es gut ist, alles erledigt ist und abgeschlossen werden sollte?

Woran merken Sie, dass noch etwas fortzuführen, zu erledigen oder abzuschließen ist?

Woran merken Sie, dass Sie dort, wo Sie sind, nur deshalb bleiben, um sich vor einer weiteren Entwicklung Ihrer einzigartigen Möglichkeiten zu drücken? **‖**

Ungewöhnliche Fragen vielleicht, sie sollen einen wichtigen Perspektivwechsel für Ihre kluge Selbstsorge anregen.

Die besonderen Ressourcen

Menschen, die in psychosozialen Arbeitsfeldern tätig sind, haben im Vergleich zu Menschen in vielen anderen Branchen einen großen Vorteil, eine besondere Ressource: Sie leben in einer Kultur, in der Selbstreflexion und persönliche Entwicklungs- und Heilungsprozesse vertraut sind und in der Regel zum Standard der professionellen Arbeit gehören. In vielen anderen Branchen stößt das Bemühen um den Erhalt von Gesundheit – insbesondere von psychischer Gesundheit –, um die Gestaltung von fruchtbaren Arbeitsbeziehungen und um die Entwicklung kooperativer Teamkulturen noch immer auf wenig Verständnis. (In manchen Unternehmen werden solche Aktivitäten z. B. als »Sozial-Chichi« entwertet.)

Das ist in psychosozialen Arbeitskontexten anders. Sich zu hinterfragen, an persönlichen Entwicklungen interessiert zu sein, neugierig und offen zu bleiben für die Menschen, ist Teil der Kultur, in der Sie arbeiten. Es ist »normal«, dass Menschen nicht jeden Tag »gut drauf« sind und Schwankungen ihrer psychischen Befindlichkeit und Leistungsfähigkeit haben. Es gibt zudem viel fundiertes, professionelles Wissen und Handwerkszeug der Selbstreflexion als Teil der alltäglichen Arbeitsprozesse im Umgang mit Klienten. Das wird oft vergessen, weil viele den Unterschied zu anderen Kulturen nicht erleben. Die Frage ist eher, wie diese Schätze zum Wohle aller Beteiligten noch intensiver eingesetzt werden können.

ÜBUNG Meditation über Leben und Tod im Arbeitskontext ⬇

Sie kennen wahrscheinlich alle ähnliche Beispiele wie dieses:

Die Mitarbeiter einer Einrichtung betreuen schwerstkranke und sterbende Kinder zu Hause und zeichnen sich durch ihre besonders intensive Beziehungsfähigkeit, ihre Ausgeglichenheit und ihren Humor aus. Wie machen die das?

Die Arbeit zwischen Leben und Tod, die Beziehungen zu Kindern und deren Eltern in dieser schwierigen Situation lassen viele andere Themen zweitrangig erscheinen, persönliche Eitelkeiten verblassen. Menschen reifen in solchen Situationen, wachsen in ihrer inneren Größe, werden zur Person im Dürckheim'schen Sinne und stellen ihre Erfahrungen wieder den Klienten zur Verfügung.

Rufen Sie sich solche Beispiele in Ihr Bewusstsein. Spüren Sie nach, wie Sie die Arbeit zwischen Leben und Tod erleben. Welche Empfindungen, Befürchtungen, Hoffnungen und Erinnerungen entstehen? ▬

Mit der Sinnhaftigkeit als wesentliche Säule der Gesunderhaltung haben Sie sich schon ausführlich beschäftigen können. Es ist klar, dass in der Sinnhaftigkeit psychosozialer Arbeit eine ihrer wesentlichen Ressourcen liegt. Lassen Sie sich von den entsprechenden Kapiteln dieses Buches immer wieder anregen, den Sinn Ihrer Arbeit bewusst wahrzunehmen (die Texte von Frankl sind deswegen ausführlich zitiert, vgl. S. 34 f.). Die Sinnhaftigkeit psychosozialer Arbeit ist ein entscheidender Vorteil, den Sie im Unterschied zu vielen Menschen mit anderen beruflichen Aufgaben haben. Nutzen Sie ihn für Ihre kluge und sinnstiftende Selbstsorge.

In der Entwicklung gesunder psychosozialer Arbeitsfelder kann letztlich an die ganze Fülle von Sinnerleben, professioneller Erfahrungen und einschlägigem Wissen der Beteiligten angeschlossen werden. Die vielfach vorhandene individuelle Kompetenz führt in Verbindung mit dem hohen Engagement und dem hohen Wertegehalt der Arbeit dazu, dass auch bei anspruchsvollen Inhalten und unter schwierigen Rahmenbedingungen eine hochwertige Versorgung der Klientinnen und Klienten aufrechterhalten werden kann. Einzelnen jedoch erscheint der Preis zu hoch, vor allem wenn eine kluge Selbstsorge nicht als verlässliche Routine abrufbar gewesen ist.

Zudem: Die Tendenz, schwierige Situationen durch »mehr desselben« zu lösen, durch mehr Tempo bei den gewohnten Abläufen, durch mehr eingesetzte Kraft, durch mehr Druck etc. führt oft zu schlechteren Arbeitsergebnissen und zur Erschöpfung. In vielen Situationen ist weniger Geschwindigkeit, Kraft und Druck mehr: weil nur so, durch das achtsame Hinspüren, durch die Präsenz in den Beziehungen, die Wirkung gezielt verbessert werden kann – bei gleichzeitiger Pflege der Ressourcen. Aus diesen Automatismen auszusteigen ist allerdings nicht leicht und braucht

Übung. Deshalb ist das Ziel der klugen Selbstsorge auch die Einübung in die Kunst der Achtsamkeit.

II Auch wenn es oft eine schwer zu beantwortende Frage zu sein scheint – lassen Sie Ihre Gedanken und Fantasien eine Zeit lang kreisen:

Wo in Ihrem Arbeitsbereich trifft die Aussage zu »weniger ist mehr«?

Was ist konkret zu tun oder zu lassen?

Was sind die Befürchtungen, was sind die positiven Erwartungen, wenn Sie dieser Einsicht folgen? **II**

Individuelle Wege gesunder Beziehungsregulation und Selbstsorge

Sie kennen vielleicht dieses kleine Gebet, das dem amerikanischen Theologen und Philosophen Reinhold Niebuhr zugeschrieben wird:

» Gott, gib mir Gelassenheit, die Dinge hinzunehmen, die ich nicht ändern kann, den Mut, Dinge zu ändern, die ich ändern kann und die Weisheit, das eine vom anderen zu unterscheiden. «

Genau darum geht es hier: Handlungsmöglichkeiten spielen im Umgang mit Stressoren eine entscheidende Rolle, sie entsprechen der »Machbarkeit« (Managebility) der Salutogenese und sind Teil der so wichtigen Empfindung von Stimmigkeit und Kohärenz, die wiederum mit Gesundheit eng verbunden ist. Handlungsmöglichkeiten zu identifizieren und dabei die Wirksamkeit des eigenen Handelns zu erleben, ist eine wesentliche Aufgabe der klugen Selbstsorge. Die im Folgenden aufgezeigten Wege, Methoden und Reflexionen sollen diesen salutogenen Prozess für Ihre psychosoziale Arbeit unterstützen.

Überprüfung von Haltungen und Arbeitsansätzen

Es ist klar, dass psychosoziale Arbeit durch Beziehungen und Kommunikation gekennzeichnet ist. Das ist Rahmen und Methode gleichermaßen, um überhaupt eine Wirksamkeit zu erreichen – das gilt für alle Arbeitsfelder, ob Behandlung, Beratung, Betreuung oder Pflege. Medikamente, Hilfsmittel zur Pflege oder Rehabilitation, Gruppen- und

Trainingsangebote sind von Bedeutung, kommen aber immer im Rahmen einer professionell zu gestaltenden Beziehung zum Einsatz, und deshalb entscheidet die Beziehung über die Wirksamkeit.

In Ihre professionellen Beziehungen zu den Klienten fließen eine Unzahl von Faktoren ein: von den konkreten Rahmenbedingungen (Licht, Luft u. a.) über die Definition der Rollen und Hierarchien (Patient, Pfleger, Arzt, Ergotherapeut u. a.), die Atmosphäre und Kultur der Beziehungen um Sie herum, die Passung der jeweils individuellen Beziehung zu den Klienten (»Nasenfaktor«), die spezifischen Herausforderungen der Verhaltens- und Erlebensweisen des Klienten, das Profil Ihrer konkreten Aufgabe bis hin zu Ihren eigenen biografisch entstandenen Mustern von Kommunikation und Austausch – es ließen sich ganze Seiten mit der Aufzählung solcher Faktoren füllen. Die Literatur zur professionellen Beziehungsgestaltung ist entsprechend unüberschaubar. Wir beschränken uns hier wieder auf die Frage nach den Gestaltungsräumen für eine gesunde und die Selbstsorge achtende Beziehungsgestaltung und mögliche Wege dorthin.

Es geht darum, die besonderen Risiken der Beziehungen in psychosozialen Arbeitskontexten in den Blick zu nehmen. Der vom Psychoanalytiker Wolfgang SCHMIDBAUER (1977) geprägte Begriff des »Helfersyndroms« macht deutlich, dass es Motivationen zur Arbeit in psychosozialen Kontexten gibt, die eine gesunde Regulation erschweren. Hintergrund sind Kompensationen unterschiedlichster persönlicher Schicksale, die zu einem Übermaß an Engagement führen. Hier ist das Risiko des Ausbrennens durch eine zu geringe Selbstsorge besonders hoch.

Professionelle Beziehungen in psychosozialen Kontexten sind – wie alle Beziehungen – emotional geprägt. Das bedeutet, dass Sie als Professionelle und Professioneller mit ihren Klienten mitschwingen. Dieses Phänomen wird Resonanz genannt und ist nach »Feierabend« nicht einfach beendet, sondern begleitet Sie auch in Ihr Privatleben. Das geschieht immer dann besonders intensiv, wenn Sie sich mit Ihren eigenen Themen in den Themen, Lebenssituationen und Schicksalen Ihrer Klienten »spiegeln« und dadurch in eine besonders intensive Resonanz kommen. Es ist dann wichtig zu prüfen, welche Auswirkungen sich in Ihren privaten Beziehungen zeigen. Die Aufgabe, eine gesunde Grenze zu gestalten, die Ihre Regeneration sichert, wird mit dem etwas unglücklichen Begriff der »Psychohygiene« umschrieben. Hier ist die Gestaltung von Übergängen entscheidend (vgl. das entsprechende Kapitel, S. 53 ff.).

Sie kennen sicher sowohl Situationen oder auch Lebensphasen, in denen die Grenzziehung besser gelingt, wie auch solche, in denen sie schwieriger ist.

‖ Halten Sie an dieser Stelle inne. Nehmen Sie sich Zeit, folgenden Fragen nachzugehen:

Wann in Ihrer beruflichen Laufbahn ist es Ihnen gut gelungen, eine für Sie stimmige Grenze zwischen Ihrem beruflichen Engagement und Ihrem Privatleben zu gestalten? Wie ist Ihnen das konkret gelungen? Was haben Sie gemacht?

Woran haben Sie und woran haben die Ihnen nahen Menschen das bemerkt?

Wann ist Ihnen die Grenzziehung nicht gut gelungen?

Was war das Besondere an dieser Situation, was war in Ihnen in Schwingung gegangen? Um welche Themen ging es dabei?

Welche Folgen hatte das?

Wie sind Sie dann wieder »ausgestiegen«? **‖**

Häufig stehen einer guten Selbstsorge die inneren, oft vorbewussten Einstellungen zu der psychosozialen Arbeit entgegen, beispielsweise bestimmte Annahmen über das Helfen, zur Übernahmen von Verantwortung oder Glaubenssätze zum Anrecht auf Glück. Es ist gut, diese zu überprüfen. Es geht auf mehreren Ebenen zunächst um die Regulierung Ihres inneren Anspruchsniveaus, Ihrer Haltungen, die eng verknüpft sind mit Ihren Werten, bevor Sie auf der Verhaltensebene »operieren« und etwas verändern. Es geht um Ihre inneren Erwartungen an Ihre Verantwortlichkeiten, Ihr Engagement, Ihre Identifikation mit der Arbeit, Ihre Nähe und Distanz zu den Klienten (vgl. Sie dazu auch die Ergebnisse Ihrer Arbeit mit den inneren Glaubenssätzen, S. 103 ff.).

Es folgen hier einige weiterführende Fragen und dann einige Thesen für eine hilfreiche Selbstreflexion. Beides soll Sie anregen, den oft als eng erlebten eigenen Anspruchskanon zu öffnen.

Die vielen Fragen sollen Sie jetzt nicht »unter Stress« setzen, was alles bei Ihrer Arbeit noch zu berücksichtigen sei. Konzentrieren Sie sich auf solche Fragen, bei denen Sie verweilen mögen.

‖ Was an Ihrer Arbeit begeistert Sie? Was hilft Ihnen, sich täglich für die psychosoziale Arbeit zu motivieren? Wie kommen Sie aus Motivationstiefs wieder heraus?

Was ist Ihr »Idealbild« vom Helfen? Was hat das für konkrete Auswirkungen in Ihrer Arbeit?

Woran erkennen Sie Erfolge? Was ist Erfolg für Sie? Welche Erfolgserlebnisse sind Ihnen wichtig geworden? Wie belohnen Sie sich? Wie feiern Sie »gute« Tage? Wie behalten Sie die »kleinen Schritte« im Blick, die kleinen Erfolge des Alltags? Wie finden Sie im privaten Alltag einen guten Abstand zu Ihrer psychosozialen Arbeit? Wie bleiben Sie mit Ihrem Humor in engem Kontakt?

Welche Fehler und Schwächen erlauben Sie sich in Ihrer Arbeit? Wie gehen Sie mit Fehlern um?

Wie überprüfen Sie Ihre Haltungen und Einstellungen bezüglich der Übernahme von Verantwortung (für die Heilung der Patienten, für das Wohlbefinden der Welt u.a.)? Welche Werte erleben Sie dabei (Bescheidenheit, Demut, Dankbarkeit u.a.)?

Erlauben Sie sich, dass Ihre Arbeit Ihnen Spaß machen kann? Oder steht Arbeit für den »Ernst« des Lebens, den Sie erleiden müssen? Wie zeigt sich das?

Welche Perspektiven bietet Ihnen Ihre Arbeit für Ihre persönliche und berufliche Situation und Weiterentwicklung? Was ist Ihnen besonders wichtig (Sicherheit, Image, Anerkennung, Unabhängigkeit, Lernen, Herausforderungen oder Entwicklung)?

Wie sichern Sie eine gute Balance zwischen der Alltagsroutine in Ihrer Arbeit und der Annahme von Herausforderungen, Neuem, Anregendem?

Wie viel Zeit sind Sie sich selbst wert? Wie organisieren Sie sich? Welche Rituale, Abläufe etc. sichern Zeiten, die Sie für sich haben? Wie viel Pufferzeiten haben Sie eingerichtet für Unvorhergesehenes?

Wie knüpfen Sie an die Selbstverantwortung und Kompetenz Ihrer Klienten an? Wie regeln Sie die Verteilung der Verantwortung zwischen sich selbst und den Klientinnen und Klienten?

Wie behalten Sie die Ressourcen Ihrer Klienten und deren Selbstheilungskräfte im Blick? ∎

Nach BRENTRUP (2002) lassen sich verschiedene Haltungen und Ansätze skizzieren, die es leichter machen, die eigene Positionierung in der Arbeit mit den Klienten so zu bestimmen, dass ausreichend Raum für Ihre Selbstsorge bleibt.

Die folgenden Zugänge erleichtern eine kluge Selbstsorge bei der psychosozialen Arbeit:

- die Arbeit mit einem Ansatz, der jedem Menschen zugesteht, autonom über sich selbst verfügen zu können, Rechte und Pflichten zu haben und zugleich auch bedürftig sein zu dürfen;
- die Fokussierung auf Ressourcen Ihrer Klienten;

- das Wissen, dass jedes Problem verschiedenartige Lösungen haben kann und Sie nicht unbedingt die beste Lösung kennen;
- psychosoziales Handeln zu verstehen als das Fördern der Entwicklung von Lösungen und als die Erweiterung von Handlungsspielräumen aller Beteiligten;
- das regelmäßige Überprüfen von institutionellen Bedingungen, Handlungsspielräumen, Möglichkeiten der Evaluation und die Beschreibung klarerer Erfolgskriterien für die Arbeit;
- das regelmäßige Überprüfen von Steuerungsmöglichkeiten bei chronischer Arbeitsüberlastung;
- die regelmäßige Bestimmung eigener Verantwortlichkeiten und das Zurücknehmen von Überverantwortlichkeit für »Erfolg« in der Arbeit;
- die Akzeptanz, dass es manchmal langsam vorangeht, weil menschliche Entwicklungen Zeit brauchen;
- die Lust aufs Lernen zu behalten, sich fördern zu lassen durch entsprechende Lehrer, bescheiden zuzustimmen, dass es immer wieder Neues zu lernen gibt,
- Fehler auch nur Chancen zum Lernen sind;
- die regelmäßige Überprüfung, ob und wie Sie Normen und Erwartungen, die im Arbeitskontext gelten, in private Beziehungen übernehmen (Erfüllung von Versorgungswünschen, Automatismen von Problemlösungen, Verantwortungsübernahme etc.).

ÜBUNG **Meditation über Arbeitshaltungen** ⬇

Schauen Sie sich Ihre Antworten auf die letzten Reflexionsfragen an und die Liste der Zugänge.
Vergleichen Sie die Thesen mit Ihren Antworten auf die Reflexionsfragen und prüfen Sie, welche zusätzlichen Aspekte Sie in Ihre Antworten einflechten könnten, welche Ideen angeregt werden.
Was könnte eine wichtige Entwicklung für Sie sein zur Optimierung Ihrer Selbstsorge? ▬

Inneres Engagement, innere Distanz und Achtsamkeit

Arbeits- und Veränderungsprozesse lassen sich in mehreren Dimensionen beschreiben. Für Ihre Orientierung in herausfordernden Situationen ist es nützlich, Landkarten nutzen zu können, die Ihre Haltungen sichtbar und bewusst machen können, so dass Sie Entscheidungen klarer treffen können. Eine dieser Landkarten (siehe Abbildung 4) bezieht sich auf die Intensität Ihres inneren Engagements im Verhältnis zu der Ausprägung Ihrer inneren Distanz. Ich übernehme dazu ein von Thorsten JUNG (2012) vorgelegtes Modell.

ABBILDUNG 4 Engagement und Distanz (nach JUNG 2012, S. 159 ff.)

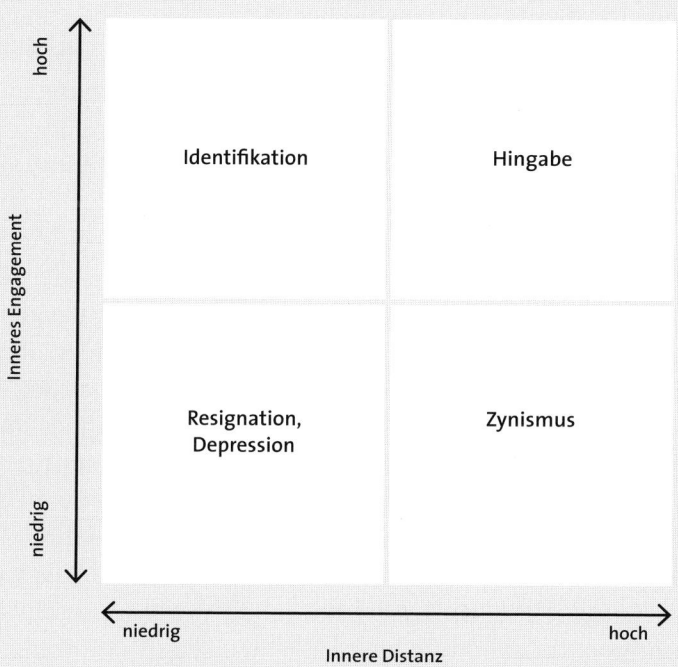

Sie kennen aus Ihrem Arbeitsleben Phasen oder Tage, da engagieren Sie sich, »brennen« für eine Sache und haben Ideen, die Sie umsetzen wollen. In anderen Phasen sind Sie distanziert, vorsichtig, lassen sich nicht so leicht auf etwas ein und beobachten von außen. Beide Haltungen prägen Ihr Erleben und prägen Ihre Beziehung zu der jeweiligen Situation. Jung hat diese beiden Pole des Erlebens – das innere Engagement und die innere Distanz – in Beziehung gesetzt, um die Dynamik des Erlebens in Veränderungsprozessen deutlich zu machen. Wir übertragen das auf die Haltungen, die Sie in Ihrer Arbeit generell erleben.

»Oft sitzen wir dem Irrtum auf, dass uns das innere Engagement in die Haltung der ›Aktion‹ führt und die innere Distanz in die Haltung der ›Kontemplation‹ oder Meditation. Die Hingabe an den Moment, die Achtsamkeit, transzendiert diese beiden Pole und löst einen scheinbaren Gegensatz« (JUNG 2012, S. 157). Sie können also gleichzeitig in unterschiedlicher Ausprägung engagiert und distanziert sein – so wie Sie das in der Haltung der Achtsamkeit auch sind, wenn Sie das Engagement für die Stille, die Gegenwart, für das Zusichkommen, für das Spüren von allem, was ist, mit der Haltung des Beobachters verbinden und sich so dem Moment hingeben. Beide Pole stehen in enger Wechselwirkung, durchdringen sich und sind in jeweils unterschiedlicher Mischung immer gleichzeitig vorhanden und spürbar.

Wenn sowohl das innere Engagement als auch die innere Distanz sehr ausgeprägt sind, spricht Jung von Hingabe. Es ist das innere Engagement, die völlige Präsenz in dem Moment mit allem, was in diesem Moment spürbar ist, ohne an den Inhalten, an persönlichen Erfolgs- oder Misserfolgsmodellen haften zu bleiben. Hingabe ist sowohl Engagement als auch Distanz und nicht mehr ein Entweder-Oder, sondern beides gleichzeitig. Die Übung der Achtsamkeit erleichtert diese Haltung.

Jede der in den vier Feldern genannten Haltungen wird von Ihnen immer wieder durchlaufen, Sie kennen alle diese Felder aus eigenem Erleben. Selbst im Verlauf eines Tages durchlaufen Sie möglicherweise mehrere dieser Felder. Alle Felder haben eine Bedeutung, alle erhalten Ihren Wert in Bezug auf den Kontext, in dem sie stattfinden. Alle Haltungen haben Licht- und Schattenseiten, die nach JUNG (ebd.) wie folgt beschrieben werden können:

Identifikation
Lichtseite: Große Leidenschaft für eine Herausforderung, Kraft, Energie, Freude, Flow werden erlebt.
Schattenseite: Sie werden von der Aufgabe aufgesogen, es entsteht ein Burnout-Risiko, der Kontakt zu sich selbst geht verloren, Familie, Partnerschaft, Freundschaften, Hobbys kommen zu kurz.

Humor, Zynismus
Lichtseite: Der Situation wird die Schwere genommen, die Beobachter-Perspektive gelingt, die innere Freiheit ist erhalten mit Handlungsoptionen und Kreativität.

Schattenseite: Es können emotionale Unerreichbarkeit, destruktiver Witz, Isolation, Verbitterung, Schutzreflex, Verharren im Alten, Verlust an Lebendigkeit dominieren.

Resignation

Lichtseite: Das »So geht es nicht weiter« öffnet Räume für Neuausrichtung, Transformation, die erlebte Last kann zu Demut und Dankbarkeit als neuer Qualität führen
Schattenseite: Engagement und Kraft fehlen, Antriebslosigkeit, Verzweiflung herrschen vor, ein Ausweg ist nicht zu erkennen

Hingabe

Lichtseite: Hohes Engagement ohne Haften an Ergebnissen, eigenen Projektionen, der Moment kann sich entfalten, Sie können sich Ihren aufkommenden Zweifel an dem eingeschlagenen Weg stellen.
Schattenseite: Eigener Fokus und eigene Ziele geraten aus den Augen, Sie sind für andere schwer greifbar, Zweifel an der Haltung der Hingabe als Weg tauchen auf, die Zweifel können zu stoischer Haltung führen, zu Unberührbarkeit.

ÜBUNG Engagement und Distanz ⬇

Verwenden Sie die Grafik als Landkarte, mit der Sie jetzt im Geiste durch Ihr Leben wandern.

Beginnen Sie mit einigen Minuten in Stille. Nehmen Sie sich für jedes Feld Zeit, Ihren Ideen und Empfindungen nachzuspüren. Orientieren Sie sich an der jeweiligen Intensität des inneren Engagements und der inneren Distanz, die an den Achsen angezeigt werden. Vielleicht finden Sie andere Begriffe für die Felder, die besser zu Ihren Haltungen passen.

Wählen Sie Arbeitssituationen aus, die Sie über einen längeren Zeitraum besonders beschäftigt haben (Projekte, Veränderungen, Krisen …). Lassen Sie eine dieser Situationen lebendig werden, um nachzuspüren, in welchem Feld Sie sich in dieser Zeit vorwiegend aufgehalten haben.

Wie zeigten sich Licht- und Schattenseiten in Ihrem Erleben und Verhalten in dieser Zeit?

Gehen Sie alle anderen Felder nacheinander durch und finden Sie Beispiele für Ihr entsprechendes Erleben in dieser Arbeitssituation. Wie zeigten sich dort Licht- und Schattenseiten in Ihrem Erleben und Verhalten in dieser Zeit?

Wenn Sie an die Zukunft denken: Worin liegen nach dieser Landkarte Ihre besonderen Stärken, wo Ihre Schwächen, welche Risiken sehen Sie? Wie können Sie Ihre Präsenz in kommenden Situationen in eine achtsame Abstimmung von Engagement und Distanz bringen? ▬

Diese Landkarte kann Ihnen eine Orientierungshilfe sein. Meditation ist ein guter Weg, sich auf das Wahrnehmen von Engagement und Distanz jedes Feldes im jeweiligen Augenblick vorzubereiten und die achtsame Haltung einzunehmen, die beides miteinander verbindet.

Das Arbeitsfeld strukturieren

Die konkrete Beziehungsarbeit in den unterschiedlichen psychosozialen Arbeitsfeldern hat Eckpunkte, die ähnlich sind. Es geht neben allen schon erwähnten Dimensionen auch und besonders um das Herstellen von Vertrauen – so gut dies unter den jeweiligen Bedingungen möglich ist. Vertrauen ist die Voraussetzung für alle weiteren Einkleidungen der methodischen Arbeitsschritte. Selbst in einem Zwangskontext (z. B. im Rahmen der Jugendhilfe oder der Psychiatrie) entsteht über die Frage an die Klienten »Was müssen Sie tun, damit Sie mich wieder loswerden?« eine wenigstens minimale Arbeitsbeziehung.
In der Systemischen Therapie und Beratung wird grundlegend gelehrt, sich bei jedem Arbeitsauftrag, in jeder Arbeitssituation zunächst gründlich zu orientieren. Diese Orientierung (dazu gehören Auftragsklärung und Zielkonkretisierung) hat natürlich einen methodentheoretischen Hintergrund, und sie rahmt die konkrete Arbeit. Dadurch entsteht eine »Landkarte« des Arbeitsfeldes.

Die Landkarte des Arbeitsfeldes

Für Ihre kluge Selbstsorge ist es von großer Bedeutung, dass Sie sich Ihr Arbeitsfeld gut strukturieren, um die eigenen Ressourcen gezielt einsetzen und auch um rechtzeitig Grenzen ziehen zu können. Eine qualifizierte Ausbildung ist die Voraussetzung, um sich in dem jeweiligen Arbeitsfeld kundig machen zu können und fundierte Entscheidungen treffen zu können, wie Sie intervenieren wollen und wie nicht. Der Hilfebedarf ist in allen psychosozialen Arbeitsfeldern riesig und letztlich unbegrenzt. Wichtig: Nur Sie setzen die Grenzen! Sie tun dies auf der Basis von begrenzten Ressourcen und Möglichkeiten. Das Helfen und Unterstützen selbst und die gute Abgrenzung, das Nicht-Helfen, sind zwei Seiten derselben Medaille – das wird oft vergessen. Das ist auch deshalb so, weil Sie fast nie genug Ressourcen verfügbar haben, weil Sie nie wirklich fertig sind mit Ihrer Arbeit. Für die meisten ist die Abgrenzung fast ebenso anstrengend, wie die Hilfe selbst – die Verlockung ist also groß, die Grenze zu überschreiten. Möglicherweise behindern Sie damit aber die Gestaltungspotenziale Ihrer Klienten.

Zur Erleichterung dieser wichtigen Aufgabe der Selbstsorge dient folgende Übung:

ÜBUNG Selbstsorge im Arbeitsfeld ⬇

Es empfiehlt sich, eine Landkarte des eigenen Arbeitsfeldes zu zeichnen. Visualisieren Sie sich Ihr Arbeitsfeld mit Papier und Buntstiften. Zeichnen Sie Ihre Aufgabenfelder und die Wechselbeziehungen zwischen den Feldern. Markieren Sie ruhige und höchst anspruchsvolle Zonen, zeichnen Sie Grenzen ein und Grenzübergänge zu anderen Arbeitsterritorien, machen Sie Grenzkonflikte deutlich. Versuchen Sie, Ihre Ressourcen und Grenzen einzuzeichnen. Manchmal ist das Hinzufügen von Wetterkarten hilfreich. Wenn Sie mögen, zeichnen Sie einen Platz für Ihre Regenerationsroutine in das Bild.

Betrachten Sie das Bild, lassen Sie es auf sich wirken. Beantworten Sie – ohne viel nachzudenken und ohne »Machbarkeitsstudie« – die Frage, was Sie im Zeichen Ihrer guten Selbstsorge an welchen Teilen der Landkarte verändern wollen.

Arbeiten Sie in einem weiteren Schritt zusammen mit Ihren Kollegen an solchen Landkarten und tauschen Sie sich über Ihre Bilder aus. Entwickeln Sie ein gemeinsames Bild Ihres Arbeitsfeldes und entwickeln Sie daran die notwendigen organisationalen Veränderungen.

Für die Strukturierung Ihres Arbeitsfeldes einschließlich der Grenzziehungen können Sie z. B. diese einfachen Fragen aus der systemischen Kontextklärung nutzen:

● Welchen Auftrag haben Sie hier von wem und was sind die Kriterien der Auftragserfüllung?

● Welche Aufträge haben Sie nicht (obwohl Sie es vermutet, gewünscht, erwartet, befürchtet hatten)?

● Welche Interessen haben die Beteiligten und welche Wechselwirkungen sind zu beobachten oder zu erwarten?

- Welche Problembeschreibungen geben die Beteiligten und welche Folgen haben die Beschreibungen für Ihre Arbeit?
- Welche Lösungen wurden schon gefunden, welche Ressourcen sind spürbar?
- Was können Sie zur Unterstützung Ihrer Arbeit nutzen?
- Wie können Sie sich die Arbeit einfacher machen? ▬

Hilfe und Kontrolle

Psychosoziale Arbeitsfelder sind oft dadurch gekennzeichnet, dass Hilfe und Betreuung angeboten wird und gleichzeitig auch Kontrolle ausgeübt werden muss. Das ist zumindest in den Arbeitsfeldern der Psychiatrie, Jugendhilfe und gesetzlichen Betreuung so. Meist ist die Arbeit auf einem Kontinuum zwischen Hilfe und Kontrolle angesiedelt und gelegentlich nicht genau zuzuordnen. Oft arbeiten Sie mit einem Klienten auf einer sogenannten freiwilligen Basis, die er aber nicht freiwillig verlassen kann. Dann haben Sie eine Beziehungssituation, in der beide Partner nicht gleichberechtigt, »auf Augenhöhe«, in Kontakt treten.

Nicht geklärte Beziehungen kosten Energie – das kennen Sie aus Ihrem privaten Bereich. Sie sind dann ständig damit beschäftigt, herauszufinden, was gerade gilt. Gerade, wenn Sie sich für Ihre Klientinnen und Klienten sehr engagieren, fällt es oft schwer, sie einen Weg gehen zu lassen, den Sie für ungünstig bis verheerend halten. Dann brauchen Sie aber Klarheit darüber, ob Sie helfen und beraten oder kontrollieren oder nichts tun.

In Beratungskontexten gilt, dass die Klienten die Verantwortung dafür haben, was sie mit dem machen, was Sie miteinander erarbeitet, besprochen, entwickelt haben. In sogenannten Zwangskontexten (Zwangsbehandlungen, Inobhutnahmen u. Ä.) landet ein definierter Anteil der Verantwortung bei Ihnen. Der Klient ist dann im Zweifelsfall – bei entsprechender rechtlicher Grundlage – Ihnen und Ihren Entscheidungen ausgeliefert. Die Kommunikations- und Beziehungsstrukturen verändern sich je nach Charakter dieses Rahmens, das heißt, Ihre Beziehung ist stark von der Annahme des Klienten geprägt, in welchem Kontext oder auf welchem Punkt des Kontinuums zwischen Hilfe und Kontrolle Sie sich aktuell miteinander bewegen.

In den psychosozialen Arbeitsfeldern gibt es ein Gefälle zwischen der hohen Professionalisierung in der Kunst der Beratung (in ihren unterschiedlichsten Formen) und der oft geringeren Professionalisierung in der Kunst der Gestaltung von Zwangskontexten. Beratungen haben ein gutes Image, das Ausüben von Zwang hat ein deutlich schlechteres Image. Für Ihre kluge Selbstsorge ist es wichtig, dass Sie für sich selbst und in der Beziehung zu den Klienten Klarheit und Transparenz schaffen, in welchem Kontext sie sich jeweils befinden – soweit das jeweils möglich ist. Sie haben sonst mit vielen kräftezehrenden Interaktionen zu kämpfen, wegen des dann ständig spürbaren, gesunden Widerstands Ihrer Klienten.

Zum Teil kann diese Kontextklärung im Rahmen von Hilfeplanungen oder im Case-Management reflektiert und abgestimmt werden. Die unterschiedlichen Rollen können verabredet, die Fallführung kann bestimmt werden – es wird also für eine Ordnung in den Betreuungsprozessen gesorgt. Dafür braucht es jedoch eine hohe Sensibilität für die Auswirkungen auf den Energiehaushalt aller Beteiligten, wenn hier Unklarheiten gelassen werden.

Gerade an solchen besonderen Beziehungen können Sie allerdings etwas Grundlegendes beobachten und lernen: Ihre Arbeit wird dann leichter, wenn es Ihnen gelingt, auch die schwierigsten Klienten (oder wie man heute sagt: Klienten mit Verhaltensvarianten und herausforderndem Verhalten) mit Wertschätzung, Wohlwollen, einem geschärften Ressourcenblick, mit angemessenem Abstand und vielleicht mit Humor zu betrachten. Und: Trauen Sie ihnen von Herzen die Lösung ihres eigenen Lebensdilemmas zu!

Mäuse, denen man in Experimenten Spitzenleistungen zutraute, waren gut, solche, die man für Verlierer hält, schnitten schlechter ab, selbst wenn sie aus demselben Wurf stammten und nur unterschiedlich beschrieben worden waren. Es scheint ein Grundprinzip zu sein, dass wir in nicht unerheblichem Maße unsere Annahmen im Außen erzeugen – ein starkes Plädoyer für ressourcenorientierte Arbeitsansätze.

Die Übung für Sie besteht darin, auch in Situationen, die Sie früher für aussichtslos gehalten haben, wertschätzend, liebevoll und Hoffnung vermittelnd auf die Situation und die betroffenen Menschen zu schauen. Dann schultern Sie nicht alle Verantwortung für die Verbesserung von Gesundheit und Lebenssituation Ihrer Klienten »automatisch« selbst, sondern treten in eine Wechselbeziehung mit ihren Ressourcen und denen des Systems. Das schont Ihre Ressourcen und lässt Sie einen besseren Abstand wahren. Auf dieser Basis sind die notwendigen Interventionen mit deutlich geringerem Kraftaufwand zu leisten. Sie können auch beobachten, wie Klienten es schaffen, Sie von dieser Perspektive abzubringen oder andersherum: auf welche Botschaften Sie »hereinfallen« und sich in eine Haltung von Abwertung und Kontrolle begeben.

Nicht dass Sie es missverstehen: Sie müssen nicht alles verstehen, und es gibt auch Menschen, deren Verhalten Sie verurteilen und mit allen Ihnen verfügbaren Schimpfworten beschreiben dürfen. Es geht eher um eine grundlegende Haltung, von der die meisten Ihrer Klienten profitieren und die Ihre Kräfte schonen.

Natürlich gelten andere Regeln, wenn Gefahr im Verzug ist, Kinder Schaden nehmen, Suizid oder Mord drohen. Hier braucht es die Kunst der schnellen, kraftvollen, gut abgestimmten und eingeübten Krisenintervention. Hier gilt das, was Sie im Abschnitt über die Regenerationsroutine (S. 111 ff.) kennengelernt haben: Die Balance einer Stress- und Bedrohungssituation, der Ausgleich für einen Notfalleinsatz bedeutet, zeitnah eine Erholungs- und Regenerationspause einzuplanen, sodass Ihr Organismus nach der Stressantwort die Entspannungsantwort geben kann.

II Wie sind Hilfe und Kontrolle in Ihren Arbeitsbereichen verteilt?

Wo und wann gilt was und was hat das für Auswirkungen?

Wo und wie sind die Regeln klar definiert, wobei überschneiden sie sich?

Wo und wie wollen Sie mehr Klarheit, um sich leichter zu orientieren?

Wodurch fühlen Sie sich »typischerweise« an einem wertschätzenden, zutrauenden Blick auf Ihre Klientinnen und Klienten gehindert?

Was sind die bei Ihnen dafür wirksamsten Auslöser?

Was brauchen Sie, was nutzen Sie, z. B. an Supervision und kollegialer Beratung, um Ihre »Instrumente« zu pflegen? **II**

Selbstreflexion

Dass eine so anspruchsvolle berufliche Tätigkeit, deren wesentliche Säule Ihre Beziehung zu den Klienten ist, eine besondere Hege und Pflege braucht, hat sich inzwischen herumgesprochen. Wie jeder Handwerker seine Instrumente pflegt, bedürfen auch die in dieser Arbeit zentralen Instrumente der Sensibilität, des Einfühlungsvermögens, der Resonanz etc. der besonderen Aufmerksamkeit. Das gilt umso mehr, als diese Arbeit Sie immer wieder mit sehr leidvollen, dramatischen und quälenden Geschichten Ihrer Klienten konfrontiert. Nutzen Sie deshalb für Ihre kluge Selbstsorge alle Möglichkeiten der Reflexion: Supervision, Coaching,

Gespräche mit Partnern und Freunden (bei Letzteren ist dringend eine zeitliche Begrenzung zu empfehlen).

Eine weitere Möglichkeit ist die noch zu wenig geübte kollegiale Supervision, die kollegiale Praxis- oder Fallreflexion. Sie läuft nach einem klaren Schema ab und kann gut zur Betrachtung von Fällen und zur Reflexion der Beziehungsaspekte und des Kontextes eingesetzt werden. Die gemeinsame kollegiale Beratung ist ein wesentliches Mittel für Ihre kluge Selbstsorge, die darüber hinaus auch zur Verbesserung der eigenen professionellen Kompetenz beiträgt und Erfahrungen mit einer kreativen Gruppenkultur ermöglicht. Sie ist auch ein wichtiger Schritt auf dem Weg zu einer kollektiven klugen Selbstsorge.

Sie haben dabei Investitionen an Zeit, aber nicht an Geld. Ansprechen können Sie dafür Kolleginnen und Kollegen aus Ihrem Arbeitsfeld oder Sie organisieren »freie« Gruppen, die sich manchmal aus Teilnehmern von Weiterbildungsgruppen bilden lassen.

➜ ➜ Kollegiale Fallberatung ⬇

Bei der Reflexion in kleinen Gruppen sollten einige bewährte Regeln beherzigt werden, deshalb hier ein kleines Schema für einen möglichen Ablauf:

- Wählen Sie für die Fallreflexionen einen Moderator, der das Gespräch strukturiert und gegebenenfalls an einem Flipchart Notizen machen kann.
- Bereiten Sie als »Fallgeber« die Vorstellung Ihres Falles vor, sortieren Sie die wichtigsten Details – so werden die Informationen an die anderen besser gebündelt.
- Stellen Sie am Beginn der Fallvorstellung – also bevor Sie die Informationen zu dem Fall geben – Ihre Frage bzw. Ihre Fragen zu dem Fall, beschreiben Sie möglichst konkret Ihr Anliegen. Die anderen können dann gezielter zuhören.
- Geben Sie als Fallgeber nicht zu viele Detailinformationen, die die Zuhörer »überschwemmen«. Begrenzen Sie sich auf das Wesentliche – das führt oft schon zu einer ersten Klärung während Ihrer Vorbereitung.
- Die Fallvorstellung sollte nicht länger als 10 Minuten dauern.

Die Ideen der anderen können anschließend auf unterschiedliche Weise eingebracht werden. Voraussetzung ist eine grundsätzliche Wertschätzung untereinander und gegenüber der vorgestellten Arbeit (mit dem Blick von außen scheint man immer schlauer zu sein). Wichtig ist es deshalb, gezielt danach zu schauen, was die Ressourcen in dem vorgestellten Beratungs-, Behandlungs-, Betreuungs- oder Pflegeprozess sind.

Für das Einbringen von Ideen zu dem vorgestellten Fall gilt:

● Bringen Sie Ihre Ideen vorzugsweise in Frageform ein und berichten Sie von Ihren eigenen Erfahrungen.

● Achten Sie auch darauf, wie der Fallgeber über den Fall berichtet hat (Stimmung, Wortwahl, Perspektive etc.), und geben Sie dazu Rückmeldungen. Vermeiden Sie zu viele Tipps und Vorschläge.

● Achten Sie darauf, dass am Ende der jeweiligen Reflexion konkrete nächste Schritte für den oder von dem Fallgeber benannt werden können.

● Die Reflexion eines Falles sollte insgesamt 40 Minuten nicht überschreiten. ←

Kollektive Selbstsorge oder: Die Kraft der kollektiven Weisheit wecken

Nachdem wir uns mit den verschiedenen Zugängen der individuellen Selbstsorge in der psychosozialen Arbeit beschäftigt haben – als Basis für alle anderen Zugänge –, binden wir nun die individuellen Prozesse in die sozialen Zusammenhänge ein. Im Folgenden soll es um einige Wegweiser zur Gestaltung gesunder psychosozialer Arbeitsfelder gehen. Dafür richten wir die Aufmerksamkeit auf die kollektiven und organisationalen Stränge der Selbstsorge und schließen damit an die entsprechenden Hintergründe und Schritte der kollektiven Stressvermeidung und -bewältigung an.

Die Frage, was ein gesunder und die Selbstsorge fördernder Arbeitskontext ist, den Sie kollektiv gestalten sollen, ist kaum erschöpfend zu beantworten. Einfacher ist es, der Frage nachzugehen, was in Ihrer konkreten Arbeitssituation gesünder wäre als anderes. Durch Vergleiche lassen sich konkretere Antworten finden: Welche äußeren Rahmenbedingungen (z.B. Licht, Luft, Geräusche), welche Ausstattung, welche Hilfsmittel, aber auch welche Arbeitsabläufe, welche Qualifikationen, welche Leitungsstrukturen, welche Möglichkeiten der Konfliktbearbeitung oder welche Regenerationsroutinen sind gesünder als andere für meine persönliche psychosoziale Arbeit?

Gelingende Modelle zeigen immer wieder, dass es möglich ist, Begeisterung, Kreativität, Zufriedenheit, Spaß und Lust an Neuem als Kennzeichen von Lebendigkeit, Gesundheit und guter Selbstsorge zu erhalten – auch unter schwierigen Bedingungen. Grundvoraussetzung dafür ist ein Dialog zwischen allen Beteiligten, der niemals endet (zur Grundübung des salutogenen Dialogs vgl. S. 32 f.). Es ist ein Dialog, der von wertschätzendem, nicht bewertendem Zuhören geprägt ist.

Allerdings ist es wichtig, dass Sie Ihre individuelle Selbstsorge gut beherrschen. Kollektive Selbstsorge hat viele Unsicherheitsfaktoren. Koordinations-, Abstimmungsfragen sind zu lösen, gruppendynamische Unwägbarkeiten zu berücksichtigen. »Würde man beispielsweise zum Zeugen eines Menschen eine Arbeitsgruppe oder ein Team benötigen, so wäre die Menschheit längst ausgestorben« (SIMON 2013, S. 154). Ich habe trotzdem einige Aspekte herausgegriffen, die zur gesunden Auskleidung der Rahmenbedingungen von psychosozialer Arbeit hilfreich sein könnten.

Dabei geht es zunächst wieder darum, den Mut zu haben, die eigenen Gestaltungsoptionen von den gegebenen Rahmenbedingungen (politisch, sozialpolitisch, gesetzlich, organisational) zu unterscheiden. Es gilt, den Fokus der Aufmerksamkeit auf das auszurichten, was den eigenen Handlungsmöglichkeiten zugänglich ist. Wenn man das Gegebene anerkennt und die nicht veränderbaren Rahmenbedingungen annimmt, dann zielt das nicht auf Resignation und Fatalismus ab. Es ist – wie schon für die individuellen Entwicklungen gezeigt – nur scheinbar ein Widerspruch. Auch die gemeinsame Handlungsfähigkeit zeigt sich erst nach dem Annehmen des Gegebenen. Das Unveränderbare anzunehmen, wie es ist, setzt Handlungsoptionen frei, weil die Aufmerksamkeit dann nicht mehr an das Nicht-Machbare gebunden bleibt. Die gedankliche und emotionale Ausrichtung auf Unveränderbares ist mit Ärger, Verzweiflung, Ohnmacht und Anklage verbunden und blockiert individuelle und kollektive Energien, die eigentlich an anderer Stelle gebraucht werden. Neue Ideen können so nicht entstehen. Es macht sich zudem eine »depressive« Stimmung breit: »Wir können ja ohnehin nichts machen.«

Es geht darum, genau zu schauen, welche Einflussmöglichkeiten auf die Gestaltung der Rahmenbedingungen gegeben sind, welche Ansatzpunkte erfolgversprechend sind und wie statt des weniger wirksamen Engagements Einzelner eher Bündnisse geschmiedet werden können.

Die folgende Hinweise und Schritte können Sie in der Arbeit Ihrer Teams und Ihrer Organisation nutzen. Wenn Sie allein (freiberuflich o. ä.) arbeiten, können Sie alle Anregungen leicht auf Ihre konkrete Arbeitssituation übertragen.

Verbundenheit – die vergessene Dimension

Was angestrebt wird, ist eine stimmige, aufeinander eingespielte Verbundenheit. Die gelingende Selbstsorge bezieht sinnvollerweise auch die Gestaltung der Arbeitsbeziehungen unter Kollegen, in Teams und anderen verfügbaren Kollektiven mit ein. Wie dies gelingen kann, soll hier skizziert werden. Der Aufwand lohnt sich, denn misslingende Arbeitsbeziehungen – das weiß jeder – kosten mehr Energie und »Nerven« als schwierige Fachaufgaben.

Voraussetzung guter kollektiver Entwicklungen ist es, sich aufeinander einzulassen. Das ist nicht immer leicht, weil Kolleginnen und Kollegen sich meist nicht gegenseitig ausgesucht haben. Oft vergessen wir dabei, dass wir – ob wir es wollen oder nicht – ohnehin eng miteinander verbunden sind. Sie haben dazu schon Meditationen zur Verbundenheit gemacht (siehe S. 47 u. 72 f.). Für die Resilienz ist die Verbundenheit mit Mensch und Natur ebenfalls als eine tragende Säule beschrieben worden (siehe S. 46). Sie erinnern sich auch an die genetischen und hirnbiologischen Ausstattungen des Menschen, die auf Kooperation ausgelegt sind. Hier folgen noch einige zusätzliche Bilder, die Ihnen eine Idee von der elementaren Verbundenheit aller Menschen geben können – zur Motivation, einen gemeinsamen Weg der Selbstsorge anzustreben:

Wir Menschen bestehen als Menschen zu 93 Prozent aus drei Elementen: Sauerstoff, Kohlenstoff und Wasserstoff. Den meisten ist nicht klar, dass sich diese Elemente seit dem Ursprung unserer Erde nicht verändert haben. Die damals entstandenen Atome haben sich nur immer wieder neu zusammengesetzt, sind also in einem ständigen Wandel. Und nun sind Sie daraus entstanden. Wir bestehen also aus dem Staub des Universums, das sich als unser Planet Erde zusammengeballt hat – und es ist seit dem Urknall nichts hinzugekommen. Dass wir aus Staub sind und wieder zu Staub werden, wird bei jeder Beerdigung zitiert. Doch ist Ihnen bewusst, dass die Elemente, aus denen Sie bestehen, eine so lange Geschichte hinter sich haben? In welchen Konstellationen haben sich Ihre Milliarden Bestandteile früher befunden? Welche Energien bringen die Bestandteile mit?

Eine weitere Tatsache: Wenn Sie als Team in einem Raum sitzen oder wenn Sie in der Bahn fahren, im Konzert sitzen, einkaufen gehen etc., dann atmen Sie das ein, was Ihre Mitmenschen ausatmen, und die anderen atmen ein, was Sie ausatmen.

Wir sind auf so vielfältige und elementare Weise miteinander untrennbar verbunden, da erscheinen viele Konflikte, mit denen wir uns plagen, wie groteske Spiele, bei denen jeder so tut, als könne er allein überleben.

In der Evolution hat zwar der besser überleben können, der stärker, pfiffiger und schneller war und optimal konkurrieren konnte. Letztlich hat aber für das Überleben das Prinzip der Kooperation, das Kollektiv gesorgt. Gemeinsam konnte das Kollektiv etwas, wozu der Einzelne nicht in der Lage war, wie z. B. jagen, sich gegen Feinde wehren. Der große Entwicklungssprung gelang der Menschheit nach Tausenden von Jahren Stagnation erst durch die Entwicklung von Sprache. Erst so konnte ein bahnbrechender Vorteil entstehen. Sprache erleichterte die Abstimmung, das gemeinsame Ausrichten, das die kollektive Weisheit voranbrachte. Damit hat der Mensch das Prinzip des Austauschs, des gemeinsam ausgehandelten Vorgehens differenziert und reifen lassen und war damit den Konkurrenten überlegen.

Auch Pflanzen kooperieren. Sie kommunizieren miteinander über das Wetter, über Mangel, Durst, über Feinde. Das tun sie über unterschiedlichste chemische und akustische Kanäle und über riesige Netzwerke symbiotisch verflochtener Wurzeln und Pilze (STRASSMANN 2014). Kommunikation, Austausch und die gemeinsame Bewältigung von Risiken ist auch dort ein Grundprinzip des Lebens auf diesem Planeten.

» Die Welt ist ein Teil von uns und wir sind ein Teil der Welt. Die gesamte Materie auf unserem Planeten ist eingebunden in diesen sich ewig erneuernden wechselhaften Strom des Lebens. Ebenso wie die Materie fließen auch Kulturen, Traditionen und Informationen durch uns Menschen hindurch, werden ausgetauscht und weitergereicht. Wir werden von ihnen und sie durch uns transformiert. Verbundenheit ist eine Tatsache, über die wir uns Klarheit verschaffen und zu der wir tatsächlich mental und emotional ›erwachen‹ können. Verbundenheit ist nicht ein Traum, den wir erst herstellen müssten. « (JOUBERT 2010, S. 38)

Wir bewegen uns heute allerdings – zumindest in unserem Kulturkreis – in einem Zeitalter des ungebremsten Individualismus, der Zersplitterung, der scheinbar grenzenlosen Autonomie und Entscheidungsfreiheit. Die Kooperation als der große evolutionäre Gewinn der Menschheitsgeschichte ist in den Hintergrund gerückt. Gleichzeitig wird die Sehnsucht nach Gemeinschaft immer größer.

Wir können uns als Individuum zwar Verbundenheit vorstellen, darüber auch meditieren, die konkreten Schritte des Erwachens können wir aber nur gemeinsam mit anderen gehen. »Die kollektive Weisheit entsteht nicht in einem wertfreien Raum. Sie basiert auf dem Glauben, dass wir Menschen fähig sind, eine Kultur aufzubauen, die das Leben schützt und seine Entfaltung fördert. Sie geht davon aus, dass Menschen von Natur aus gern kooperativ sind und Freude daran haben, großzügig zu sein und einander zu helfen« (JOUBERT 2010, S.75). Der Zugang der kollektiven Weisheit geht davon aus, dass auf der Welt alles vorhanden ist, was wir brauchen, Voraussetzung ist, dass wir die Ressourcen nicht für unsere individuellen Bedürfnisse ausplündern, sondern dass wir achtsam leben lernen – ein hoher Anspruch, der aber das Überleben sichern kann.

Verstehen Sie das alles als mein nachdrückliches Plädoyer, sich dieser Dimension stärker zu öffnen und nicht in den vertrauten Teamkonflikten und resignativen Löchern sitzen zu bleiben – es sein denn, Sie fühlen sich da sicher und wollen nichts riskieren. Der kollektive Zugang holt die Selbstsorge aus der rein individuellen Dimension, stellt sie in die Gemeinschaft und lässt sie zu einem kollektiven Anliegen werden, das weit über uns und das konkrete Team hinausreicht. Gemeinsam werden Sie auch für Ihre Selbstsorge mehr erreichen.

Der individuelle Weg der klugen Selbstsorge kann sozial verbunden werden durch gemeinsames Meditieren, auch durch gemeinsames Musizieren, gemeinsame Wanderungen u. a. Empfehlenswert ist es deshalb, am Beginn einer Teamklausur zu meditieren, still zu werden. Das verändert den Zugang zu allen folgenden Themen deutlich. Es führt zu einer Verbindung der Herzen und der Energien. Sie sind ja in der Meditation jetzt schon geübt!

Die positive Kraft guter Team- und Organisationsentwicklungen

Über Teams sind viele Bücher geschrieben worden, hier soll wieder nur der Aspekt der Selbstsorge betrachtet werden. Dabei nehme ich hier solche Teams in den Blick, die sich täglich sehen können, sich dafür nicht gesondert verabreden müssen und die Möglichkeit zur direkten Kommunikation haben: »Dafür wiederum scheint (...) bei acht bis zwölf

Personen eine qualitative Obergrenze erreicht zu sein. Ab dieser Zahl braucht man angesichts der exponentiell steigenden Zahl möglicher Zweierbeziehungen eine Bürokratie und technische Kommunikationsmedien, um die Kommunikation über räumliche, zeitliche und hierarchische Distanzen hin sicherzustellen. Dann wird aus einem Team eine größere Form der Organisation. (...) Teams sind soziale Systeme, die ein hohes Maß an Selbstorganisation aufweisen. Ihre Spielregeln werden im Allgemeinen nicht bewusst beschlossen, sondern sie entwickeln sich in der alltäglichen Interaktion der Teammitglieder« (SIMON 2013, S. 143 f.).

Gemeinsamkeit herstellen

Teams funktionieren dann gut, wenn sie sich auf ein gemeinsames Ziel ausrichten können, eine Aufgabe, die alle fasziniert, für die es sich lohnt, zu kooperieren. Die gute Zusammenarbeit braucht gezielt gesetzte Impulse, um entsprechende Selbstorganisationsprozesse anzuregen, um Menschen zu synchronisieren. Dann erzeugt das Dabeisein und Dazugehören als solches schon eine sinn- und identitätsstiftende Dynamik.
Sobald Menschen sich angegriffen oder ausgeschlossen fühlen und das Gefühl haben, sich schützen zu müssen, gehen sie in Kampfposition oder ziehen sich zurück – das ist erst einmal sehr gesund. Es soll nichts Schädliches in sie eindringen, deshalb wird die Sensibilität reduziert und mit einem Panzer geschützt. In dieser Notfallhaltung harren viele Menschen lange aus, manche lebenslang – das ist sehr ungesund. An Kooperation oder gar an Verbundenheit mit anderen ist dann nicht mehr zu denken. Menschen wechseln in Bedrohungssituationen von einem kooperativen zu einem konkurrierenden Verhalten. Je mehr Druck entsteht, umso weniger eigene Interessen gewahrt sind, je mehr die Balance von Geben und Nehmen aus dem Lot geraten ist, umso stärker tendieren Menschen zum Individualismus.
Gute Teams oder Kollektive zeichnen sich jedoch dadurch aus, dass sie gerade in schwierigen Zeiten zueinander stehen. Wie kann das gelingen? Dafür braucht es einen Fundus gemeinsamer Werte, eine gemeinsame wichtige Aufgabe und den Wunsch, dabei zu sein. Manchmal hilft auch ein gemeinsames Feindbild.
Das Zueinanderstehen erfordert jedoch Vorarbeit, Investitionen in einen Prozess der gemeinsamen Einstimmung aufeinander und auf die gemeinsame Aufgabe, den Aufbau von Vertrauen untereinander und die Pflege

eines gemeinsamen Vorrats an Werten. Oft scheinen die organisatorischen Rahmenbedingungen so geschaffen, dass gerade das nicht gelingen kann, z. B. durch instabil gehaltene Teams, unkluge Dienstplangestaltungen, organisatorisch gepflegte Freund-Feind-Bilder, Berufsdünkel oder Hoheitsansprüchen zwischen Abteilungen: Die Kraft des Kollektivs scheint gefürchtet zu werden.

»Wir müssen ein hohes Maß an präsenter Aufmerksamkeit in unsere Gesprächsprozesse einziehen lassen, wenn wir die Fähigkeit zum gemeinsamen Denken ausbauen wollen« (JOUBERT 2010, S. 31). Ohne diese Investitionen laufen wir Gefahr, in Dynamiken zu kommen, die SIMON (2013, S. 142 ff.) als »Gemeinsam sind wir blöd!?« beschrieben hat – mit gegenseitigen Blockaden, Irritationen und Abstimmungsnotständen. So werden viele der ohnehin knappen Ressourcen vergeudet.

In psychosozialen Arbeitskontexten sind deutlich mehr Ressourcen für die Lösung von Abstimmungs-, Kooperations- und Beziehungsfragen verfügbar als in vielen anderen Arbeitsfeldern. Es sind viele Instrumente zur Abstimmung der Arbeitsprozesse entwickelt worden, die vom Prinzip her lösungsorientiert sind (Helferkonferenzen, Hilfeplankonferenzen, Case-Management; vgl. LEVOLD & WIRSCHING 2014, S. 285 ff.).

Mit der schon genannten Supervision und Fallreflexion sind Prozesse der gemeinsamen Analyse und des gemeinsamen Nachspürens etabliert, die für das Anliegen gemeinsamer Selbstsorge gezielt eingesetzt und entsprechend erweitert werden können (S. 295 ff.). Damit sind Gefäße verfügbar, in denen Fragen der Grenzziehung, des Umgangs mit »schwierigen« Klienten, des Mitschwingens der eigener Themen, des Umgangs mit Belastungsgrenzen – kurz, all das, was in den konkreten Begegnungen mit den Klienten geschieht – angeschaut und reflektiert werden kann. Diese Formen der Reflexion sind ausdrücklich als Medium zur Gestaltung der individuellen und kollektiven Selbstsorge zu empfehlen (vgl. z. B. NEUMANN-WIRSIG 2013).

Zunehmend werden auch in psychosozialen Kontexten komplexe Teamentwicklungsprozesse gebräuchlicher, für die dann ein bis zwei Tage einzuplanen sind. Sie werden beispielsweise als Teamtage gestaltet und haben den Vorteil, dass die Themen wesentlich gründlicher erarbeitet werden können und nicht in den engen und oft energielosen Zwischenräumen der Dienstübergaben landen. Sie brauchen allerdings eine gute Vor- und Nachbereitung, wenn Sie zu Ergebnissen führen sollen.

Die Themen Gesundheit und Selbstsorge eignen sich besonders gut, um einen gemeinsamen Fokus für die Ausrichtung und Entwicklung des Teams zu schaffen. Die Themen berühren alle individuell, sie brauchen immer wieder neue Lösungen, sie können Spaß machen und geben deshalb den sonst manchmal eher mühseligen Teamprozessen viel Schwung. Teams sind besser synchronisiert, wenn sie auf ein gemeinsames Ziel oder Anliegen ausgerichtet sind, dass für alle bedeutsam ist. Das ist bei Gesundheit und Selbstsorge sicher der Fall. Voraussetzung ist eine Form und Kultur des Dialogs, damit Teamprozesse salutogene Wirkungen entfalten können.

Einige Prinzipien haben sich in der Praxis bewährt und sind hier in sieben Leitlinien notiert (sicher nicht erschöpfend – im doppelten Sinne).

➡ ➡ **Hinweise für gesundheitsförderliche Teamprozesse** ⬇

- Transparenz, Transparenz, Transparenz!
- Wertschätzung, Wertschätzung, Wertschätzung!
- Vermeiden Sie eine Kultur der infektiösen Nörgelns und Klagens (Krankheitsrisiko)! Unterbrechen Sie solche Kommunikationssequenzen. Sie fördern sonst negative Einstellungen wie Pessimismus, Neid, Ungerechtigkeitserleben oder Nostalgie: »Früher war es besser!«. Sie boykottieren damit Ihre zukunftsgerichtete Selbstsorge.
- Haben Sie den Mut, Ihrer Freude an der Arbeit, an den Klienten, an der Zusammenarbeit Ausdruck zu verleihen, Ihre Lust an herausfordernden Aufgaben, Ihre Liebe zu den Menschen zu zeigen. Es ist der Mut zur Gesundheit und der Mut, zu Ihrer klugen Selbstsorge zu stehen.
- Nutzen Sie alle Engpässe, Fehler und Schwierigkeiten als Anlass zum Lernen. Betrachten Sie auch Beschwerden, z. B. von Klienten oder Angehörigen, als Rückmeldungen, die zur Entwicklung anregen. Entwickeln Sie Prozeduren, die dafür routiniert eingesetzt werden können (»Beschwerdemanagement«).
- Finden Sie Themen, die Ihnen miteinander Freude machen und entscheiden Sie, Ihre Aufmerksamkeit verstärkt dorthin zu richten. Es ist die Ausrichtung der Aufmerksamkeit auf das, was gesunde Entwicklungen verspricht. ⬅

Das Risiko solcher Teamaktionen: Menschen verstecken sich häufig in ihrem Jammertal, weil sie sich dort zu Hause fühlen und weil sie es gewohnt sind, weil positive Perspektiven zum Handeln und zu Ungewohntem einladen und weil ein Perspektivwechsel die Übernahme von Verantwortung für das eigene Schicksal bedeutet – ohne Wenn und Aber.

Das Risiko sollten Sie trotzdem eingehen, denn es ist begrenzt: Sie können sich jederzeit entscheiden, etwas anders zu machen als bislang.

Für Ihre Teamtage kann ich einige methodische Anregungen geben. Dafür habe ich drei Ansätze ausgewählt, die sich für das Thema der Selbstsorge besonders gut eigenen und die Sie selbst auch einfach ausbauen und auf Ihre Bedarfe zuschneiden können: Storytelling, wertschätzendes Interview und Presencing.

Ich nehme anschließend die Gestaltung des äußeren Rahmens Ihrer Arbeit hinzu (z. B. Räume), weil Sie sich dabei ganz konkret mit Ihrer Selbstsorge beschäftigen können. Sie kommen damit im Äußeren zu Lösungen, die sich auch in Ihrem Inneren spiegeln werden. Zudem kommen Sie in einen gemeinsamen Prozess hinein, der sich anschließend in sichtbaren Ergebnissen zeigt.

Daneben können Sie viele der bislang beschrieben Ansätze, die Sie für Ihre eigene Selbstsorge genutzt haben, auch als gemeinsamen Prozess gestalten.

Storytelling

Storytelling ist eine Methode, die mit Metaphern und Erzählungen arbeitet. Mit ihr können komplexe Zusammenhänge verstanden und für Entwicklungsprozesse aufbereitet werden. Beispiele für ein solches Vorgehen sind die narrativen Ansätze in der lösungsorientierten Psychotherapie und im Coaching.

Menschen erzählen sich selbst und anderen immer wieder Geschichten, um Verständnis für ihre Situation zu entwickeln, um Entscheidungen zu erläutern, um letztlich ihr Leben zu verstehen und es plausibel und kohärent zu machen. Sie hatten dieses Prinzip schon bei der Salutogenese kennengelernt: Die Erzählung unserer Biografie ist scheinbar eine Erzählung aus der Vergangenheit, aber implizit eine Anleitung für die Gestaltung der Zukunft – ich bin so und so geworden und werde deshalb so und so reagieren (vgl. S. 30 f.). Geschichten vermitteln auch in Gemeinschaften Sinn, sie fördern die Transparenz und stiften das Erleben von Zusammenhängen und von Zugehörigkeit zu der Gemeinschaft der Erzählenden. Deshalb ist in Unternehmen der Weg des Storytelling entdeckt worden (FRENZEL u. a. 2004).

Die Idee dahinter ist, dass Sie sich in Ihrem Team Geschichten über das Team und seine Arbeit erzählen und auf diese Weise ein tieferes und reich bebildertes Verständnis für die Sichtweisen aller Beteiligten bekommen. Gleichzeitig erfahren Sie, wie die Teammitglieder künftig ihre Arbeit gestalten wollen. Es macht einen Unterschied, ob das Team einer Beratungsstelle beispielsweise Geschichten über eine erfolgreiche regionale Vernetzung beschreibt oder eher die gescheiterten Versuche öffentlicher Sichtbarkeit in den Vordergrund stellt.

Oft ist es hilfreich und fokussierend, ein Thema für die Geschichten auszuwählen, das einen Bezug zu anstehenden Entwicklungen hat: das neue Projekt, die Umstrukturierung des Arbeitsbereichs o. Ä.

➡ ➡ Storytelling ↧

Sie können beim Storytelling sehr unterschiedlich vorgehen.

Variante 1 Laden Sie im Vorfeld eines Teamtages alle Beteiligten ein, Geschichten zu einem Thema der Selbstsorge zu schreiben. Nutzen Sie auch Metaphern für die Themenvorgabe, z. B.:

»Unser Team, unsere Einrichtung als Ort der klugen Selbstsorge«

»Kluge Selbstsorge – unsere Schatztruhe«

»Das Team auf Reisen in das Sorgsamland«

Sammeln Sie sowohl positive als auch kritische Geschichten. Lassen Sie Klienten und Angehörige ebenfalls Geschichten schreiben.

Erstellen Sie vor der Teamklausur eine Synopse der Geschichten: Dabei sollte eine Übersicht der beschriebenen Themenschwerpunkte entstehen, gleichzeitig die Vielfalt und Buntheit der Erzählungen erhalten bleiben.

Folgen Sie bei der Auswertung Fragen, die Sie vorher entwickelt haben, z. B.: Welche Ansätze für eine gemeinsame Stärkung der kollektiven Selbstsorge sind schon angelegt und können ausgebaut werden?

Auf dem Teamtag tauschen Sie sich dann über folgende Fragen aus: Was beobachten Sie bei sich als Reaktion auf die Geschichten? Welche Gedanken, Emotionen und Impulse können Sie erfahren?

Welche Werte werden deutlich, an denen sich der sorgsame Umgang mit individueller und kollektiver Gesundheit orientiert?

Welches sind die drei bedeutsamsten, am häufigsten erzählten Werte? Welche Werte fehlen?

Welche Geschichten geben Hinweise auf Anknüpfungspunkte für eine Intensivierung der gemeinsamen Selbstsorge?

Variante 2 Schreiben Sie Erzählungen zu einem Zukunftsthema: »Anekdoten aus dem Alltag unseres sorgsamen Teams in einem Jahr«. Tragen

Sie auch diese Geschichten wieder zusammen und werten und nutzen Sie die gleichen Fragen wie zuvor zur Auswertung.

Passen Sie dieses Vorgehen Ihrer jeweiligen Situation an. Machen Sie sich beim Erfinden und Erzählen der Geschichten frei von einem Ergebniszwang.

Lassen Sie sich auf die Geschichten ein, die entstehen. Spüren Sie nach, wie sie auf Sie und die Teammitglieder wirken.

Tauschen Sie sich darüber aus. Spüren Sie den Grundlagen für anstehende Entwicklungen und Veränderungen nach.

Wichtig: Kommen Sie erst danach zu einer konkreten Planungsrunde für die Umsetzung von Projekten o. Ä. zusammen. ←

Das Storytelling scheint mir für die Frage nach einer gemeinsamen Selbstsorge eine hilfreiche Methode zu sein, um zu variantenreichen, flexiblen, lebendigen und gleichermaßen klaren und verbindlichen Verabredungen zu kommen.

Das wertschätzende Interview

In der Team- und Organisationsentwicklung nutzt man gern eine Methode, die sich »wertschätzendes Interview« nennt (vgl. BONSEN & MALEH 2001). Sie soll eine achtungsvolle Grundhaltung fördern, auf der die Prozesse erfahrungsgemäß sehr viel flüssiger, kreativer und ergebnisreicher laufen, als wenn man mit Fehleranalysen beginnt (die keinem wirklich Spaß bringen). Das wird dadurch erreicht, dass die Imagination von erfolgreichen Arbeitssequenzen und des persönlichen Beitrags dazu durch ein strukturiertes Interview ins Zentrum der Aufmerksamkeit gerückt werden. Für das Thema Selbstsorge bietet sich ein solcher Prozess natürlich auch an, sodass ich dafür eine Kurzform entwickelt habe (vgl. auch das Kapitel »Imagination und Lösungsorientierung«, S. 128 ff.).

➡ ➡ **Das wertschätzende Interview** ⤓

Der Ablauf ist folgender: Sie finden sich zu zweit zusammen, einer interviewt, der andere antwortet.

Beispielhafte wertschätzende Fragen zur Selbstsorge:

Was sind die größten Geschenke, die Ihr Arbeitskontext Ihnen macht?

Was sind die größten Geschenke, die Sie dort geben?

Was waren in den letzten Wochen gute Erfahrungen mit Ihrer Tätigkeit in Ihrem Arbeitsfeld? An welches Ereignis erinnern Sie sich konkret?

Was ist Ihnen in dieser Situation besonders gut gelungen?

Was hatte das konkret für Auswirkungen auf Sie? Welche Auswirkungen hatte das auf die anderen Beteiligten?

Was waren in den letzten Wochen gute Erfahrungen mit Ihrer persönlichen Selbstsorge? An welche Situation erinnern Sie sich konkret?

Was ist Ihnen in dieser Situation besonders gut gelungen?

Welche Auswirkungen hatte das konkret für auf Sie? Welche Auswirkungen hatte das auf die anderen Beteiligten?

Welche Ihrer Stärken und Ressourcen zeigten sich in diesen beiden Situationen?

Sie bleiben während des Interviews in dieser Rollenverteilung und wechseln anschließend. Der Interviewer stellt die erste Frage und notiert die Antworten und fährt so fort. Der Interviewer gibt dem Interviewten nach der letzten Frage die Mitschrift seine Antworten als Protokoll. Dann werden die Rollen getauscht.

Wichtig Der Interviewte antwortet nur auf die gestellten Fragen, ohne mit einem »Aber« auf die Gegenseite zu wechseln. ⬅

Sie können diesen Prozess mit Gewinn auch im Gehen machen, wenn Sie ein Klemmbrett benutzen. Anschließend kommen Sie im Team zusammen und tauschen sich über Ihre Erfahrungen aus.

Wenn Sie diese Interviewaufgabe am Anfang eines Teamtages stellen, können Sie auf Basis der gewonnenen Erkenntnisse und Impulse dann in die Planung konkreter Arbeitsschritte für die kollektive Selbstsorge gehen.

Presencing: Von der Zukunft her denken

Otto SCHARMER (2013), ein anthroposophisch geprägter Ökonom und Unternehmensberater, hat ein Modell für die Veränderung von Teams und Organisationen beschrieben, die »Theorie U«. Der zentrale Gedanke ist, dass sich Situationen so entwickeln werden, wie wir an sie herangehen, das heißt, Veränderungen werden von unserer Aufmerksamkeitsausrichtung und von unserer Achtsamkeit geprägt – Sie kennen das jetzt schon. Ziel ist es, die gewohnten Lernschleifen aus Handeln-Reflektieren-Verändern zu verlassen und einen Lernprozess zu initiieren, der sich auf die Vergegenwärtigung der höchsten Zukunfts- und Entwicklungsmöglichkeiten bezieht – nicht mehr und nicht weniger.

Das lässt sich am besten am Beispiel des Zuhörens erläutern, weil dabei verschiedene grundlegende Formen der Wahrnehmung unterschieden werden können. Scharmer nutzt dafür zum Teil eine eigene Sprache.

Downloading Beim »Downloading« hören wir nur das, was schon bekannt ist (»Ja, ja, das weiß ich schon!«). Diese Wahrnehmungsform lässt uns Sicherheit im Bekannten erleben, führt aber nicht darüber hinaus und ist auch keine Grundlage für ein Gespräch (außer am Stammtisch).

Faktisches Zuhören Das »faktische Zuhören« lässt Unterschiede, Widersprüche deutlich werden, es fokussiert auf das, was vom bisherigen Wissen abweicht (Wissenschaft, Politik). Damit kann eine Debatte geführt werden, in der sich die Unterschiede reiben können (z. B. in den gewohnten Konferenzen, vielen Arbeitsgruppen).

Empathisches Zuhören Für menschliche Entwicklungen und natürlich für Ihre psychosoziale Arbeit brauchen Sie das »empathische Zuhören« als dritte Form des Zuhörens. Dabei treten wir aus uns heraus und nehmen die Welt durch die Augen des anderen wahr, wie Moreno das im »Psychodrama« beschrieb (Rollenwechsel). Von den biologischen Grundlagen, den Spiegelneuronen, haben Sie schon erfahren (S. 134 f.). Bei dieser Wahrnehmung ist das Herz dabei, wir fühlen uns in den anderen ein. Auf der Grundlage dieser Wahrnehmung können wir in einen Dialog kommen. Das war beim salutogenen Dialog für Sie gut zu erleben (S. 32 f.).

Schöpferisches Zuhören Wenn wir die Welt aus der Perspektive der sich abzeichnenden Zukunft wahrnehmen, spricht Scharmer vom »schöpferischen Zuhören«. Wir treten damit, wie bei der Empathie, aus uns heraus und nehmen die Welt aus der Perspektive wahr von dem, was im Entstehen begriffen ist. Wir gehen über das Gegenwärtige hinaus und verbinden uns mit dem Werden, mit dem, was gerade in die Welt kommt. Es ist die Fähigkeit, aus dem Blickwinkel der Zukunftsmöglichkeiten wahrzunehmen, Scharmer nennt dieses Zuhören Presencing (aus Presence = Gegenwart und Sensing = Wahrnehmen (der Zukunft)). Durch dieses Wahrnehmen werden schöpferische Dialoge möglich, die das Entstehende erlebbar machen. Diese Form der Wahrnehmung braucht eine besondere Rahmenbedingung und das ist – Stille. Sonst ist nicht wahrnehmbar, was im Augenblick entsteht.

Scharmer beschreibt drei Bewegungen, die den Kern des von ihm beschriebenen Prozesses bilden und die sowohl individuell als auch kollektiv vollzogen werden können:

Die erste Bewegung ist: Anschauen, anschauen, anschauen. Dabei geht es darum, für die anstehende Fragestellung (z. B. nach einer besseren Selbstsorge) möglichst viele Eindrücke, Informationen, gute Lösungsbeispiele, kreative Impulse, Einsichten, Fähigkeiten etc. zu sammeln.

Die zweite Bewegung ist, sich an einen Ort der Stille zu begeben und das »innere Wissen« entstehen zu lassen, also das schöpferische Zuhören zu ermöglichen. Das Wahrgenommene der ersten Bewegung wird reflektiert und integriert. Es wird nachgespürt, was im Entstehen ist, welche Samen und Keime der Zukunft sich jetzt schon zeigen, was die zukünftigen Möglichkeiten sind, die hier in die Welt kommen möchten.

Die dritte Bewegung kristallisiert das heraus, was in der Stille entstanden ist und wendet sich wieder der gegenwärtigen Welt, dem konkreten Leben zu. Hier geht es nicht darum, jetzt zu planen, was später zu tun ist. Sondern es wird unmittelbar gehandelt – mit Experimenten, praktische Erprobungen, Prototypen möglicher Lösungen, dort, wo es sich anbietet, wo es Schonräume und »Treibhäuser« dafür gibt. Erst nach diesen Erfahrungen werden die dann schon widerstandsfähigen Setzlinge ins Freie, also in den Alltag, gebracht.

➡ ➡ Von der Zukunft her denken ⤓

Wenn Sie gemeinsam einen solchen Prozess im Team durchlaufen wollen, empfiehlt es sich, drei Termine zu verabreden:

Erster Termin Beim ersten Termin klären Sie gemeinsam die genaue(n) Frage(n). Was soll durch den gemeinsamen Prozess in die Welt kommen? Lassen Sie dann Ideen sprießen, wo auf der Welt Sie Anregungen und gute Antworten auf Ihre Fragen finden können. Denken Sie auch an Orte, die nicht unbedingt etwas mit psychosozialer Arbeit zu tun haben – vielleicht gibt es dort ja schon die Antworten, die Sie anregen könnten. Verabreden Sie, wer was erkundet. Schwärmen Sie aus, allein, zu zweit, in kleinen Gruppen.

Zweiter Termin Treffen Sie sich nach dem absehbaren Ende Ihrer »Schwärmerei« zu einem zweiten Termin für den Austausch über die gefunden Anregungen, Antworten, Lösungswege. Erzählen Sie sich, was Sie gefunden haben. Seien Sie offen, bewerten Sie nichts und machen Sie keine Machbarkeitsstudien! (schöpferisches Zuhören).

Gehen Sie dann gleichzeitig, aber jeder für sich allein in die Stille. Nehmen Sie sich dafür Zeit (mindestens eine Stunde, besser länger). Lassen Sie die ausgetauschten Erkundungsergebnisse wirken und spüren nur nach, was entsteht, was sich zeigt, was an Ahnungen, Bildern, Impulsen, Lust etc. wahrnehmbar wird.

Kommen Sie wieder zusammen und tauschen sich aus – wieder ohne Wertungen, schöpferisch zuhörend.

Sodann widmen Sie sich der Frage: Wo zeigen sich bei uns Ansätze der im Entstehen begriffenen Zukunft (Samen und Keime) für unser Anliegen? Was wird in Ihnen angeregt durch das, was in der Stille entstanden ist? Welche Themen, Antworten, Ideen können Sie unter den Bedingungen eines »Treibhauses« in Ihr konkretes Arbeitsleben bringen – als Experiment, als Erkundung, als eine Möglichkeit, um weitere konkrete Erfahrungen zu sammeln? Womit beginnen Sie in den nächsten drei Tagen? Nehmen Sie sich für diese Erkundungsphase einige Wochen Zeit.

Dritter Termin Der dritte Termin ist für die Auswertung der Erkundungsphase vorzusehen. Dabei geht es um die Frage, welche der Experimente, der »Treibhauserfahrungen« so gut sind, dass Sie sie »in die Fläche« bringen, das heißt in Ihren regulären Arbeitsprozess und Tagesablauf integrieren wollen. ◀

Die physische Arbeitsumwelt gestalten als Rahmen für die Selbstsorge

Die Entwicklung einer sorgsamen Haltung für die Gesundheit aller Beteiligten gelingt nicht gut in einer lieblos gestalteten Umgebung.

▌ Welche Symbole, Zeichen, Bilder, Gegenstände, Räume etc. haben in Ihrer konkreten Arbeitsumgebung einen guten Bezug zu Selbstsorge und Gesundheit? Was in der konkreten Arbeitsumgebung ist hinderlich? Was geht gar nicht? ▌

Innenflächen

Architektur, Mobiliar, Ausstattung, Akustik, Licht, Belüftung und vieles andere mehr prägen unmittelbar die mehr oder weniger gesunde Mensch-Umwelt-Beziehung. Sie prägen Ihre Befindlichkeit und die Ihrer Klienten: Zufriedenheit, Ausdauer, Konzentration hängen davon ab, aber auch die erlebte Wertschätzung durch die Gastlichkeit einer schön gestalteten Umgebung. Die gebaute Umwelt löst sowohl emotionale als auch körperliche Reaktionen aus. Ein angemessenes Reizvolumen, das den Betrachter nicht unter- oder überfordert, wird ihn zur Erkundung seiner Umwelt einladen. Wird die Umwelt aber als grau, hässlich, verwahrlost und eintönig erlebt, wendet er sich zumindest innerlich von ihr ab. Lärm, Luftverschmutzung, ungünstiges Raumklima, mangelnde Sicherheit, Beengtheit, falsch dimensionierte Räume und ungünstige Grundrisse sind weitere Stressoren, die der Selbstsorge entgegenwirken und eher Unruhe, Gereiztheit und Anstrengung auslösen. Die räumliche Dichte, also das ungünstige Verhältnis zwischen verfügbarem Raum und der Zahl der Personen in diesem Raum, wird als Engestress bezeichnet.

Menschen gewöhnen sich an ungünstige Rahmenbedingungen, die dann eher einem Außenstehenden auffallen. Erst ein Raumwechsel oder der erste Arbeitstag nach dem Urlaub lassen die Dauerbelastung der Umgebung spürbar werden. Es lohnt sich deshalb, diesem oft vergessenen Aspekt der Selbstsorge Aufmerksamkeit zu widmen. Gerade viele finanziell schlecht ausgestattete Initiativen im psychosozialen Arbeitskontext brauchen hier kreative Lösungen. Nehmen Sie dieses Thema auf Ihre Tagesordnung.

Bei Architektur, Gebäuden, Raumaufteilungen u. Ä. können Sie natürlich oft nur begrenzt eingreifen. Trotzdem lassen sich meist Gestaltungsmöglichkeiten finden.

➡ ➡ Kreative und gesunde Räume schaffen ⤓

Erstellen Sie ein Checkliste, mit der Sie Ihre Räume, die Gebäude, die Ausstattung, den baulichen Zustand, die Farbgebung etc. betrachten wollen: Welche Aspekte interessieren Sie? Was halten Sie für wichtig für Ihre konkrete Arbeit? Beziehen Sie gegebenenfalls Ihre Klientinnen und Klienten in diesen Prozess ein. Schauen Sie sich gemeinsam in Ihrer Arbeitsumgebung um und beschreiben Sie sie mithilfe Ihrer Checkliste.

Laden Sie Dritte in Ihre Räume ein und bitten um ein ehrliches Feedback ihrer ersten Eindrücke.

Erarbeiten Sie gemeinsam, was für eine gesündere Umgebung getan werden sollte.

Mit welchen umsetzbaren kleinen und großen Maßnahmen können Sie einen Prozess beginnen?

Wie müssten Sie das beginnen, wen einbeziehen und welche Ressourcen sind wie zu erschließen?

Erstellen Sie einen Masterplan mit kurzen, mittelfristigen und langfristigen Perspektiven. ←

Ein Beispiel: Farben sind ein kostengünstiges und höchst wirksames Mittel, um eine einladende Atmosphäre zu erzeugen. Hellere Farbtöne lassen Räume größer und weiträumiger erscheinen und reflektieren das Licht besser. Farben lösen unterschiedliche emotionale und intentionale Resonanzen aus. Farbpsychologisches Wissen oder ergotherapeutische Kompetenz können genutzt und zur Gestaltung eingesetzt werden.
Verbinden Sie die farblich angenehme Gestaltung mit den Themen der Selbstsorge: Stressreduktion, Anregung, Entspannung.
Widmen Sie sich auch der folgenden Frage: Welche Möglichkeiten gibt es in Ihrem Gebäude und in der Umgebung, um Orte der Stille zu gestalten?

Außenflächen

Naturumwelten werden geschätzt, weil sie als schön empfunden werden und positive Emotionen auslösen (BERLYNE 1971; KAPLAN 1995). Das körperliche und seelische Wohlbefinden wird gestärkt und auch unsere sozialen Interaktionen werden günstig beeinflusst (vgl. GUÉGUEN & MEINERI 2013).
Die positiven Auswirkungen eines grünen Umfelds scheinen auch auf einer Aufmerksamkeitserholung zu beruhen (KAPLAN 1995). Willkürliche Aufmerksamkeit erfordert Anstrengung und führt zur Ermüdung. Unwillkürliche Aufmerksamkeit fließt, wenn eine Tätigkeit oder Umwelt Menschen fasziniert. In diesen Phasen scheint auch der »Akku« für die willkürliche Aufmerksamkeit wieder aufgeladen zu werden. Wer sich von mentaler Ermüdung erholen will, sollte schlafen oder sich in anregungsreichen, aber nicht überladenen Umwelten bewegen. Stadtumwelten überfordern allerdings rasch durch ihre Reizüberflutung und ermüden. Natur bietet dafür »sanfte Reize« für unwillkürliche Aufmerksamkeit und erlaubt dem Gehirn, sich zu erholen. Sie ist anregungsreich genug, gibt jedoch auch gleichzeitig ausreichend Zeit, alle Aspekte zu erfassen.
Man weiß, dass bei Kindern ein grünes Umfeld die Konzentration und Aufmerksamkeit stärkt und zu weniger Aufmerksamkeits- und Konzentrationsstörungen, zu mehr Kreativität und fantasievollem Spielen, somit

zu besserer Entwicklung beiträgt. Das dürfte auch bei Erwachsenen so sein, sodass sowohl Sie als auch Ihre Klienten unterschiedlichsten Alters davon profitieren, wenn Sie ein grünes Umfeld schaffen und pflegen.

Die Wirkungen natürlicher Umgebungen sind für viele Behandlungs-, Betreuungs- und Pflegesituationen ein unterstützender Rahmen, der ja auch vielfach genutzt wird (Spaziergänge etc.). Insbesondere die oft hochsensiblen und mit ihren Wahrnehmungen überforderten Klienten dürften sehr profitieren. Es gilt, das zu systematisieren, da sie hier gleichzeitig etwas für Ihren eigenen Ausgleich und Ihr Wohlbefinden tun. Ein erster Schritt ist vielleicht, über Pflanzen in Innenräumen die Natur stärker in die räumliche Umgebung zu integrieren.

‖ Folgende Fragen können Ihnen als Anregung zur Vorbereitung Ihrer Teamtage zur Gestaltung der Umgebung dienen:
Wie können Sie sich das Wissen über die heilsamen Wirkungen von Naturerlebnissen für Ihr Arbeitsfeld erschließen?
Welche Möglichkeiten bietet die Umgebung Ihres Arbeitsbereichs, um diese heilsamen Wirkungen zu nutzen?
Was ist vorhanden und was braucht es? **‖**

Die Gestaltung der physischen Rahmenbedingungen führt zu sehr handfesten, teilweise handwerklichen Schritten. Auf dem Weg zu mehr Gemeinsamkeit kann auch das gemeinsame aktive Gestalten der Umgebung ein wichtiger Schritt sein, der »am Gehirn vorbei« Gemeinsamkeit fördert. Oft ist genug geredet und eine neue Gesprächsrunde bringt alle eher weiter weg von ihrer Selbstsorge. Nutzen sie alle gestalterischen Möglichkeiten, die Sie haben, da die Umgebung Sie an jedem Arbeitstag wieder empfängt.
Mit welchem kleinen Schritt fangen Sie morgen an?

Ethik

Abschließend noch ein Hinweis auf ein oft wenig beachtetes Feld, das der kollektiven Entwicklung einen Rahmen geben kann, in den auch die kluge Selbstsorge einzufügen ist.

Ethik beschäftigt sich mit den moralischen Prinzipien und den daraus abgeleiteten Kriterien für gutes und schlechtes Handeln. Sie kann für die

Reflexion einer kollektiven Selbstsorge behilflich sein. In vielen psychosozialen Arbeitsfeldern müssen angesichts von knappen Ressourcen immer
wieder Entscheidungen getroffen werden, wie die Arbeit zugeschnitten
werden soll, was Sie tun und lassen sollen. Die Kriterien für solche Entscheidungen liegen oft im Dunkeln, bleiben willkürlich oder sind rein
ökonomisch begründet. Das bindet viele Energien, wenn Sie innerlich
rebellieren, wenn Ihre Kriterien für gutes oder schlechtes Handeln, wenn
Ihre Werte verletzt sind. Das erschöpft und führt zu »innerer Kündigung«
aus Selbstschutz, aber mit den oft verheerenden Auswirkungen, keinen
Sinn mehr in der Arbeit zu sehen – kein guter Weg!

BEAUCHAMP und CHILDRESS (2008), zwei Medizinethiker, haben vier
Grundprinzipien für ethisches Handeln in der Medizin entwickelt, die
auf alle psychosozialen Arbeitskontexte übertragen werden können.
Sie werden nach dem Ort, an dem beide zusammengearbeitet haben,
»Georgetown-Mantra« genannt und umfassen folgende Punkte:

- Prinzip des Selbstbestimmungsrechts des Patienten,
- Prinzip der Schadensvermeidung,
- Prinzip der Fürsorge,
- Prinzip der sozialen Gerechtigkeit.

Klienten sind autonom und selbstbestimmt. Sie haben das Recht, infor-
miert zu werden, eigene Wertvorstellungen zu leben und zu entscheiden,
was mit ihnen geschieht. Ihnen darf kein Schaden zugefügt werden,
schädigende Eingriffe sind zu unterlassen. Den Klientinnen und Klienten
ist aktiv Fürsorge zu ihrem Wohle zukommen zu lassen. Zudem sind die
verfügbaren Ressourcen gerecht zu verteilen.

Nutzen Sie probeweise eine anstehende Entscheidung für die Erarbeitung
der ethischen Kriterien, die Sie diesem Prozess zugrunde legen wollen.
Nutzen Sie das Georgetown-Mantra als erste Leitplanke. Oder überprüfen Sie gemeinsam, welche der Prinzipien des Mantras wie in Ihrer
Alltagspraxis umgesetzt sind und wie Sie damit in der Zukunft umgehen
wollen. Verständigen Sie sich auf einen gemeinsamen Prozess.

Es kann ein sehr verbindender Weg sein, sich mit den elementaren
Grundlagen psychosozialer Arbeit zu beschäftigen. Sie selbst können
Ihren persönlichen Wertekanon abgleichen und Entscheidungen für die
Ausrichtung Ihres Engagements treffen – auch wiederum zur weiteren
Entwicklung Ihrer klugen Selbstsorge.

Zum Abschluss:
»Survival Kit« und Ausblick

» Life is what happens to you,
  while you are busy making other plans «
  JOHN LENNON

Auf Ihrem Weg, Ihrer Expedition der klugen Selbstsorge ist immer wieder entscheidend, wie Sie sich auf die Rahmenbedingungen Ihrer Reise durch die Arbeitswelt beziehen und wie Sie bei der Verantwortung für sich selbst und für Ihr Leben bleiben. Es ist sehr einladend – und sicher oft berechtigt –, sich über die Rahmenbedingungen zu beklagen und Veränderungen anzumahnen. In diesem Buch ging es jedoch völlig einseitig um Sie – um Ihre Selbstverantwortung, Ihre Selbstwirksamkeit, um Ihre kluge Selbstsorge. In schwierigen Zeiten, wenn Sie Zweifel haben an dem, was sie tun und wie, wenn die verschiedenen Ebenen Ihrer Balance »aus dem Ruder laufen«, ist das umso bedeutsamer.

»Survival Kit«

Sie sollten sich für extreme Zeiten Ihrer Reise so etwas wie ein »Survival Kit« zulegen. Das ist eine Sammlung von Gegenständen, die man bei Expeditionen für Notfälle mit sich führt. Wenn Sie in die Wüste oder den Urwald gehen, wenn Sie Gletscher oder Vulkane besteigen oder zu Fuß den Himalaya überqueren, dann bereiten Sie sich gründlich darauf vor. Sie stellen sich eine Ausrüstung zusammen, mit der Sie die zu erwartenden Herausforderungen bewältigen können. So ist das auch im Berufsleben. Was machen Sie dort, wenn es anders kommt als geplant, wenn Sie in eine Krise geraten?
Das Bild des »Survival Kit« soll uns hier als Metapher dienen. Im Original für Expeditionen finden Sie darin beispielsweise Streichholz, Tütensuppe, Teebeutel, Sicherheitsnadel, Jesusbild, Nadel und Faden, Rasierklinge, Lutschbonbon, Nagel, Angelhaken, Pflaster. Lebensprozesse können – wie Expeditionen – trotz guter Vorbereitung in Orientierungslosigkeit,

Krisen, in große Verunsicherung, Angst und auch zu körperlichen Symptomen führen. Wenn Sie sich verlaufen und verirren, wenn Sie in Notsituationen geraten, nur auf sich gestellt sind und Sie bis zum nächsten Vorposten der Zivilisation oder bis Hilfe Sie erreicht, einige Zeit überbrücken und durchhalten müssen, dann haben Sie hoffentlich ein Survival Kit im Gepäck. Allein schon die täglichen Übergangssituationen (siehe S. 53 ff.) bergen oft unkalkulierbare Risiken – wie Wetterveränderungen bei Bergexpeditionen. Grundsätzlich hilfreich ist bei existenzieller Orientierungslosigkeit auf Ihrer Lebensreise beispielsweise der Blick auf die salutogenen Faktoren und insbesondere auf eine aktive Sinnfindung. Etwas, dass Sie daran erinnert, sollte also auf alle Fälle in dem Notfall-Set enthalten sein. Aus meinen eigenen Erfahrungen aus der Gestaltung von Übergängen und aus meiner Tätigkeit als »Bergführer« für andere Menschen habe ich ein Basispaket geschnürt, das der Aktivierung von Ressourcen, der Beschreibung lebensgeschichtlich hilfreicher Zusammenhänge und der Orientierung auf Zukunft dient. Sie können Ihr persönliches Kit natürlich noch mit weiteren kleinen, aber für Sie in der Not unverzichtbaren Gegenständen füllen.

ÜBUNG **Einen Survival Kit packen** ⬇

Ein Symbol für den eigenen Willen zum Sinn als »Survival Value«.

Eine Konserve der Musik oder eines Kunstwerks, das auf Sie in den letzten Jahren den tiefsten Eindruck gemacht hat.

Ein Foto des Menschen, der auf Ihren Lebensplan den nachhaltigsten guten, stärkenden Einfluss hatte.

Ein für Sie bedeutsames Buch für hilfreiche Ideen »von außen«.

Drei salutogene Fragen auf einem Notizzettel:

● Wie beschreibe und verstehe ich meine derzeitige Situation und ihre Zusammenhänge?

● Was sind meine Gestaltungsmöglichkeiten, und welche Ressourcen stehen mir für Lösungen zur Verfügung?

● Welchen Sinn macht mein Leben mit genau dieser Situation, jetzt – in Bezug auf wen und auf was und in Bezug auf meine grundlegenden Lebensentwürfe?

Das Gebet von Reinhold Niebuhr für Gelassenheit, Mut und Weisheit (siehe S. 158).

Eine Geste, die Sie mit Ihrer Haltung der Achtsamkeit verbindet.

Eine Körperhaltung, die Sie mit Lebensmut und Lebensfreude verbindet.
Die Frage auf einem Notizzettel: Wer bin ich, wenn ich mir das hier nicht
zumute?
Die gut eingeübte Imagination des Platzes auf der Erde, an der Sie das in-
tensivste Wohlbefinden und die beste Energie verspüren (Kraftplatz).
Die gut eingeübte Imagination Ihres gewünschten Sterbeszenarios als
übergeordnete Ausrichtung und Perspektive zur Krisenbewältigung.
Ein Symbol für Ihr wirksamstes Übergangsritual: Wie lassen Sie Altes
hinter sich und betreten einen neuen Raum?
Ein Bild, das Ihre Begabung für Humor deutlich macht.
Stifte in verschiedenen Farben und etwas Papier – zum Zeichnen und
Schreiben. ▬

Wenn Sie in Not geraten, öffnen Sie die Verpackung Ihres Survival Kit
und nehmen Sie das heraus, was Ihre Seele dringend braucht. Es lohnt
sich, mit dem Inhalt vertraut zu sein, um ihn dann rasch einsetzen zu
können – viele Anwendungshinweise finden Sie in diesem Buch.

Ausblick

Für eine anregende und erfüllende Reise braucht es eine kluge Sorge für
sich selbst und die Mitreisenden. Die Gestaltung einer gesunden Lebenspraxis ist vergleichbar mit der Vorbereitung und Planung einer Reise
und einer Begleitung, die den guten Einsatz der mitgeführten Ressourcen
stets im Blick behält. Die Etappen müssen zu schaffen sein, Pausen zur
Erholung werden benötigt, die Aufgaben in der Reisegruppe sind gut
verteilt, es gibt Zeit, zwischendurch auch mal innezuhalten, etwas anzuschauen, mit Menschen in Kontakt zu kommen etc. Und Sie brauchen
eine Ausrüstung für Notfälle, denn das Gelände, durch das Sie kommen,
hat einige Unwägbarkeiten.
Sie haben jetzt – so hoffe ich – einen bunten Strauß von Zugängen zur
weiteren Entwicklung Ihrer klugen Selbstsorge in der Hand und können
damit die Herausforderungen Ihrer psychosozialen Arbeit meistern.
Ich habe Ihnen dafür immer wieder zugemutet, Ihre eigenen Handlungsmöglichkeiten im Blick zu behalten, die Verantwortung für sich selbst
wahrzunehmen und Ihre Selbstsorge und damit letztlich Ihre Gesundheit
nicht in die Hände Dritter zu legen. Das ermöglicht nicht nur das Erleben

der eigenen Wirksamkeit bei der Gestaltung der Selbstsorge auch unter schwierigsten Bedingungen, sondern es öffnet auch das Tor zum Erleben von Glück und Zufriedenheit.

Es ist damit zu rechnen, dass die psychosoziale Arbeit zukünftig nicht leichter, sondern eher schwieriger wird. Das liegt an den oft zitierten knappen Ressourcen, aber auch an inhaltlichen Entwicklungen. Professionelle psychosoziale Arbeit wird sich jenseits von familiärer Hilfe und Ehrenamt stärker auf Menschen in sehr schwierigen Situationen konzentrieren. Das inzwischen in der Gesellschaft um sich greifende Leiden vieler Menschen an der Seelenlosigkeit und der fehlenden Sinnhaftigkeit der Lebenspraxis wird sich noch verstärken. Die Zunahme von Erschöpfungskrisen und Depressionen sind ein erstes deutliches Signal.

Zu der klugen Selbstsorge gehört, sich auf solche sichtbaren Entwicklungen einzustellen, also vorwärts zu schauen auf das, was kommt. Dafür sind persönliche Entwicklungen, die Sie mit Ihrem inneren Wesen verbinden, die Sie in Ihren transpersonalen Bezügen »sattelfest« machen und die Ihre Regeneration im Alltag verankert haben, wichtige Eckpunkte.

Gemeinsame, kollektive Entwicklungen gehen mit den persönlichen Entwicklungen Hand in Hand. Gespräche und Auseinandersetzungen mit Kollegen, mit Freunden, mit der Familien eröffnen zusätzliche Chancen, dass Sie sich Visionen widmen, gemeinsam Möglichkeiten finden, die mehr sind, als das bislang Gemachte und Gedachte einfach hochzurechnen, die über die Optimierung des Vorhandenen hinausgehen und die Picassos »heiligem Abenteuer« nahekommen.

Die nächste Generation scheint es von Beginn an anders, vielleicht besser zu machen und mehr auf ausgeglichene Lebensbalancen zu setzen. So könnten die Überlastungsszenarien dann weniger werden, vielleicht lösen sich dann auch die Fragen der Sinnhaftigkeit und der Verbindung mit den eigenen Wurzeln leichter.

Also öffnen Sie Ihre Sinne und Ihr Herz für alle Entwicklungen. Stehen Sie in Ihrer klugen Selbstsorge zu dem, was Sie und nur Sie in die Welt bringen können.

Bleiben Sie dran! Und bleiben Sie gesund!

Literatur

ANDERSEN-REUSTER, U. (2011): Achtsamkeit in Psychotherapie und Psychosomatik: Haltung und Methodik. Stuttgart, Schattauer.

ANDERSEN-REUSTER, U. (2013): Achtsamkeit. Das Praxisbuch für mehr Gelassenheit und Mitgefühl. Stuttgart, Trias.

ANTONOVSKY, A. (1997): Salutogenese. Zur Entmystifizierung von Gesundheit. Tübingen, dgvt-Verlag.

AUGUSTINUS: De vera religione/Über die wahre Religion (Lat./Dt.), Thimme, W. (Hg. und Übersetzung 1986). Stuttgart, Reclam.

BADURA, B.; STEINKE, M. (2011): Die erschöpfte Arbeitswelt (E-Book). Gütersloh, Bertelsmann Stiftung.

BAUER, J. (2006): Warum ich fühle, was du fühlst. Intuitive Kommunikation und das Geheimnis der Spiegelneurone. München, Heyne.

BAUER, J. (2008): Das kooperative Gen: Abschied vom Darwinismus. Hamburg, Hoffmann und Campe.

BAYS, J. C. (2012): Achtsam durch den Tag. 53 federleichte Übungen zur Schulung der Achtsamkeit. 2. Aufl., Oberstdorf, Windpferd.

BEAUCHAMP, T. I.; CHILDRESS, J. F. (2008): Principles of biomedical Ethics. 6. Aufl., Oxford, University Press.

BERLYNE, D. E. (1971): Aesthetics and psychobiology. New York, Appleton-Century-Crofts.

BONSEN, M. ZUR; MALEH, C. (2001): Appreciative Inquiry (AI): Der Weg zu Spitzenleistungen. Weinheim u. Basel, Beltz.

BRAUMANN, K.-M. (2006): Die Heilkraft der Bewegung. Kreuzlingen u. München, Hugendubel. Auch in: Spiegel Special 4/2006.

BRENTRUP, M. (2002): Selbstsorge und Self-care. Über den Zusammenhang zwischen Helfen, Gesundheit und Wirksamkeit von PsychotherapeutInnen. In: Systhema 1, 16. Jg., S. 50–64.

BÜSSING, A. (2011): Spiritualität/Religiosität als Ressource im Umgang mit chronischer Krankheit. In: BÜSSING, A.; KOHLS, N. (2011): Spiritualität transdisziplinär. Berlin u. Heidelberg, Springer, S. 107–112.

BÜSSING, A.; KOHLS, N. (Hg.) (2011): Spiritualität transdisziplinär. Berlin u. Heidelberg, Springer.

DALMANN, I.; SODER, M. (2013): Heilkunst Yoga. Berlin, Viveka.

DE CRESCENZO, L. (2002): Die Zeit und das Glück. München, btb.

DÜRCKHEIM, GRAF K. (2001): Der Alltag als Übung. 10. Aufl., Bern, Huber.

DÜRR, H.-P.; PANIKKAR, R. (2008): Liebe – Urquelle des Kosmos. Freiburg, Herder.

ESCH, T. (2012): Neurobiologie des Glücks. Wie die Positive Psychologie die Medizin verändert. Stuttgart, Thieme.

ESCH, T.; ESCH, S. M. (2013): Stressbewältigung mithilfe der Mind-Body-Medizin. Berlin, Medizinisch-Wissenschaftliche Verlagsgesellschaft.

FISCHER, L.; GOYERT, G. (1995): Das Leben des Mahatma Gandhi. Berlin, List.

FLADE, A. (2010): Natur: Psychologisch betrachtet. Bern, Huber.

FRANCK, G. (1998): Ökonomie der Aufmerksamkeit. Ein Entwurf. München, dtv.

FRANKL, V. E. (1979/1999): Der Mensch vor der Frage nach dem Sinn. München u. a., Piper.

FRENZEL, K.; MÜLLER, M.; SATTONG, H. (2004): Storytelling. Das Harun-al-Raschid-Prinzip. München, Hanser.

FREUDENBERGER, H.; RICHELSON, G. (1981): Ausgebrannt. Die Krise der Erfolgreichen. Gefahren erkennen und vermeiden. München, Kindler.

FRISCH, MAX (1964, Erstausgabe): Mein Name sei Gantenbein. Frankfurt am Main, Suhrkamp.

FRISCH, MAX (1998): Unsere Gier nach Geschichten In: Gesammelte Werke in zeitlicher Folge. Frankfurt am Main, Suhrkamp.

FUCHS, B. (2011): Sitzen in Stille, was kann das schon bewegen? Meditieren mit kranken Menschen. In: BÜSSING, A.; KOHLS, N. (2011): Spiritualität transdisziplinär. Berlin u. Heidelberg, Springer, S. 223–229.

GRIMM, B.; JÄGER, W. (Hg.) (2009): Die Flöte des Unendlichen. Rezitationstexte aus Ost und West. Holzkirchen, Wege der Mystik.

GRIMM, H. U. (2014): Die Suppe lügt: Die schöne neue Welt des Essens. 3. Aufl., München, Droemer.

GRÜN, A. (2012): Kontakt zur inneren Quelle finden. Interview in: Hänsel, M. (Hg.): Die spirituelle Dimension in Coaching und Beratung. Göttingen, Vandenhoeck & Ruprecht, S. 378–379.

GRÜN, A.; MÜLLER, W. (2008): Was ist die Seele? München, Kösel.

GUÉGUEN, N.; MEINERI, S. (2013): Natur für die Seele. Die Umwelt und ihre Auswirkungen auf die Psyche. Berlin u. Heidelberg, Springer.

HÄNSEL, M. (Hg.) (2012): Die spirituelle Dimension in Coaching und Beratung. Göttingen, Vandenhoeck & Ruprecht.

HARTMANN, F. (1993): Chronisch krank oder bedingt gesund? In: HAMMER, C.; SCHUBERT, V. (Hg.): Chronische Erkrankungen und ihre Bewältigung. Starnberg, Schulz, S. 35–68.

JÄGER, W. (2007): Westöstliche Weisheit. Stuttgart, Schattauer.

JOHNSON, S. (2013): Eine Minute für mich. 13. Aufl., Reinbek, Rowohlt.

JORK, K.; PESESCHKIAN, N. (Hg.) (2003): Salutogenese und Positive Psychotherapie. Bern u. Göttingen, Huber.

JOUBERT, K. A. (2010): Die Kraft der kollektiven Weisheit: Wie wir gemeinsam schaffen, was einer alleine nicht kann. Bielefeld, Kamphausen.

JUNG, T. (2012): Achtsamkeit in systemischer Beratung und Coaching. In: HÄNSEL, M. (Hg.): Die spirituelle Dimension in Coaching und Beratung. Göttingen, Vandenhoeck & Ruprecht, S. 146–197.

KABAT-ZINN, J. (1999): Stressbewältigung durch die Praxis der Achtsamkeit. Freiamt, Arbor.

KABAT-ZINN, J. (2008): Zur Besinnung kommen. Die Weisheit der Sinne und der Sinn der Achtsamkeit in einer aus den Fugen geratenen Welt. Freiamt, Arbor.

KALUZA, G. (2011): Stressbewältigung. Trainingsmanual zur psychologischen Gesundheitsförderung. 2. Aufl., Heidelberg, Springer.

KAPLAN, S. (1995): The restorative benefits of nature. Toward an integrative framework. In: Journal of Environmental Psychology 15, S. 169–182.

KAST, V. (2012): Imagination. Zugänge zu inneren Ressourcen finden. Ostfiltern, Patmos.

KATIE, B. (2002): Lieben, was ist. Wie vier Fragen Ihr Leben verändern können. München, Goldmann.

KNUF, A.; HAMMER, M. (2013): Die Entdeckung der Achtsamkeit in der Arbeit mit psychisch erkrankten Menschen. Köln, Psychiatrie Verlag.

KOHTES, P. (2012): Das Buch vom NICHTS. München, Gräfe und Unzer.

KÜCHENHOFF, J.; MAHRER KLEMPERER, R. (2008): Psychotherapie im psychiatrischen Alltag. Die Arbeit an der therapeutischen Beziehung. Stuttgart, Schattauer.

LAUTERBACH, J. (2014): Energiereise zum Ort der Entspannung. Berlin, Argon Balance.

LAUTERBACH, M. (2008): Einführung in das systemische Gesundheits-coaching. Heidelberg, Carl Auer.

LAUTERBACH, M.; HILBIG, S. (2006): So bleibe ich gesund. Was Sie für Ihre Gesundheit, Lebensenergie und Lebensbalance tun können. Heidelberg, Carl Auer.

LAUTERBACH, M.; HOPPE, H. (2011): Die tiefen Dimensionen der Krisen im beruflichen Leben aus der Perspektive von Gesundheits-coaching. In: SCHMIDT-LELLEK, C.; BUER, F. (Hg.): Life-Coaching in der Praxis. Göttingen, Vandenhoeck & Ruprecht.

LEMONICK, M. D. (2005): The Biology of Joy. In: Time, Febr. 7, S. 46–49.

LEONARD, G. (1975): The Ultimate Athlete. New York, Viking.

LEVOLD, T.; WIRSCHING, M. (Hg.) (2014): Systemische Therapie und Beratung – das große Lehrbuch. Heidelberg, Carl Auer.

McEWEN, B. S.; LASLEY, E. N. (2003): The end of stress as we know it. Washington, D. C., Joseph Henry Press.

NEFIODOW, L. A. (1999): Der sechste Kondratieff. Wege zur Produk-tivität und Vollbeschäftigung im Zeitalter der Information. 3. Aufl., Sankt Augustin, Rhein-Sieg-Verlag.

NEUMANN-WIRSIG, H. (2013): Jedes Mal anders: 50 Supervisionsge-schichten. Heidelberg, Carl Auer.

NOOTEBOOM, C. (1996): Der Umweg nach Santiago. Frankfurt am Main, Suhrkamp.

NUBER, U. (2002): Die gesunde Leichtigkeit des Seins. In: Psychologie heute 29, 12, S. 20–27.

PETZOLD, T. D. (2010): Praxisbuch Salutogenese. München, Südwest.

PLATSCH, K. D. (2013): Das heilende Feld. Was Sie selbst für Ihre Hei-lung tun können. München, Knaur.

REMANN, M. (1996): Ein Ort zwischen den Zeiten: Transitlounge. In: Handy, Swatch und Party-Line – Zeichen und Zumutungen des Alltags. Berlin, Suhrkamp.

SALZBERG, S. (2006): Mettameditation. 2. Aufl., Freiamt, Arbor.

SANTORELLI, S. (2006): Zerbrochen und doch ganz. Die heilende Kraft der Achtsamkeit. Freiamt, Arbor.

SCHARMER, C. O. (2013): Theorie U. Von der Zukunft her führen. 3. Aufl., Heidelberg, Carl Auer.

SCHMID, W. (2004): Mit sich selbst befreundet sein. Frankfurt am Main, Suhrkamp.

SCHMIDBAUER, W. (1977): Hilflose Helfer. Über die seelische Problematik der helfenden Berufe. Reinbek, Rowohlt.

SCHMIDT, G. (2012): Die spirituelle Perspektive im Ansatz des hypnosystemischen Coaching. Interview in: Hänsel, M. (Hg.): Die spirituelle Dimension in Coaching und Beratung. Göttingen, Vandenhoeck & Ruprecht, S. 242–249.

SIEGRIST, J. (1996): Soziale Krise und Gesundheit. Göttingen, Hogrefe.

SIMON, F. (2013): Gemeinsam sind wir blöd!? Die Intelligenz von Unternehmen, Managern und Märkten. Heidelberg, Carl Auer.

SPARRER, I. (2001): Wunder, Lösung und System. Heidelberg, Carl Auer.

SPITZER, M. (2007): Lernen. Gehirnforschung und die Schule des Lebens. Berlin u. Heidelberg, Spektrum, Springer.

STEMPIN, L. (2014): Gesundheit als Gabe. Göttingen, Vandenhoeck & Ruprecht.

STIERLIN, H. (2007): Gerechtigkeit in nahen Beziehungen. Heidelberg, Carl Auer.

STORCH, M.; CANTIENI, B.; HÜTHER, G.; TSCHACHER, W. (2007): Embodiment. Die Wechselwirkungen von Körper und Psyche verstehen und nutzen. Bern, Huber.

STRASSMANN, B. (2014): Das Flüstern der Föhren. In: Die Zeit 24, 3.6.2014.

TIPPING, C. C. (2009): Radikale Selbstvergebung. München, Integral.

UHDE, B. (2011): West-östliche Spiritualität. Die inneren Wege der Weltreligionen. Freiburg im Breisgau, Kreuz.

ULRICH, B. (Hg.) (2010): Auf den Spuren der Intuition. DVD. 13-teilige BR-alpha-Serie. Müllheim/Baden, Auditorium Netzwerk.

WALLIS, C. (2005): The New Science of Happiness. In: Time, Febr. 7, S. 40–44.

WATZLAWICK, P. (1983/1993): Anleitung zum Unglücklichsein. München u. a., Piper.

ZULEY, J. (2010): Mein Buch vom guten Schlaf. 2. Aufl., München, Goldmann.

Nicole Plinz

Yoga bei Erschöpfung, Burnout und Depression

3. Auflage 2012

ISBN: 978-3-86739-048-4

192 Seiten mit zahlreichen Abbildungen und Übungsplakat zum Download, 17,95 Euro

»Die Autorin, Yoga-Lehrerin und therapeutische Leiterin einer Tagesklinik für Stressmedzin, weiß, wovon sie spricht. Yoga wird als Weg gezeigt, als neue Erfahrung, nicht als weiterer abzuleistender Programmpunkt im Alltag oft stark leistungsorientierter, überlasteter Menschen. Und auch anderen verhelfen die Übungen aus dem Hatha-Yoga, von leicht bis schwer, mit Atemübungen und Meditation, zu Gelassenheit und Wohlbefinden. Empfehlenswert!«
ekz-Bibliotheksdienst

Matthias Hammer

Das innere Gleichgewicht finden

Achtsame Wege aus der Stressspirale

2. Auflage 2012

ISBN: 978-3-86739-049-1

272 Seiten, 17,95 Euro

»Eine weit über die 08/15-Anti-Stress-Ratgeber hinausgehende Handreichung, die es sowohl gestattet, Stressfreiheit mit entsprechenden Techniken zu erreichen, es darüber hinaus auch möglich macht, größere innere Widerstandskraft angesichts von Belastungen zu entwickeln – mit der Perspektive, sein Leben nach persönlichen Werten und Zielen aktiv zu gestalten.«
ekz-Bibliotheksdienst

BALANCE buch + medien verlag

Internet: www.balance-verlag.de • E-Mail: info@balance-verlag.de